UTB 2875

Eine Arbeitsgemeinschaft der Verlage

Beltz Verlag Weinheim · Basel
Böhlau Verlag Köln · Weimar · Wien
Wilhelm Fink Verlag München
A. Francke Verlag Tübingen und Basel
Haupt Verlag Bern · Stuttgart · Wien
Lucius & Lucius Verlagsgesellschaft Stuttgart
Mohr Siebeck Tübingen
C. F. Müller Verlag Heidelberg
Ernst Reinhardt Verlag München und Basel
Ferdinand Schöningh Verlag Paderborn · München · Wien · Zürich
Eugen Ulmer Verlag Stuttgart
UVK Verlagsgesellschaft Konstanz
Vandenhoeck & Ruprecht Göttingen
vdf Hochschulverlag AG an der ETH Zürich
Verlag Barbara Budrich Opladen · Farmington Hills
Verlag Recht und Wirtschaft Frankfurt am Main
WUV Facultas Wien

Irene Etzersdorfer

Krieg

Eine Einführung in die Theorien bewaffneter Konflikte

Böhlau Verlag Wien · Köln · Weimar

Bibliografische Information Der Deutschen Bibliothek:

Die Deutsche Bibliothek verzeichnet diese Publikation
in Der Deutschen Nationalbibliografie;
detaillierte bibliografische Daten sind im Internet über
http://dnb.ddb.de abrufbar.

ISBN utb 978-3-8252-2875-0
ISBN 978-3-205-77588-1

© 2007 by
Böhlau Verlag Ges. m. b. H. & Co. KG, Wien · Köln · Weimar
http://www.boehlau.at
http://www.boehlau.de

Gedruckt auf umweltfreundlichem, chlor- und säurefreiem Papier

Druck: CPI books, Printed in Germany

Inhalt

Vorwort

Die Ära der klassischen Staatenkriege scheint zu Ende, die Geschichte des Krieges aber geht weiter. Weder die Generation meiner Studenten noch ich selbst haben einen Krieg erlebt. Wir kennen ihn nur als Enkel, Kinder – und Wissenschafter, aber dennoch beeinflusst die Geschichtskatastrophe des Zweiten Weltkrieges auch nach 60 Jahren noch immer unser Denken. Mein Vater trägt das Projektil, das mit 17 Jahren seine Lunge zerfetzte und sein Herz knapp verfehlte, als ‚Glücksbringer' in der Geldbörse, weil es sein Leben rettete, da der Rest des Krieges für ihn aus Lazaretten im sicheren Hinterland bestand. Man hatte ihn von der Schule weg als Kanonenfutter an die Front geworfen. Das Erlebte hat ihm die Lust genommen, das Leben oder gar die Politik näher kennenlernen zu wollen. Ich selbst bin an den Erzählungen der Widerstandskämpfer und KZ-Überlebenden, den einzigen, die bereit waren, zu erzählen, ins Leben gewachsen. Das Gehörte hat mich für das menschliche Potenzial zum Bösen, für Fragen der Trübung von Urteilskraft, für moralische Korruption, Feigheit und die vielen Selbsttäuschungen von Verstand und Psyche, aber auch für Ideologien als politische Täuschungen sensibel gemacht. Selbst die Nachgeborenen sind gemäß den Annahmen der Sozialpsychologie als ‚gebundene Delegierte' zum Ausagieren der unbewussten Konflikte ihrer Eltern gezwungen – und zwar über mindestens drei Generationen, bis sich eine Gesellschaft bei günstigen Bedingungen vom Trauma eines Krieges erholt hat. *Denn der Krieg,* so schon Thomas Hobbes Mitte des 17. Jahrhunderts, *dauert ja nicht etwa nur so lange wie faktische Feindseligkeiten, sondern so lange, wie der Vorsatz herrscht,*

Gewalt mit Gewalt zu vertreiben.[1] Heute heißt es in der UNESCO-Präambel: *Da Kriege im Geist der Menschen entstehen, muss auch der Frieden im Geist der Menschen verankert werden.* Hier wurde und wird zur Überzeugung gebracht, dass das Wesen des Krieges in einer kranken Gemeinschaft zu suchen ist. Der letzte Weltkrieg war 1945 zu Ende, aber die europäischen Nachkriegsgesellschaften erholen sich erst jetzt, in der dritten Generation, moralisch von der (mit)verschuldeten Geschichtskatastrophe.

Mittlerweile ist der Krieg weitergezogen, in Regionen, wo Modernitätskonflikte unter den Bedingungen der Globalisierung zu gesellschaftlichen Zerreißproben führen. Während ich dieses Buch konzipiert und geschrieben habe, hat sich im Irak einer der blutigsten Bürgerkriege entwickelt, die israelische Armee hat sich zu einem überstürzten kriegerischen Abenteuer mit den fundamentalistischen Guerilleros der von Drittländern gesteuerten libanesischen Hisbollah hinreißen lassen, ist der Somalia-Konflikt in eine neue Eskalationsspirale mit erstarkten islamistischen Gewaltakteuren eingetreten, und gerade jetzt erleben wir ein weiteres ‚neues' Konfliktszenario im nicht zur Ruhe kommenden Libanon, wo palästinensische Flüchtlinge, die seit Jahrzehnten ihrem traurigen Schicksal überlassen werden, von islamistischen Terrorgruppen selbst aus den deplorablen Flüchtlingslagern vertrieben werden, und im Gaza-Streifen tragen Fatah und Hamas-Milizen ihre politischen Machtkämpfe mit schon periodischer Regelmäßigkeit gewalttätig aus – eine Kriegsbilanz, die den Traum vom ‚ewigen Frieden', der mit dem Abklingen der Staatenkriege von Neuem erhofft wurde, in weite Ferne rückt. Der Krieg hat seine Formen geändert und manifestiert sich heute in Regionen, die zu Dauerkrisengebieten zu werden drohen. Dass aus ihren zerstörten Gemeinschaften, die bereits über mehre-

---

1   Leviathan, 13. Kapitel. S. 115 Reclam.

re Generationen depriviert, ausgebrannt und von der Entwicklung ausgeschlossen sind, jene politischen Pathologien hervorgehen, die zu neuen Gewaltexzessen Anlass geben, beweist einmal mehr, wie sehr der Krieg in einer Wechselwirkung mit gesellschaftlichen Prozessen steht. Schon Clausewitz hat die Wandelbarkeit des Krieges zu einem seiner Charakteristika erklärt, indem er ihn als ‚*wahres Chamäleon*' bezeichnete, da er in jedem konkreten Falle seine Natur etwas ändere. Es stellt sich jedoch die Frage, in welchem Ausmaß dieser Wandel heute noch gradueller oder prinzipieller Natur ist. Daher erlangt die Frage nach dem Begriff des Krieges erneut an Relevanz. Wer jedoch zum Wesen des Krieges vordringen möchte, muss selbst ein Verständnis der Referenzkonzepte haben, denn die begrifflichen Zuordnungen, wie sie heute in der Wissenschaft und teilweise auch im Journalismus vorgenommen werden, beziehen sich nach wie vor auf historische Kriegstheorien, deren Kenntnis oft implizit vorausgesetzt wird. Dieses Überblicksbuch versteht sich als Leitfaden für Studierende, Journalisten, Beamte und andere Interessierte an den Grundlagen für den Wandel des Krieges und seine Erscheinungsformen.

Einleitung

*Wenn also Hellenen mit Barbaren und Barbaren mit Hellenen kämpfen,
werden wir sagen, dass sie Krieg führen und von Natur Feinde sind, und
diese Art von Feindschaft werden wir Krieg nennen; wenn aber Hellenen
mit Hellenen derartige Händel haben, werden wir sagen, dass sie von Natur
Freunde sind und dass in solchem Falle Hellas krank und zwieträchtig ist,
und eine solche Feindschaft werden wir Zwietracht nennen.* [1]
Platon, Politea

*Denn der Krieg dauert ja nicht etwa nur so
lange wie faktische Feindseligkeiten, sondern so lange,
wie der Vorsatz herrscht, Gewalt mit Gewalt zu vertreiben.*
Thomas Hobbes, Leviathan

Krieg – eine Krankheit der Polis

Krieg und Frieden gelten als klassische Antonyme der Politik.
Doch weder das Phänomen des Krieges noch das des Friedens
lässt sich allein unter Berufung auf die menschliche Natur verstehen.
Trotz aller Beteiligungen des Seelenlebens sind es politische Phänomene, institutionelle Aktivitäten und als solche Folgen von Gemein-
schaftshandeln und keine Naturereignisse. In seiner anthropologi-
schen Grundausstattung ist der Mensch Täter und Opfer, konfliktiv
und gewalttätig, jedoch auch verletzbar und gesellig, eben ‚unge-

---

1   Platon (1998), Der Staat. In: Platon Sämtliche Dialoge. Band V. Leipzig. Fünftes
     Buch. S. 208.

sellig gesellig', wie Immanuel Kant es genannt hat. Kant hat den Mechanismus der ‚ungeselligen Geselligkeit' als natürliche Neigung der Menschen beschrieben, eine Neigung, die als solche nicht ‚vernünftig' ist: als *zoon politicon* sucht der Mensch die Gemeinschaft mit den anderen, gleichzeitig existiert der Wunsch, etwas Besonderes zu sein. Sigmund Freud hat dieses Bedürfnis nach ‚Besonderheit' im Zwischenmenschlichen mit der Formulierung des ‚Narzissmus der kleinen Differenzen' zu fassen versucht. Beide Wissenschafter haben in ihren jeweils unterschiedlichen Bezugssystemen und 200 Jahren Zeitunterschied erkannt, dass sich dieses Phänomen nicht als empirischer Begriff festlegen, sondern nur im Feld der psychologischen Anthropologie auflösen lässt. Daher muss ein Politikbegriff, der Krieg und Frieden gleichermaßen einschließt, die Art und Weise erfassen, wie ein Mensch in einer Gemeinschaft verpflichtet wird, und dies umfasst jene äußeren und inneren Zwänge, die nur mit einem übergeordneten Begriff des ‚Politischen' zu erfassen sind. Doch jede theoretische Bestimmung von Krieg und Frieden hat mit den festgefahrenen Konnotationen dieser beiden Begriffe im Alltag zu kämpfen. Krieg wird gerne mit der Raubtierseite der Seele in Verbindung gebracht, mit dem Instinkthaften und Brutalen, dem Irrationalen, Dämonischen, das sich weder durch Appelle an die Vernunft und Moral noch durch wirtschaftliche Nachteile zum Verschwinden bringen lässt. Wir sprechen von Eroberungskriegen, Erbfolgekriegen, Bandenkriegen, Rosenkriegen, Bruderkriegen, großen, kleinen, regulären und irregulären, heiligen und schmutzigen Kriegen, solchen, die auf totale Vernichtung abzielen, und jenen, die unterschiedliche Interessen mit niedriger Intensität schwelend halten. Immanent an diesen alltäglichen Kriegsbestimmungen ist das Element der offen zur Schau gestellten Gewalt. Kaum jemand würde einen australischen Stamm als im Krieg befindlich wahrnehmen, wenn er sich scheinbar friedlich verhält. Krieg scheint nur dort zu herrschen, wo zumindest Pfeile fliegen. Eine Gesellschaft, die zwar äußerlich scheinbar friedfertig, aber dennoch auf Gewalt beruht, ist wenig mehr als eine politische Zwangsordnung, der potenzielle Bürgerkrieg und latente Ausnahmezustand. Doch das Wesen des Krieges liegt im Geistigen verankert. Schon die Bereitschaft zu töten gehört der Welt des Krieges an, im Sinne einer Negation des Gemeinwesens. Auch die politische Gemeinschaft, um deren Willen Krieg geführt wird, sei es die nationale, ethnische oder revolutionäre, ist eine Erfindung, ein Geist, mit Hegel gesprochen, keine natürlich organische Verbindung, wie die Romantiker behaupteten. Sie existiert zunächst im Kopf, in den Wünschen und Einbildungen, nicht in einer wie auch immer gearteten Natur. In gewisser Weise ist sie immer vorgegeben, da sie sich aus sozialen Gruppen bildet, aber nicht vorgegeben ist eine bestimmte Gemeinschaft. Daher gründet sich auch jeder Begriff einer politischen Gemeinschaft in einem mentalen und psychischen Konstrukt, das nicht völlig unabhängig von Sprache, Wirtschaft, Territorium oder ‚Schicksal' gegeben ist. Doch sind das keine absoluten Grenzen und Größen.[2] Wenn auch nicht als Ursache und alleinige Funktion, so bedient sich gerade die Legitimierung eines Krieges jener psychologischen Bedürfnisse, die der Bereitschaft zu Projektionen, Auslagerungen, Verschmelzungen mit überpersönlichen Gruppen und Ventilen für Aggressionen entgegenkommen. *Die Menschen haben über Jahrtausende hinweg durch den Krieg nicht nur ihre realen Interessenkonflikte (mehr schlecht als recht) zu entscheiden versucht, sondern gleichzeitig ihre Wertsysteme mitgeprägt, ihre inneren Konflikte externalisiert, ihre narzisstischen Defizite pseudokuriert, ihre heldischen Ideale geformt*

---

2   Érnest Renan (1896, 1995), Was ist eine Nation? Rede am 11. März an der Sorbonne. Hg. von Hans Heiss u. Reinhard Johler. Transfer. Kulturgeschichte. Band II. Wien.

und ihre Sinnlosigkeitsgefühle überspielt. Das sind einige der ‚Funktionen', die zwar nicht die offiziellen, bewussten Funktionen dieser Quasi-Institution Krieg konstituieren, aber trotzdem, pragmatisch betrachtet, die eminent wichtigen Nebenfunktionen, die Parafunktionen darstellen, die zwar auch bei vielen anderen Institutionen vorkommen, aber im Falle der Institution Krieg eine eminente und vorrangige Wichtigkeit erlangen.[3]

Zum Krieg gehört der Feind oder Gegner. Schon in seiner Konstruktion liegen grundlegende Kriegskonzepte begründet, die das Werk der Psyche demonstrieren. Wer daher den Krieg verstehen will, darf nicht in Äußerlichkeiten stecken bleiben und die Form oder Struktur des Krieges, schon gar nicht die Anzahl seiner Toten oder die Dauer von Kämpfen, zu Unterscheidungskategorien erheben, sondern muss zu seinem tieferen Kern, zu den Feinddiskriminierungen, vordringen. Grundsätzliche Unterscheidungen zwischen den als ‚*heilig*' verbrämten Kriegen und den ‚*gerechten*' liegen dort, wo der Feind mit Hilfe einer transzendenten oder weltimmanenten Erklärung – also Religion, Gesinnung, in der Moderne auch Ethnie oder politische Ideologie – als moralisch minderwertig abgestuft wird oder ‚nur' wegen seiner ‚*Taten*' bekämpft wird. Wo das ‚*Heilige*' im Spiel ist, auch wenn es in die diesseitige Welt gesetzt wird, herrscht eine immanente Tendenz zur Entgrenzung des Krieges in Richtung eines apokalyptisch geführten Endkampfes, der Krieg wird zu einem existenziellen Kampf, die Feindschaft absolut, sie umfasst die gesamte Existenz des Kriegers und nicht nur zweckrationale Interessen. Eine solche existenzielle Feindschaft äußert sich im Zeichen der Nation, der Ethnie oder auch der Klasse, indem ein unpolitisches

---

3   Stavros Mentzos (2002), Die Psychosoziodynamik des Krieges. Eine Alternativantwort auf die Einstein'sche Frage ‚Warum Krieg?'. In: Anne-Marie Schlösser/Alf Gerlach (2002) (Hg.), Gewalt und Zivilisation. Erklärungsversuche und Deutungen. Gießen. S. 152.

Kriterium zu einem politischen erhoben wird. Ihr Ziel ist die Ausrottung eines willkürlich abgesonderten Teils des sozialen Körpers, gegen den mit allen Mitteln ein totaler Krieg geführt wird – im Falle des Klassenkrieges unter der Berufung auf eine schon als Naturgesetz gedachte historische Notwendigkeit, im Falle des Rassenkrieges auf ein darwinistisch inspiriertes Naturgesetz.[4] Es ist die Antithese des gehegten Krieges, weil dieser Krieg als notwendiges Gesetz ausgegeben wird, er wird mit allen Mitteln geführt – dies beinhaltet auch die in bestimmten Momenten geeigneten Gewaltstrategien wie den Bürgerkrieg, den Aufstand, den Guerillakrieg oder auch den Terrorismus. Kriege im Zeichen ethnischer Rivalitäten sind ein Phänomen der Moderne, da die Berufung auf die politische Formation der Ethnie an sich erst eine Erscheinungsform der Moderne darstellt. Wenn wir zudem davon ausgehen, dass alle Identitäten im Wesentlichen die gleichen Grundmuster aufweisen, so unterscheiden sich Identitäten des Ethnonationalismus, der Ethnoklassen, des ethnischen Kommunalismus oder der Indigenen zwar dem Inhalt nach, jedoch nicht nach der Form. Zwischen einem indischen, serbischen, griechisch-zypriotischen oder zionistischen (Ethno-)Nationalismus gibt es Unterschiede in der kulturellen Ausdrucksform, in den Zielsetzungen, im Selbstbild etc., doch sowohl philosophisch als auch psychologisch unterscheiden sie sich nicht in den inneren Haltungen zu Staat und Gesellschaft, wo es im Grunde nur zwei Alternativen gibt: die Gemeinschaft auf einen Partikularismus gründen, auf eine beliebige Schrulle – ein solcher Staat führt zwangsläufig zu Diskriminierungen –, oder den Staat auf rationale Verbindlichkeiten gründen, die allen gemeinsam sind. Partikularismen gründen alle in einem Rückbezug auf einen holistisch verstandenen

---

4   Hannah Arendt (1951, 2001), Elemente und Ursprung der totalitären Herrschaft. München.

Gemeinschaftsbegriff, der willkürlich umdefiniert wird und beliebig festsetzt, wer angehört und wer nicht. Daher kann ‚Gemeinschaft‘ sowohl als gegebenes Konstrukt als auch als eines, das gleichzeitig konstruiert wird, verstanden werden. Milošević und seine Leute befanden darüber, wer Serbe ist und wer nicht. In Totalitarismen äußert sich dieses Prinzip in extremer Form. Der ‚Jude‘ des Nationalsozialismus, der Nürnberger Rassegesetze, musste erst erfunden werden, er ist keine Beschreibung einer existenten ethnischen Gruppe, sondern ein pures Konstrukt. Nicht nur haben sich damals viele deutsche BürgerInnen jüdischer Abstammung als Deutsche gefühlt, haben der mosaischen Religion als Gemeinschaftsmerkmal mit anderen ‚Juden‘ längst abgeschworen, haben sich sozial, politisch und natürlich auch wirtschaftlich in nichts mit den ostjüdischen Einwanderern verbunden gefühlt und sind vielleicht sogar selbst einem romantischen Nationalismus oder Konservativismus nachgelaufen. Erst der konstruierte ‚Jude‘ des Nationalsozialismus hat sie zu ‚Juden‘ gestempelt. Ähnliches gilt für das Konstrukt des ‚Klassenfeindes‘ im Kommunismus. Sobald eine Gruppe für sich beansprucht, was sie anderen verwehrt, etwa die ‚wahren‘ Auserwählten Gottes oder auch eines Natur- oder Geschichtsgesetzes zu sein, etwa Serben, ‚Arier‘ oder auch Revolutionäre, beanspruchen sie gleichzeitig die Entscheidungsmacht darüber, wer zu ihrer Gruppe gehört und wer nicht. Sie haben, nach G. Sorel gesprochen, einen politischen ‚Mythos‘, der zudem auch die Einheit von Massen und Macht suggeriert. Das nationalistische Anbot, Teil einer großen Idee (Nation) zu sein, lädt narzisstisch auf, suggeriert Stärke und Macht, die in ihrer extremen Form einem narzisstischen Rauschzustand gleicht. Sie ermöglicht selbst den Kleinsten und abseits Stehenden eine Erhebung zu außergewöhnlichen Existenzen, im (ethno-)nationalistischen Krieg zu Helden. Die Imagination, an eine Nation gebunden zu sein, einem stolzen Kollektiv anzugehören, stabilisiert das Individuum, indem es Geborgenheit und Gemeinsamkeit erfährt, ein Hochgefühl, das allerdings nur um den Preis eines Teils der Autonomie erreicht werden kann. N. Elias (1976) hat der Idee Nationalismus *emotionale Strahlkraft* attestiert, durchaus im Sinne einer politischen Religion, in der die Nation sich zum Adressaten unbewusster Wünsche und Ängste, ein dem Individuellen übergeordnetes weltimmanentes göttliches Wesen, wandelt. Psychoanalytische Studien des Nationalsozialismus heben diese Zusammenhänge seit längerem hervor, wie etwa W. Bohleber (1996), der die einheitsfördernde Wirkung der Nation analysiert: *Indem die Nation ethnisiert und damit als natürlicher Verband dargestellt wird, bekommt sie den Charakter einer natürlichen Bindung. Damit verknüpft sich die Vorstellungswelt der Nation elementar mit der Beziehungswelt der Primärfamilie. Die Nation als Vater- bzw. Mutterland erlangt so ihre imaginative und emotionale Kraft. (...) Die Ethnisierung der Nation trägt nun potenziell eine rassistische Dynamik in sich. Sie induziert einen übermäßigen Purismus. Damit sie sich selbst begreift und ‚sie selbst' sein kann, muss sie rassische und kulturelle ‚Reinheit' anstreben. Deshalb wird nicht die historische und soziale Heterogenität der Nation hervorgehoben, sondern ihre wesensmäßige Einheit. Die Suche nach wesenhafter Einheit muss das Fremde, Gemischte, Kosmopolitische isolieren und ausstoßen. Daraus resultiert eine präambivalente, regressiv verschmelzende ‚organische' Gemeinschaft.*[5] Der nationalistisch fehlgeleitete Mensch bindet seine Person an ein willkürlich gesetztes Konstrukt, ein falsches hypertrophiertes Selbst. Warum ist ein deutscher Nationalist auf seine Version der ‚Herrmannschlacht' stolz, obwohl sie mit seiner Welt in keiner Weise verbunden ist, eine nationalistische Türkischzypriotin auf die Eroberung Konstantinopels, eine

---

5   Werner Bohleber (1996): Nationalismus, Fremdenhaß und Antisemitismus. In: Alfred Krovoza (1996) (Hg.), Politische Psychologie. Stuttgart. S. 161..

Serbin auf die Schlacht am Amselfeld, alles Ereignisse, denen historisch gar kein wirkliches Erkenntnisinteresse entgegengebracht wird? Den (Ethno-)Nationalisten gelingt es, historische Mythen zu einer Wesenseinheit zu stilisieren mit dem Ziel, durch diese Legitimierung beliebige Konstrukte zur Rechtfertigung gegenwärtiger Handlungen heranzuziehen und womöglich daraus auch noch ‚Rechte' abzuleiten, wie etwa die Zionisten auf das ‚heilige Land'. Der psychische Gewinn ist allerdings ein trügerischer, denn er zieht den Verlust der Individualität mit sich, verhindert eine weitere psychische Entwicklung, da die labile Gefühlsbindung der Identifizierung einen regressiven Ersatz für eine libidinöse Objektbindung darstellt.[6] Wegen ihrer Labilität schwankt sie zwischen Hochgefühl und narzisstischer Wut, wenn sich Kränkungen anbahnen. Für manche Autoren – z. B. F. Fornari (1974) und V. Volkan (1998) – gründet auch der rigide ethnische Nationalismus in Verletzungen des Selbstwertgefühls, die zu einem neurotisch verarbeiteten depressiven Konflikt führen, der wiederum durch Abwehrreaktionen kompensiert werden muss.[7] Das ‚Andere', ‚Fremde' wird zum ‚Bösen', zum Feind, der, nicht zuletzt wegen der Gefährdung dieses labilen Konstrukts kompensatorischer Omnipotenzfantasien, potenziell vernichtet werden muss.[8] Der Nation wird eine ethnische Interpretation als Volk zugrunde gelegt, die meist dem Verständnis eines ‚Bluts- und Kulturvolkes' entspricht, Ethnizität wird auf diese Weise zur metaphysischen Wesenseinheit, zur Seinsfrage.[9]

---

6   Sigmund Freud (1921), Massenpsychologie und Ich-Analyse. In: Sigmund Freud (1974), Studienausgabe. Band IX. Frankfurt/Main. S. 61–135.

7   Franco Fornari (1974), The Psychoanalysis of War. London.

8   siehe dazu auch: Irene Etzersdorfer (1999), Was ist Xenophobie? Über den Versuch, einen Pudding an die Wand zu malen. Sowie Peter Loewenberg (1999), Xenophobie als intrapsychisches Phänomen. In: Irene Etzersdorfer/Michael Ley (1999), Menschenangst. Die Angst vor dem Fremden. Berlin. S. 97–121.

9   Samuel Salzborn (2004), Claus Gatterer und der Ethno-Nationalismus. Zur Theorie und Psychologie des ‚totalen Nationalismus'. Vortrag beim Symposium zum 20. Todestag von Claus Gatterer. Universität Innsbruck, 19. Oktober 2004. Un-

Psychologisch betrachtet, kann die Nation erst ethnisiert werden, wenn sie als natürlicher Verband ausgegeben werden kann, damit sie den Charakter einer natürlichen Verbindung erhält, in der die Beziehungswelten einer symbolischen Verwandtschaft gleichen. Im Unbewussten weckt dies frühkindliche ‚Mutter'landfantasien, präödipale Vereinigungswünsche in einer konfliktfreien Welt. Dieser Regress, der zwar auch den Konflikt ausschalten will, ist ein pathogener, da er dem Konflikt nicht standhält. Nicht der Konflikt ist das zu verbannende Übel, sondern die Entscheidung zu seiner destruktiven Lösung. Erleichtert wird eine solche Entscheidung durch ‚schief' gelöste innere Konflikte, wenn die innerpsychische Ökonomie einen psychischen Gewinn aus der Destruktionsspirale schöpfen kann.

Partikularismen des Ethnos, der Religion, der Rasse, der Ideologie, selbst der Kultur, des ‚Großraums' sind Ausschlussverfahren und führen zu keinem wirklichen Begriff des Menschen. Ihr Prinzip der Selbstbestimmung und Auswahl ist ein willkürliches, es ist wenig mehr als das Prinzip der Macht, über Zugehörigkeiten zu bestimmen, in der Sprache der Psychoanalyse ein Rest unbearbeiteten infantilen Größenwahns. Es ist dies die Legitimität der bei Platon in der ‚Politeia' angeführten Räuberbande. Doch schon Platons Sprachrohr Sokrates beweist seinem Gesprächspartner Trasymachos, dass selbst die Politik des Faustrechts noch auf anderen Prinzipien gründet als auf reinen Machtverhältnissen.[10] Eine Ge-

---

veröffentlichtes Typoskript. *Der Ethno-Nationalismus ist mit Gatterers Begriff damit in der Tat ein totaler Nationalismus, da ethnische Identität nicht mehr wie in demokratischen Gesellschaften als Frage des privaten Bekenntnisses angesehen wird, das durch entsprechenden Antidiskriminierungsschutz und gesellschaftliche Integrationsangebote ermöglicht wird, sondern durch die Auflösung des politischen Handlungsspielraums vom individuellen Identitätsangebot zum kollektiven und normativen Handlungszwang wird..*

10 Platon (1998), Der Staat. In: Platon Sämtliche Dialoge. Band V. Leipzig. Erstes Buch. S. 40ff.

meinschaft, die rein auf Machtverhältnissen basiert, kann es nicht geben, weil dies bedeutete, dass jede/r Schwächere den Stärkeren töten würde, sobald er/sie dazu die Gelegenheit hat, und dies würde unweigerlich zur Selbstauflösung, d. h. zur Ineffizienz der Räuberbande, führen. Es wäre dies der unerträgliche Hobbes'sche Naturzustand, die Hölle auf Erden. Selbst die totalitären Räuberbanden der Moderne, die Bolschewiki und die Nationalsozialisten, sind ein historischer Beleg für diese Unmöglichkeit. Der Stalinismus und der Nationalsozialismus gelten als Versuch, eine Gesellschaft geistig auf Partikularismen und politisch auf reine Machtverhältnisse zu gründen. Sie haben sich anfangs auch untereinander selbst gemordet und sich in die Gefahr der Selbstauflösung begeben, die Kommunisten z. B. spätestens nach Stalins Tod aber erkannt, dass sie dieses Machtprinzip nicht auf sich selbst ausdehnen können, ohne langfristig das System zu zerstören. Mit der Zeit musste zumindest der innere Kreis auf Gewalt verzichten und sich an Prinzipien der Loyalität orientieren, gerade durch diesen Verzicht aber wurde das System zur Auflösung getrieben. Sobald sie nicht mehr bereit waren, die Gesellschaft durch Terror zu stabilisieren, sind die kommunistischen Machtapparate von innen zusammengebrochen. Die Analogie der Räuberbande zum Staat zeigt noch etwas anderes: Jede vorstaatliche Gewalt trägt, wie anhand der ‚neuen' Kriegsformen zu sehen sein wird, die Tendenz zur Verselbstständigung in sich. Doch stellt selbst die Räuberbande nicht die Negation jeder Ordnung dar, sondern sie IST in sich eine Ordnung eigener Art, eine hier-archische und keine an-archische. Sie kennt keine andere Legitimation als die der Gewalt. Sobald jedoch Gewalt für Legitimität ausgegeben wird, wie im Falle der politisch-ideologischen Räuberbanden, ist jede andere Art der Legitimität verschwunden. Es existiert nur mehr das Prinzip der Wirklichkeit, der Durchsetzung des Stärkeren. Denn aus der Realität allein lässt sich nun einmal kein Prinzip des ‚Sollens'

ableiten. Der reine Machtanspruch kennt kein anderes Rechtfertigungsprinzip als den Hinweis auf eine Gegebenheit. Auch Thomas Hobbes' ‚Leviathan', dessen mechanistisch gedachte Ordnung eine Art Bürgerkrieg beenden kann, ist auf Gewalt gegründet und hat für eine Entwicklung zum Frieden wenig anzubieten – weder eine Instanz, die Leidenschaften steuert, noch ein Recht, das auf anderen Prinzipien als der potenziellen Fähigkeit des Souveräns, Gewalt auszuüben, beruht. Denn sobald der ‚Leviathan' nicht mehr imstande ist, seine Macht durchzusetzen, hat er auch keinen Anspruch mehr und ist auch nicht mehr der rechtmäßige Herrscher – eine Erkenntnis, die Hobbes selbst mit dem Hof des geflohenen englischen Königs in Konflikt brachte. In der Wissenschaft angewandte Machttheorien enden in reiner Beobachtung und sind nicht praxisrelevant. Auch Schmitts berühmter ‚Begriff des Politischen' ist nur ein stabilisierter Kriegszustand, der alles Geistige ins Reich der Hirngespinste verbannt und politische Beziehungen auf reine Machtverhältnisse, auf Kampf und Natur, reduziert. Seine Definition des ‚Politischen' als ein existenziell bedrohendes ‚Freund-Feind'-Verhältnis wäre ohne die Möglichkeit des Krieges nicht aufzustellen gewesen, im Gegenteil, kann das Prinzip der staatlichen Souveränität und damit auch das innere Monopol über die Gewaltmittel zusammen mit der Herrschaft des Rechts nur dann bestehen, wenn das Oberhaupt der exekutiven Autorität sich in Ausnahmesituationen – in einer gewaltsamen Auseinandersetzung mit den Staatsfeinden – über die Verfassung erheben kann, eben Feinde bestrafen und Freunde belohnen kann.[11] Eine Verfassung als eine auch moralische Freiheitsordnung wäre für ihn undenkbar gewesen. C. Schmitt

---

11 Carl Schmitt (1932), Der Begriff des Politischen. Berlin; siehe dazu auch weiterführend die interessanten Argumente von Michael Ignatieff (2005), Das kleinere Übel. Politische Moral in einem Zeitalter des Terrors. Berlin.

und andere Advokaten der Macht kannten und anerkannten kein anderes Prinzip des Zusammenhalts als jenes der Macht, aus der sich auch das Recht ableitet. Ihm zufolge erhebt sich die politische Gemeinschaft über jede andere Art von Gemeinschaft oder Gesellschaft gerade durch ihre Macht über das physische Leben, den Krieg: *Ein Krieg braucht weder etwas Frommes noch etwas moralisch Gutes, noch etwas Rentables zu sein; heute ist er wahrscheinlich nichts von alledem. Diese einfache Erkenntnis wird meistens dadurch verwirrt, dass religiöse, moralische oder andere Gegensätze sich zu politischen Gegenständen steigern und die entscheidende Kampfgruppierung nach Freund oder Feind herbeiführen können. Kommt es aber zu dieser Kampfgruppierung, so ist der maßgebende Gegensatz nicht mehr rein religiös, moralisch oder ökonomisch, sondern politisch.*[12] Schmitt hat sein Urteil über jeglichen Kampf der Kulturen im Namen des autoritären Staates gesprochen. Wenn die wirtschaftlichen, kulturellen und religiösen Gegenkräfte in einem Staat so stark werden, dass sie die Entscheidung über den Ernstfall für sich bestimmen, so sind sie die neue Substanz der politischen Einheit geworden. Sind sie nicht stark genug, um einen gegen ihre Interessen und Prinzipien beschlossenen Krieg zu verhindern, so haben sie den entscheidenden Punkt des ,Politischen' nicht erreicht. Nur der Staat als maßgebende politische Einheit hat die Möglichkeit, einen nach internationalem Recht erklärten Krieg zu führen, von den eigenen Menschen Todesbereitschaft und Tötungsbereitschaft zu verlangen. Dieser Staat aber verfährt nach Interessen und gründet sich auf Macht. Da der *Krieg als Zustand* permanent ist, setzt er den Feind auch dann voraus, wenn die unmittelbaren und akuten Feindseligkeiten, der *Krieg als Aktion* zum Stillstand gekom-

---

12   Carl Schmitt (1932), Der Begriff des Politischen. Berlin. S. 27/28.

men sind.[13] Zwischen den beiden Kriegsarten besteht eine ewige Wechselwirkung: jeder *Krieg als Zustand* drängt zur Aktion und jeder *Krieg als Aktion* hat einmal ein Ende, womit er in den *Krieg als Zustand* übergeht, sofern er nicht zur totalen Feindschaft, die auf Vernichtung zielt, wird. Eine Gesellschaft ist Krieg in Latenz, sofern sie nicht durch eine Konzentration der Kräfte auf dem Schlachtfeld den Gegner bekämpft. Diese Art zu denken mag unter anderem dadurch erklärbar sein, dass Machttheoretiker, auch wenn sie sich gerne ‚Realisten' nennen, eine Beschreibung politischer Zustände als Theorie ausgeben.

Wo der Staat auf Partikularismen gegründet ist, dem hätte auch der Machttheoretiker Carl Schmitt zugestimmt, droht tendenziell der ewige Bürgerkrieg. Doch die partikularistischen Prinzipien sind ebenso wenig naturgegeben wie der Frieden, der stets gewollt und von den Prinzipien, die allen Menschen gemeinsam und zugänglich sind, das heißt also der Vernunft, gestiftet werden muss. Da den Menschen die Vernunft zwar als universalistisches Prinzip gegeben ist, sie davon aber nicht per se Gebrauch machen müssen, ja sich diese Vernunft erst im Widerstreit der Leidenschaften und Interessen entwickeln muss, ist jeder Friedensstiftung eine Entscheidung für den Frieden im Sinne eines Übergangs in eine andere Ordnung vorgelagert. Friedensstiftung basiert auf einer Änderung der individuellen Verpflichtung zu Staat und Gesellschaft, einer qualitativen Haltungsänderung, die einer reflexiven und prozesshaften Deeskalation kriegerischer, vom vermeintlichen *Kampf ums Dasein* im konkreten wie symbolischen Sinn gelöster Identitäten, entspricht. Sie kann nur dann Platz greifen, wenn im *status civilis* eine Ordnungsmacht herrscht, die zur legitimen Gewaltausübung berechtigt ist. Frieden ist daher nie als Absenz jeglicher Gewalt zu denken,

---

13   Carl Schmitt (1932, 1963, 2002), Der Begriff des Politischen. Berlin. S. 102.

sondern als Eingrenzung auf Institutionen legitimer Gewalt, sowohl im Innen- als auch im Außenverhältnis eines Staates, wo der Einsatz von Gewalt nur zur Aufhebung illegitimer Gewalt angeordnet wird. Gewaltverhältnisse können auch strukturell bedingt und auf den ersten Blick wenig sichtbar sein, wie etwa in Ausbeutungsverhältnissen, und umgekehrt kann die Anwendung von Gewalt legitim sein, wie Verteidigungskriege zur Selbsterhaltung oder die Zwangsmaßnahmen der Polizei gegen diejenigen, die der äußeren Freiheit anderer opponieren. Wenn etwa Banden andere daran hindern, ihr Wahlrecht auszuüben, widersetzen sie sich der äußeren, der politischen Freiheit anderer. Um in Konkurrenz mit anderen bestehen zu können, wird der Staat dazu getrieben, die Freiheit im Inneren zu sichern, weil er ohne diese Freiheit nie die Mittel hätte, in diesem Konkurrenzkampf zu bestehen. Dadurch wird die Idee des Friedens schon aus rein pragmatischen Gründen gefördert. Schon in seinem Entwurf ‚Zum ewigen Frieden‘ (1795) findet sich bei Kant in logischer Übereinstimmung seiner Darlegungen die Kriminalisierung des Angriffskrieges, die sich streng genommen bis in die Spätscholastik zurückverfolgen lassen. Tatsächlich ist die Ächtung des Angriffskrieges stufenweise – und teilweise sprunghaft – über die Verrechtlichung des Krieges erfolgt. Zweifellos hat es unter den Unterzeichnern des kodifizierten Rechts viele ‚politische Moralisten‘ im Sinne Kants gegeben, die zwar zustimmten, aber nur zum Schein, um für sich ganz andere Vorteile herauszuholen und nicht wirklich die Absicht hatten, die vereinbarten Regeln einzuhalten. Doch zeigt Kant, wie sich selbst aus den unlauteren Absichten andere Prozesse ergeben können, die – dann freilich zufällig – den vernünftigen Zwecken dennoch förderlich sind. So, wie die Sowjets unter Breschnew die Helsinki-Schlussakte 1975 nicht mit dem echten Willen unterschrieben, in ihrem Staat Menschenrechte anzuerkennen oder gar durchzusetzen, haben sich doch die Dissidenten darauf berufen können, bis die Schlauheit der sowjetischen Regierenden nicht mehr ausreichte, dem Zwang, in den sie durch ihr ,So-tun-als-Ob'-Verhalten geraten sind, gegenzusteuern. Dies ist die tiefere Botschaft Kants' und sie war gleichzeitig als Polemik gegen Hobbes und die Realisten gemeint.

Im Laufe des 20. Jahrhunderts und nur über die Geschichtskatastrophe des Dritten Reiches hat sich die Überzeugung herausgebildet, dass Kriege als organisierte Form der politischen Interessensdurchsetzung einen im internationalen Recht verbotenen Akt der Aggression darstellen, da sie vermeidbar und durch andere Formen der Politik ersetzbar sind. Das moderne Völkerrecht hat den Krieg als Rechtszustand abgeschafft, legitime Gewalt ist nur mehr aus der Defensive oder zur Nothilfe für andere gestattet. Als Illusion hat sich dabei allerdings die Begleitvorstellung vom allmählichen Abklingen der Kriege erwiesen. Zu Ende scheint lediglich die Ära der klassischen Staatenkriege, nicht aber die Geschichte des Krieges. Die im Zuge der humanitären Einsätze nach 1989 neu aufgelebten Diskussionen um die Fortsetzung moralisch gerechtfertigter ,gerechter Kriege', wie sie etwa M. Walzer (2003) und andere geführt haben, fallen nicht hinter das Regelwerk des internationalen Rechts zurück.[14] Zwar revidiert Walzer den berechtigten Verteidigungskrieg, der nur im Falle eines Angriffes auf die territoriale Integrität und damit politische Souveränität eines Staates geführt werden darf, dahingehend, dass er es gerechtfertigt sieht, diesem Angriff unter bestimmten Umständen auch zuvorzukommen. Ein Militärschlag wäre dann legitim, wenn er der Selbstverteidigung diene oder zum Schutz der Menschenrechte als ,humanitäre Intervention' geführt werde.

Auch wenn man die neue ,gerechte Kriegsdebatte' für politisch hypokrit einstufen und ablehnen mag, lässt sich nicht mehr leugnen,

---

14   Michael Walzer (2003), Erklärte Kriege – Kriegserklärungen. Hamburg.

dass sich die Staatenwelt gerade im Übergang vom anarchischen Naturzustand zu einem Rechtszustand im umfassenden Sinn befindet, wo es auch um Durchsetzbarkeit und Sanktionsgewalt geht. Die Friedensstiftung ist nicht nur Idee, nicht nur ein philosophisches Programm, sondern schon weitgehend Realität, auch wenn man in vielen Bereichen nach wie vor weit von der Erlangung des Weltfriedens entfernt ist. Wenngleich Bedenken gegenüber den ‚Menschenrechtsregimen' in manchen Fällen berechtigt sind, da sie auch zu missbräuchlicher Verwendung, zur Verschleierung anderer Motive genutzt werden können, sind ihre Grundlagen klar und richtig, benötigen aber auch eine Adaption der Kontrollmechanismen. Wo ein Staat zwar seine Souveränität mit Vehemenz beansprucht, aber nicht willens und in der Folge oft nicht fähig ist, primär seine eigenen BürgerInnen zu schützen, sind Maßnahmen zur Wahrung der Grundrechte, auch wenn sie von außen kommen, gerechtfertigt. *In der Tat verweist der Begriff der ‚humanitären Intervention' auf eine Grauzone. Die Leitbegriffe einer transnationalen, kosmopolitischen Verantwortung – ‚Hilfe', ‚Schutz der Menschenrechte', ‚Sicherung des Friedens', ‚Eindämmung von Konflikten', ‚Verhinderung von Genoziden und staatlicher Gewalt gegen Minderheiten' usw. – eröffnen die Möglichkeit, unter dem Deckmantel einer kosmopolitischen Mission eigene nationale oder hegemoniale Ziele effektiv und legitim zu verfolgen.*[15]

Jene großen Hoffnungen Kants, dass sich das Phänomen Krieg einmal erledigen werde, wenn die Kräfte der Vernunft im Zuge der politischen Partizipation mündiger BürgerInnen die Kriegsfolgen nicht mehr verantworten könnten, sich darüber hinaus zwischenstaatliche Kriege von Industrieländern schon allein aus der Wohl-

---

15   Ulrich Beck (2004), Der kosmopolitische Blick oder: Krieg ist Frieden. Frankfurt 2004. S. 217.

[handschriftliche Notiz am oberen Rand: "Freud zweifeld an Friedfähigkeit in glücklichen Gegenden"]

fahrtsperspektive nicht mehr lohnten, haben sich zu einem Gutteil erfüllt. Dass aber andererseits gerade die in die Mündigkeit entlassenen BürgerInnen mancherorts durch ihre falsch verstandene Freiheit bereit waren und sind, sich für Konflikte und (Bürger-)Kriege instrumentalisieren zu lassen, die im Namen von Nationen oder Klassen geführt werden, oder mit einer mehr oder weniger dominanten ethnischen Komponente versehen sind, widerlegt keineswegs Kants Ausgangsthese. Der *status civilis* ist nicht als faktischer gedacht, er wird immer Maßstab bleiben, *ideal* nicht als bloße Idee gedacht, sondern als Ideal, das Annäherungen zulässt. Es stellt sich jedoch mit Christopher Daase (1999) die Frage, in welchem Ausmaß dieser Wandel des Internationalen Systems heute noch gradueller oder schon prinzipieller Natur ist. Daher erlangt die Frage nach dem Begriff des Krieges erneut an Relevanz.[16]

Kampf scheint tatsächlich ubiquitär, doch der Krieg ist kein ewiges Phänomen, sondern erst Kennzeichen einer bestimmten sozialen und politischen Entwicklung. Sigmund Freuds bekannter Zweifel an der Friedfertigkeit von Völkern *in glücklichen Gegenden der Erde, wo die Natur alles, was der Mensch braucht, überreich zur Verfügung stellt, deren Leben in Sanftmut verläuft, bei denen Zwang und Aggression unbekannt sind,* scheint berechtigt.[17] Mit M. Mead gesprochen, die sich über die vermeintliche Friedfertigkeit ihrer Samoaner bekanntlich kräftig täuschte, ist der Krieg *eine Erfindung wie jede andere Erfindung.*[18] Dass Kriegführung ein wichtiger Bestandteil der Kultur ist, gilt als unbestritten. Alle Kul-

---

16   Christopher Daase (1999), Kleine Kriege – Große Wirkung. Wie unkonventionelle Kriegführung die internationale Politik verändert. Baden-Baden.

17   Sigmund Freud (1932/33), Warum Krieg? In: Sigmund Freud (1974), Studienausgabe. Band IX. S. 283

18   Margaret Mead (1964), Warfare is only an Invention-Not a Biological Necessity'. In Bramson L./ Goethals G. W. (1964) (eds.), War: Studies from Psychology, Sociology, Anthropology. New York.

turen gehen aus Kriegergesellschaften hervor. Doch wie der Krieg geführt wird, welchen Zwecken er dient, welche Mittel eingesetzt werden und vor allem welchen Begrenzungen er unterliegt, variiert in den historischen Epochen und zwischen den Kulturkreisen. Wann und wo der Krieg begonnen hat, liegt noch im Dunkeln. Überfälle, Hetzjagden oder Massaker von Stammesverbänden unter dem militärischen Niveau gelten nicht als Kriege, sondern als (Massen-) morde. Der Kampf zwischen Völkern um wildreiches Gebiet wird nicht als Ursprung des Krieges angenommen, sondern vielmehr das Zusammenstoßen zweier Wirtschaftsformen, wie etwa zwischen Ackerbau und Jägerkulturen. Wo Sesshaftigkeit die Mobilität einschränkte, wuchs der Sinn für Besitz und Recht, der den nomadischen Steppenvölkern mangelte, gleichzeitig wuchs auch die Verwundbarkeit gegenüber Eindringlingen. Es sind jedoch weniger die militärtechnischen Entwicklungen, wie Werkzeuge und neue Materialien, als die Organisation, die zum Krieg führte. Entgegen landläufigen Vorstellungen, so eine der Hauptthesen des britischen Militärhistorikers J. Keegan (1995), unterliegen gerade die ‚primitiven' Kriege der Kulturen unter dem militärischen und staatlichen Niveau einer freiwilligen Selbstbeschränkung und Mäßigung durch zeremonielle und symbolische Rituale, während erst der moderne Krieg trotz seiner versuchten ‚Einhegung' und Bindung an internationales Recht zur Eskalierung in den ‚absoluten' Krieg, zur unbegrenzten Gewaltausübung neige. In einfach strukturierten Gesellschaften äußern sich die psychischen Bedürfnisse der Einzelnen viel direkter, sei es das Konkurrenzstreben und/oder die Aggression, das Rache- oder Sühnebedürfnis, doch gleichzeitig erhalten Vermittlung, Besänftigung, das Vermeiden von Entscheidungsschlachten einen hohen Stellenwert innerhalb des Kriegsgeschehens. Diese Rituale mögen dem primitiven Aberglauben entspringen, aber sie zeugen von einer gewissen *ethischen Feinfühligkeit,* welche, so der luzide trockene Kommentar Sigmund Freuds, *uns Kulturmenschen abhanden gekommen ist. Der Wilde – Australier, Buschmann, Feuerländer – ist keineswegs ein reueloser Mörder; wenn er als Sieger vom Kriegspfad heimkehrt, darf er sein Dorf nicht betreten und sein Weib nicht berühren, ehe er seine kriegerischen Mordtaten durch oft langwierige und mühselige Bußen gesühnt hat.*[19] Ausweichen, Verzögern und indirekte Kampfweisen sind Besonderheiten der orientalischen Kriegführung geworden, die der westlichen Militärkultur im Laufe ihrer Entwicklung verlorengegangen sind. Sowohl den chinesischen als auch den Hochkulturen des mittleren Ostens wird diese Mäßigung und Zurückhaltung in der Kriegführung zugeschrieben – allerdings nur, solange sie sich nicht mit einer anderen Kultur, die diese Prinzipien nicht kannte, messen musste. *Den Prinzipien der freiwilligen Begrenzung und des symbolischen Rituals liegt eine Weisheit zugrunde, die wieder entdeckt werden muss. Die Friedenserhalter und Friedensstifter der Zukunft haben von anderen militärischen Kulturen viel zu lernen, und zwar nicht nur von denen des Orients, sondern auch von den Primitiven.*[20] Im Laufe der Geschichte haben Kriege ihre Formen und Strukturen sowie ihre Begründungssysteme geändert. Ab 3000 v. Chr. wird die erste ‚echte' Kriegführung vermutet, die Truppen, Waffenmeister, Schlachten und militärische Führer mit bewaffneten Truppen kannte. Zunächst ersetzten Bronzewaffen die Steinwaffen, der Reflexbogen die Axt, doch mit der Mobilität der Streitwagenvölker, den *ersten große Aggressoren der Menschheitsgeschichte*, wurden die Grundlagen einer Armee gelegt, die auf ständige Expansion angelegt war.[21] Mit dem assyrischen Heer, das erstmals Distanzen bis zu 500 Kilometer

---

19 Sigmund Freud (1915, 1974), Zeitgemäßes über Krieg und Tod. In: Studienausgabe. Band IX. Frankfurt/Main. S. 55.
20 John Keegan (2003), Kultur des Krieges. Berlin. S. 553.
21 Siehe dazu ausführlich John Keegan (2003), Kultur des Krieges. Berlin.

überwinden konnte, über Bautrupps, höhere Logistik, Nachschub, Transportmittel verfügte, brach erstmals der Geist des Militarismus mit reinen Angriffskriegen und Entscheidungsschlachten durch. Es ist jener aufkommende Militarismus, in dem der große englische Kulturhistoriker Arnold Toynbee die wirksamste, wenn auch nicht einzige, den Keim für den späteren Zusammenbruch der Kulturen verortet. *Es waren vor allem die Politik unablässiger Angriffskriege und der Besitz eines Machtmittels, die es möglich machten, diese Politik in Wirklichkeit umzusetzen, was die assyrischen Kriegsherren dazu verleitete, mit ihren Unternehmungen und Bindungen weit über die Grenzen hinauszugehen, in denen sich ihre Vorgänger gehalten hatten.*[22] Fortgesetzt und perfektioniert in der Formation der griechischen Phalanx, beruhte die spartanische Kultur auf einem durchdisziplinierten militaristischen Gemeinwesen, das seine schon erworbene Kultur und Sittlichkeit wieder zugrunde richtete – wovon uns noch Platons ‚Politea' ein beredtes Zeugnis gibt: Wo Kinder ihren Eltern auf Schlachtfelder folgen sollen, um sich abzuhärten und den Heroismus ihrer Väter zu bewundern, der aus der Überwindung von Todesfurcht und Tötungshemmung besteht, wird kein Beitrag zur Mäßigung oder Humanisierung des Krieges geleistet, allen anderen hellenistischen Kulturleistungen zum Trotz, wie etwa die Einbringung eines moralischen Elementes, den Kampf mit einer ethischen Vorstellung der persönlichen Ehre zu verknüpfen, das den Griechen der klassischen Epoche zugeschrieben wird. Sie überwanden die Begrenzungen des primitiven Kampfstils, und gingen zum Kampf Mann gegen Mann auf Leben und Tod über, einem direkten Kampf, einem alles entscheidenden Kampf. Wenn verschiedene Kriegslogiken aufeinandertreffen, siegt meist der Verblüffungseffekt, so auch die ma-

---

22 Arnold J. Toynbee (1950), Krieg und Kultur. Der Militarismus im Leben der Völker. Stuttgart. S. 64.

kedonischen Truppen des Alexander in ihrem Zusammentreffen mit der persischen Armee. Mit den Hunnen drang abermals eine neue Art des Militarismus in den Westen, die auch nachfolgende Reiternomaden erfolgreich praktizierten. Es war ein Militarismus ohne Armee, ein Krieg als Selbstzweck ohne das Bedürfnis nach politischer Herrschaft, Blitzkriege, Beutezüge im Stil des absoluten Krieges, ohne – vordergründiges – *politisches Ziel* und nicht auf Umwandlung einer anderen Kultur bedacht. *Sie bezweckten weder den materiellen noch den gesellschaftlichen Fortschritt.*[23] Doch der Militärhistoriker J. Keegan, der hier nur Rachemotive erkennt, übersieht, dass auch eine Nomadengesellschaft im Krieg politische Prinzipien verfolgt. Das ist verwunderlich, erkennt doch Keegan selbst das elitäre Stammesbewusstsein, eine Art primitiven Nationalismus, als verantwortliche Kraft ihrer absoluten Kriegführung. Von den Arabern kopiert, traten die islamisierten Araber primitive Eroberungsfeldzüge in einem bis dahin nie gekannten Ausmaß an, allerdings unter dem Zeichen eines abstrakten Kampfmotivs, der ‚Idee' der Gotteskrieger, die dem neuen Organisationsprinzip der Gemeinschaft entsprach und somit direkter Ausdruck ihrer ‚Politik' war.

Der europäische Militarismus gilt als Amalgam von Elementen fernöstlicher, hellenistischer und islamistischer Militärtraditionen, *eines* hat sie ... *aus sich selbst hervorgebracht, das zweite hatte sie aus dem Orient übernommen, das dritte verdankte sie ihrer Fähigkeit zur Anpassung und zum Experimentieren. Es handelt sich um einen moralischen, einen intellektuellen und einen technischen Aspekt.*[24] In der Figur des Ritters äußert sich das moralische Prinzip des agonalen, sportiven und ehrenhaften Zweikampfes. *Der Ritter ist zu sehr Persönlichkeit, um Führung zu haben*, schreibt Hans Del-

---

23 John Keegan (2003), Kultur des Krieges. Berlin. S. 282.
24 John Keegan (2003), Kultur des Krieges. Berlin. S. 550.

brück (2000), seine Bewaffnung zu einseitig, sodass sich der Begriff der Taktik erübrigt. Ohne Taktik auch keine Strategie. Im agonalen Kampf dominiert ein ritterlicher Ehrenkodex, der ein Kräftemessen unter gleichen Bedingungen, aber nicht um jeden Preis, vorsieht. Eine solche Haltung setzt bereits eine gewisse Beherrschung und Selbstkontrolle über die eigenen Triebe voraus. Für den Gegner gelten die gleichen Regeln, Hinterhalt und Tücke sind unwürdig, handelt es sich doch um einen Kampf, der um das aristokratische Ideal der Ehre ausgetragen wird – eines der wichtigsten Organisationsprinzipien prämoderner Gesellschaften. Psychologisch betrachtet wird hier zwischen zwei als gleichwertig angesehenen Gegnern um den Sieg über eine narzisstische Kränkung gerungen; der sieghafte Ausgang sichert dem Gewinner die Wiederherstellung seines geschwächten Selbstwertgefühls, während der Verlierer zum Unterlegenen wird, der jedoch deswegen nicht moralisch verachtenswert und daher auch nicht der unbedingten Vernichtung preisgegeben ist. Erst die Umwandlung der Ritter in Kavallerie am Ausgang des Mittelalters zusammen mit neuen Spielarten der Infanterie und den Feuerwaffen führte zur ‚modernen' Kriegführung. Der Ritter blieb qualifizierter Individualist, der Kavallerist aber ist Teil eines Körpers.[25] Als technische Innovation ohnegleichen gilt die Einführung des Schießpulvers, das die asiatische Kultur erfand, jedoch dem prä-modernen Prinzip der Ehre wegen als Mittel der Kriegführung ablehnte. Gefeiert von Hegel als Befreiung der physischen Gewalt und zur Gleichmachung der Stände, möge man zwar den Untergang oder die Herabsetzung des Wertes der persönlichen Tapferkeit bedauern, nun könne *der Tapferste, Edelste … von einem Schuft aus der Ferne, aus einem Winkel niedergeschossen werden; aber das Schießpulver*

---

25 Hans Delbrück (1962, 2000), Geschichte der Kriegskunst im Rahmen der politischen Geschichte. Band 4. Berlin. S. 142.

hat vielmehr eine vernünftige, besonnene Tapferkeit, den geistigen Mut zur Hauptsache gemacht. Daraus ginge Tapferkeit ohne persönliche Leidenschaft hervor, die sich gegen den abstrakten Feind und nicht gegen bestimmte Personen richte und diese Aufopferung für das Allgemeine entspräche dem *Mut gebildeter Nationen*.[26] Solcherart gedacht ist die ‚überlegene' Kriegskultur des Westens, die Toynbees und in gewissem Maße auch Poppers These zu bestätigen scheint: Dort, wo sich das militaristische Prinzip ‚totalisierte' und zum alleinigen politischen Prinzip wurde, war der Weg in die Geschichtskatastrophen vorgezeichnet.

Seit dem Altertum tauchen Fragen der Strategie immer in zwei Formen auf – der Niederwerfungs- und Ermattungsstrategie. Da es Grundgesetz aller Strategie ist, die Hauptmacht des Feindes aufzuspüren, zu schlagen und dadurch zu siegen, setzt die Niederwerfungsstrategie militärische Überlegenheit voraus, die Ermattungsstrategie setzt auf die Zermürbung des Gegners, spielt auf Zeit und vermeidet die große Schlachtenkonfrontation. Es ist daher kein Zufall, dass sich die Präferenzen für die eine oder andere Strategie immer wieder geändert haben: Wo große stehende Heere auf den nationalen Enthusiasmus einer Volkswehr setzen konnten, hat die Niederwerfungsstrategie ihren Höhepunkt erreicht; wo kleine Gruppen terroristischer Guerilla gegen ‚Gesinnungen' antreten, ist der Kampf gegen ‚weiche Ziele', wie etwa Zivilbevölkerungen, auf Zermürbung angelegt. Der Krieg unterliegt dem Wandel, wie andere soziale Institutionen. Schon Clausewitz hat die Wandelbarkeit des Krieges zu einem seiner Charakteristika erklärt, indem er ihn als *wahres Chamäleon'* bezeichnete, da er in jedem konkreten Falle seine Natur etwas ändere. Entsprechend den jeweiligen

---

26 G. W. F. Hegel (1997), Vorlesungen über die Philosophie der Geschichte. Stuttgart. S. 542.

Gesellschaftsformen und den zur Verfügung stehenden Mitteln haben diese Übergänge von Ermattungsstrategien zu Niederwerfungsstrategien in der Kriegführung mehrmals stattgefunden. Am Übergang vom Mittelalter zur Neuzeit wurde der Krieg in Europa ‚verstaatlicht‘, in der zweiten Hälfte des 20. Jahrhunderts setzten sich in jenen Teilen der Welt, wo diese Staatlichkeit schwach geblieben ist, wieder jene Kriegsformen durch, die an die spätmittelalterliche *Condotta*, die Kämpfe privatisierter Milizen und ihrer Söldnerhaufen, erinnern, die sich auch ohne Sold vom Krieg ernährten, den Krieg dadurch zu einem mehr oder weniger profitablen Unternehmen, der wenig Tote, aber lange Dauer haben sollte, gestalteten. ‚Neue‘ asymmetrische Kleinkriege haben die klassischen Staatenkriege nach Clausewitz’schen Strategien heute weitgehend abgelöst. Sie finden vorwiegend im Inneren von Staaten statt und verändern die Sicherheitsordnungen der Bündnissysteme wie auch der einzelnen Nationalstaaten in einer Weise, die selbst die Grundantonyme von Freund – Feind, Krieg – Verbrechen ins Wanken bringen.[27] Dies vor allem deswegen, weil sich die Kriegsschauplätze nach 1945 in die Regionen der Entwicklungsländer verlagert haben, wo die Staatenbildung in anderer Weise vor sich ging, wo schlecht gelöste Dekolonisierungen den Grundstein zu weiteren, oft im Zeichen der ‚Ethnie‘ ausgetragenen Konflikten legten. Die äußere Freiheit der Dekolonisierten stand oft in krassem Missverhältnis zu ihrer andauernden inneren Knechtschaft, wie sie Frantz Fanon so treffend beschrieben hat: Sein ins National-Revolutionäre gewendetes Hegel’sches Konzept empfahl auch die innere Befreiung aus dem Gewaltverhältnis durch Gewalt, den bewaffneten Kampf für die eigene Nation. Die Kolonisierten konstituieren sich im Prozess des Befreiungskrieges zu einem eigenen Volk, das sein

---

27   Herfried Münkler (2002,2004), Die neuen Kriege. Hamburg. S. 240.

Selbstbewusstsein aus dem Partisanenkampf aller gegen die Kolonialmacht gewinnen sollte. Wenngleich auch der Befreiungskrieg
als Vehikel der neuen Staatenbildung im Völkerrecht Anerkennung
fand, temporär rechtens war, reichte die im Kampf entstandene
Gemeinschaftsbildung für den Aufbau einer stabilen Ordnung oft
nicht aus. Neue partikularistische Politiken haben die Hoffnung auf
das Erstarken universalistisch orientierter neuer Nationalstaaten
gedämpft. Es beweist zunächst nur, dass der Staat nicht bloß in äußeren Institutionen, in einer konkreten Verfassung, durch politische
Vertreter, sondern auch im Geiste besteht. Er ist die Form einer
Vergesellschaftung über eine abstrakte Idee, die über den Partikularismen der Ethnie, des Stammes oder Clans steht. Wo der Staat
schwach geblieben oder vom Zerfall bedroht ist, wie etwa in den
anomischen Zuständen der ‚neuen Kriege', wandert ‚das Politische'
vom Staat zum Volk, wo die Idee der politischen Gemeinschaft nur
in fragmentierter Weise existiert, entweder in konkurrierenden Ide-
en oder gar nicht ausgebildet ist. Eine solche Entwicklung birgt tendenziell die Gefahr eines Rückfalls in den Naturzustand. Die Form
der Vergesellschaftung in diesen Ländern mag eine andere als im
Westen sein, aber sie ist schon lange nicht mehr traditionell prämodern, sondern ein Nebeneinander verschiedener Vergesellschaf-
tungsformen. Die Moderne ist in ihrem Wesen auf Globalisierung
angelegt (Giddens, 1995), auf Interaktionen über Entfernungen
hinweg, die zu ‚Dehnungsvorgängen' zwischen gesellschaftlichen
Kontexten und Regionen führen.[28] Hegels Prinzip der Moderne

---

28   Anthony Giddens (1995), Konsequenzen der Moderne. Frankfurt/Main. S. 84 ff.
     Giddens definiert Globalisierung auf folgende Weise: *Definieren lässt sich der
     Begriff der Globalisierung demnach im Sinne einer Intensivierung weltweiter
     sozialer Beziehungen, durch die entfernte Orte in solcher Weise miteinander ver-
     bunden werden, dass Ereignisse an einem Ort durch Vorgänge geprägt werden,
     die sich an einem viele Kilometer entfernten Ort abspielen, und umgekehrt. Dies
     ist ein dialektischer Prozess, denn solche lokalen Ereignisse können in eine Rich-*

zeigt sich im modernen Staat, wo der Einzelne Rechte und Pflichten übernimmt, nämlich letztlich Verantwortung auch für die Nebeneffekte dieser modernen Vergesellschaftung. Kennzeichen der Moderne ist es, ihre Mitglieder als Individuen zu betrachten, aber diese Individualisierung besteht in einer ständigen Transformation der Identität, die aber keine willkürliche ist und eine gewisse Flexibilität der Identitäten voraussetzt.[29] Erst daraus ergaben sich Chance und sogar Pflicht zur Selbstbestimmung.

Im Kontext der Globalisierung haben sich neue Gewaltstrategien herausgebildet, die mangels einer präzisen Begrifflichkeit derzeit unter der Bezeichnung ‚neue Kriege' firmieren: Ihre Gemeinsamkeiten sind durch eine zunehmende Privatisierung der Gewalt, eine Entstaatlichung der Gewaltakteure und eine zunehmende Involvierung der Zivilbevölkerung in das Kriegsgeschehen charakterisiert. Im Namen einer ‚*Politik der Identität*' (Kaldor, 2002) werden Versatzstücke von Ideologien nur mehr zum Machterwerb als Etiketten eingesetzt. So auch R. Meyers: *An die Stelle organisierter zwischenstaatlicher Gewaltanwendung tritt ein neuer Kriegstyp, in dem sich Momente des klassischen Krieges, des Guerillakrieges, des bandenmäßig organisierten Verbrechens, des transnationalen Terrorismus und der weitreichenden Verletzung der Menschenrechte miteinander verbinden. Seine asymmetrische Struktur zwischen regulären und irregulären Kampfeinheiten impliziert seine sowohl zeitliche als auch räumliche Entgrenzung: Die Heckenschützen Sarajevos kämpften weder entlang einer zentralen Frontlinie noch innerhalb eines durch Kriegserklärung formal begonnenen und durch Kapitulation oder Friedensvertrag formal geschlossenen Zeit-*

---

tung gehen, die der Richtung der sie prägenden weit entfernten Beziehungen entgegengesetzt verläuft.

29   Siehe dazu auch Zygmunt Bauman (2000), Flüchtige Moderne. Frankfurt/Main.

raums.[30] Auch der Terrorismus ist eine solche asymmetrische Gewaltstrategie der Schwachen und nicht nur die Waffe der Armen.[31] Die terroristische Strategie hat den westlich-ideologisch bestimmten Partisanenkrieg, der im Wesentlichen defensiv orientiert war, abgelöst und in eine offene Strategie gekehrt, nicht zuletzt, weil eine wichtige Komponente des Partisanenkrieges, die Unterstützung der Bevölkerung, verloren gegangen ist. Diese Unterstützung basierte auf einer ähnlichen Bewusstseinslage einer ethnisch oder sozial die Ziele der Kämpfer teilenden Bevölkerung. Wie sich an Che Guevaras Bolivienerfahrung zeigen lässt, scheitert ein offensiver Partisanenkrieg, wenn der unterstützende Elan der Bevölkerung fehlt. Auch der ethnoseparatistische und der sozialrevolutionäre Terrorismus sind darauf angewiesen, der transnationale Terrorismus aber kennt nur mehr einzelne Akteure, die sich von jedem tellurischen Element des Bodens und Raumes gelöst haben. Obwohl entterritorialisiert, agieren sie im sozialen Raum der globalisierten Welt und sind durch gezielte Asymmetrie imstande, sich als technologisch und organisatorisch weit unterlegene Kriegsakteure gegen einen haushoch überlegenen Gegner kriegsführungsfähig zu bleiben. Im Unterschied zu den Partisanenkriegen, die noch die Asymmetrie als temporär ansahen und in Symmetrie überführen wollten, wird Asymmetrie in den Formen des transnationalen Terrors als autonome Strategie gegen ‚weiche' Ziele eingesetzt. Damit sei aber auch klar, so Münkler, *dass es sich bei den jüngeren Formen des Terrorismus um eine Form des Krieges handelt: Politische Akteure wollen auf diese Weise mit den Mitteln der Gewalt ihren Willen durchsetzen. Die auf*

---

30   Reinhard Meyers (2005), Entstaatlichung des Krieges, Reprivatisierung der Gewalt: Der Wandel des Kriegsbildes im Zeitalter post-nationalstaatlicher Konflikte. In: Studia Universitatis Babes-Bolyai Studia Europaea 2–3/2005. S. 5–41.

31   Herfried Münkler (2006), Der Wandel des Krieges. Von der Symmetrie zur Asymmetrie. Weilerswist. S. 221.

Clausewitz zurückgehende Definition des Krieges als Durchsetzung eines politischen Willens mit den Mitteln der Gewalt ist flexibler als die empiristisch ausgerichteten Definitionen des Krieges, die auf die Anzahl der Toten oder die Beteiligung eines Staates abheben, weil sie von bestimmten historischen Konstellationen unabhängig ist. Wer Krieg per definitionem auf eine bestimmte Art seiner Führung beschränkt, etwa auf staatliche Kontrahenten, die mit professionalisiertem Personal um die Kontrolle von Territorien kämpfen, wird selbstverständlich die jüngsten Formen des Terrorismus nicht als Krieg bezeichnen, sondern bestreiten, dass Terrornetzwerke, Milizenführer und Warlords Krieg führende Parteien seien. Bestenfalls seien es Agenten organisierter Gewaltanwendung. Aber damit gleitet ihm zugleich die Geschichte des Krieges wie Sand durch die Finger, und was hängen bleibt, sind nur die Staatenkriege der europäischen Geschichte zwischen dem 17. und dem 20. Jahrhundert. Damit ist weder in wissenschaftlicher noch in politischer Hinsicht etwas gewonnen.[32]

Gegenüber dem ‚gehegten' Krieg des interessegeleiteten Nationalstaates wie auch in rechtstheoretischer Hinsicht stellen die ‚neuen Kriege' freilich einen Rückfall dar, da die vom Zerfall bedrohten Staaten nicht mehr über das Gewaltmonopol verfügen, dieses an die Gesellschaft verlieren und das Konfliktgeschehen zwischen privaten Gewaltakteuren und Fragmenten regulärer Armeen ausgetragen wird. Daher wurde von einigen Autoren in den letzten Jahren die These von einer Rückkehr des prämodernen Fehdekrieges, der ‚Reprivatisierung des Krieges', aufgestellt. Aufgrund dieser Entkoppelung der Kriegführung aus der staatlichen Einhegung, erkennbar an privaten Kriegsökonomien, der Verletzung von Kriegs-

---

32 Herfried Münkler (2006), Der Wandel des Krieges. Von der Symmetrie zur Asymmetrie. Weilerswist. S. 222/223.

recht, der Kriegführung gegen Zivilisten etc. werden die Parallelen zu den Kriegsformen vor ihrer staatlichen ‚Einhegung' gezogen. Im Unterschied zu den gehegten, vom Staat monopolisierten ‚alten' zwischenstaatlichen Kriegen setzt sich in den neuen Kriegen (wieder) eine Gewaltform durch, die dem Individuum im Gewaltprozess mehr Spielraum gibt, allerdings als pervertierte Form eines mörderischen Über-Individualismus ohne moralische Schranken. Ein Ritter agiert als Persönlichkeit, erst Schießpulver und Feuerwaffe haben den persönlichen Mut durch den geistigen Mut ersetzt, der, wie Hegel hervorgehoben hat, das Allgemeine betont. Der moderne Krieg ist abstrakt, die Schusswaffe annulliert den persönlichen Mut, sie nivelliert die physischen Fähigkeiten. In einem modernen Krieg ist die Entfaltungsmöglichkeit eines Individuums gering, die Armee ist eine Maschinerie, selbst der hochrangige Offizier ist eingebettet in ein Regel- und Institutionengefüge. Bei den neuen Kriegen sind – obwohl sie technologisch und ökonomisch auf hohem Niveau agieren können – der Willkür, dem Sadismus des/der Einzelnen wenig Schranken gesetzt. Die Asymmetrie besteht nicht nur auf dem Schlachtfeld, sondern auch auf einer abstrakteren Ebene: In modernen Gesellschaften ist die Entscheidung für einen Krieg Ausdruck einer Institution und nicht einer persönlichen Willkür, sie ist, auch wenn es viele Gegenstimmen geben mag, Ausdruck eines gesellschaftlichen Konsenses, auch wenn er sich als falsch bzw. unreif erweisen mag. Selbst ein Kriegsminister oder der Oberbefehlshaber entscheidet nicht nach eigenem Ermessen, sondern hat vielfache Rücksichten zu nehmen. Diese Eingeschränktheit des modernen Menschen, seine antiheroische Domestizierung zum Rädchen, auch wenn es um seine politische Existenz geht, schließt die persönliche Willkür aus. In den ‚neuen Kriegen', ganz gleich, ob diese Phänomene als ‚prämodern' oder *postmodern* eingeschätzt werden, dominieren anders organisierte Gewaltverhältnisse (Kaldor

1999, Beck 2004), die sich der Beurteilung mit bisherigen Begriffsinstrumenten entziehen – vor allem jenen der statischen realistischen und neorealistischen internationalen Beziehungstheorie, die diesen Wandel der Gewaltformen nicht erklären kann.[33] Hinzu kommt, dass diesen neuen Kriegsszenarien und ihren zahlreichen Akteuren heute eine Gruppe von ‚Drittparteien' gegenübersteht, die universal gültige Menschenrechte in Form von ‚humanitären Interventionen' auch auf fremden souveränen Territorien durchzusetzen versucht und gerade dadurch mit völkerrechtlichen, rechtsethischen und politischen Prinzipien in Konflikt gerät. Supranationale Organisationen schützen nötigenfalls mit Gewalt Bürger/innen gegen ihren eigenen dazu unwilligen Staat bzw. erfüllen jene Schutzfunktionen, deren ein zerfallender Staat nicht mehr mächtig ist, doch die Nothilfe Leistenden müssen sich zu Recht fragen, wie man *unter Wahrung der Gerechtigkeit'* aus einer Sache wieder herauskommt? (Walzer 2003) Auch ein zu früher Abzug, wie ihn die USA in ihrem letzten durch Stellvertreter ausgetragenen Kalten Kriegskonflikt in Afghanistan durchführten und sich nicht am Wiederaufbau betätigten, kann Unrecht sein.[34]

Bei der grundsätzlichen Frage, wie man vom ‚Krieg' zum nachhaltigen ‚Frieden' gelangt, muss es auch darum gehen, ein ‚vernünftiges' Bündnis von Leidenschaften und Vernunft einzugehen. Während der Krieg die vernünftige menschliche Gemeinschaft in Abrede stellt und somit die Negation des Politischen ist, drückt der Frieden idealistischerweise ihre Verwirklichung aus. Im Sinne des antiken Denkens ist er der Zustand des Gleichgewichts, die zum Stillstand gekommene Verfallsbewegung, im Sinne der Moderne die sittliche Vervollkommnung der Menschen in einer positiv besetz-

---

33   Siehe dazu das gut argumentierte Buch von Christopher Daase (1999), Kleine Kriege – große Wirkung. Wie unkonventionelle Kriegführung die internationale Politik verändert. Baden-Baden.

34   Michael Walzer (2003), Erklärte Kriege – Kriegserklärungen. Hamburg. S. 49.

ten Gemeinschaft, der an universalistischen Prinzipien orientierte Kosmopolitismus mit seinem Bestreben, allgemeingültige Normen zu schaffen und auch durchzusetzen. Dies führt nun unweigerlich zur Frage nach den menschlichen Bindungsmechanismen wie Sympathie, Empathie, Vertrauen, Mitleid, Reaktionen aus dem emotionell-kognitiven Fundus, die zum Gefühl der mitmenschlichen Solidarität, zu jenem ‚Mehr' führen, das eine Gesellschaft und einen Staat von einem Aggregat addierter Individuen unter utilitaristischen Vorzeichen unterscheidet. Eine nur formale äußere Gerechtigkeit durch Gesetze und Institutionen ohne Gefühlsbindungen bleibt fragil. Lange vor Sigmund Freud, der in seinem berühmten Brief an Albert Einstein nur in den ‚*Gefühlsbindungen'* unter den Menschen die Gegenkraft zur destruktiven Aggression sah, erkannte man in Liebe, Caritas, Agape, Empathie, Mitgefühl und Solidarität den Bindungskitt jedes Friedensdiskurses, der im falschen Prozess der Zivilisation verloren gegangen oder nie ausgebildet wurde.[35] Frieden stiften heißt, eine Gemeinschaft bilden, die willens und daher imstande ist, das Leid Anderer als zum eigenen Lebenskreis gehörig zu empfinden, im Sinne einer eigenen Sache und keinesfalls als bloß emotionellen Überschwang oder gar irrationaler Angelegenheit, was eine psychologische Anerkennung unserer eigenen Verletzlichkeit zur Grundlage hat und eine allgemeine Reaktion im Sinne eines eudaimonischen Urteils (Nussbaum, 2001) darstellt.[36] Eine solche Sichtweise überwindet freilich die beliebte Gleichsetzung von emotionellen Antrieben mit blinden irrationalen Kräfte, die einer ‚reinen', nur aus Denken und Logik, dem berühmten ‚cogito' bestehenden Vernunft, gegenüberstehen. Wo Sympa-

---

35 Horst-Eberhard Richter (1997), Der Gottes-Komplex. Die Geburt und die Krise des Glaubens an die Allmacht des Menschen. Düsseldorf, S. 263.

36 Martha C. Nussbaum, Upheavals of thought. The Intelligence of Emotions. Cambridge 2001. p. 320 ff.

thie nicht von Machtbeziehungen, in welchen Taktik und Misstrauen überwiegen, unterdrückt wird, muss das Mit-Leiden mit anderen Identitäten, in anderen Regionen und Kulturen nicht der Perspektive einer Freund-Feind-Logik unterworfen werden (Beck, 2004). Daher kann auch nicht die ‚Natur' des Menschen als das große Friedenshindernis gelten, auch wenn die Menschen, mit Immanuel Kant gesprochen, aus noch so krummem Holz gezimmert sind, sondern es ist die zur Gewohnheit gewordene ‚Schiefheilung' neurotischer Konflikte in gesellschaftlichen Konfigurationen, mit einem Wort, die psychische Unreife. Im Gegenteil, müsse man gerade nach denjenigen ‚natürlichen' Neigungen im Menschen suchen, welche die Idee des Friedens begünstigen, forderte Kant, da kein Verlass auf gelegentlich auftretende moralische Politiker zulässig sei, die den ‚ewigen Frieden' für uns schließen. Es bleibt das Verdienst Kants, gezeigt zu haben, wie die Leidenschaften so betrachtet werden können, dass sich auch ihre destruktiven Wirkungen gegenseitig aufheben, wie selbst aus dem egoistischen Partikularwillen der Einzelnen noch das allgemeine Interesse gefördert wird. Denn nicht jeder Mensch, der äußere Freiheiten genießt, muss auch innerlich frei sein, muss nicht über ein inneres Konfliktbewältigungsprogramm, ein gleichsam ‚rationales' Steuerungssystem zur Systematisierung seiner/ihrer Leidenschaften verfügen, über die Distanz, welche Selbstkontrolle und damit eine Bearbeitung der instinktgesteuerten Triebe erst ermöglicht. Psychologisch problematisch am geradezu zwanghaften Glauben an die bezwingenden Kräfte der Vernunft ist – und das gilt für den deutschen Idealismus im Allgemeinen –, dass er über einen gänzlich unbewältigten archaischen Egoismus gebreitet ist (Richter, 1997), dass eine gewalttätige Welt durch rigorose Formen der psychologisch nicht näher erklärten Triebunterdrückung in eine vernünftig-befriedete bürgerliche Gesellschaft führen soll. Schon Sigmund Freud gemahnte an die (Selbst-)

Täuschungsmanöver der kultivierten Abendländer, die ihre hohen ethischen Ideale so enttäuschend schnell wieder gegen Barbarei eintauschten, als der Erste Weltkrieg die Angehörigen der ,Kulturnationen' so plötzlich mit in die Regression riss, indem er daran erinnerte, dass die ,psychologisch echte' Kultureignung stets zu Lasten des Lustbilanzkontos erworben wird – eine zivilisatorische Leistung, zu der nicht alle im Alltag Kulturtauglichen auch innerlich imstande sind. Zum guten Handeln könne man sich auch ,entschließen', ohne eine echte ,Triebveredelung' zu erreichen, ohne die Umsetzung egoistischer in soziale Neigungen auch wirklich zu bewerkstelligen. Bei vielen Menschen stelle sich ,Kulturgehorsam' nur aus Gründen der Liebes- und Vorteilsprämien ein, psychologisch gesehen lebten diese ,Kulturheuchler' jedoch permanent über ihre Mittel, und es ist eben jene Überspannung, die sie ihre scheinbare Friedfertigkeit nicht durchhalten lässt: *Es gibt also ungleich mehr Kulturheuchler als wirklich kulturelle Menschen, ja man kann den Standpunkt diskutieren, ob ein gewisses Maß von Kulturheuchelei nicht zur Aufrechterhaltung der Kultur unerlässlich sei, weil die bereits organisierte Kultureignung der heute lebenden Menschen vielleicht für diese Leistung nicht zureichen würde.*[37] Äußere und innere Freiheit stehen in einer Wechselbeziehung, die Verinnerlichung äußerer Zwänge ist kein Garant innerer Freiheit. Tendenziell stellt die menschliche Triebnatur eine permanente Gefahrenquelle für Selbst- und Fremdaggressionen dar. Wer dem Krieg im eigenen Inneren unterliegt, gerät auch in Konflikt mit der eigenen Moral und ist daher unbewusst zur Auslagerung gezwungen, um einen faulen Waffenstillstand mit sich selbst zu schließen. Den ,anderen' jene Feindseligkeit zu unterstellen, die man selbst nicht zu beherrschen

---

37 Sigmund Freud (1915, 1999), Zeitgemäßes über Krieg und Tod. Gesammelte Werke. Band X. Frankfurt/Main. S. 336.

imstande ist, gilt als triviale Erkenntnis. Wer ständig genötigt wird, auf Vorschriften zu reagieren, die nicht Ausdruck seiner Triebneigungen sind, lebt psychologisch über seine Mittel *und darf,* so Sigmund Freuds bekannter Kommentar, *objektiv als Heuchler verstanden werden.* Doch die Aggression selbst scheint janusköpfig. Sofern sie nicht ganz in den Dienst pathologischer Kräfte getreten ist, gilt sie der Vernunft zugänglich, ablenkbar und in soziale Energien umwandelbar. Man sähe es ihr nicht so leicht an, ob sie der Vernunft oder jenen Triebbedürfnissen diene, die ihr spotten, schrieb Alexander Mitscherlich, man könne ihr daher gute und schlechte Bedeutungen anhängen, und überhaupt stelle sich die Frage, ob es die gleiche Energie ist, welche der Vernunft dienliche Kämpfe und all die produktiven Leistungen speise, aber auch die destruktiven, kriegerischen Absichten.[38] Freud hat sich in dieser Frage verloren, wie sein seltsames und längst ad acta gelegtes ,Todestrieb'-Konzept beweist. Seine Schüler sind ihm darin nicht gefolgt, die Psychoanalyse nach ihm hat auf dem Triebmischungskonzept bestanden. Nicht Aggression per se ist als Kriegstreiber auszumachen, sondern nur solche, die nicht früh mit libidinösen Kräften durchmischt, gleichsam durch Liebe gedämpft oder ,sozialisiert' wurde. Nie jedoch ist der Krieg Resultat einer zur ,Abreaktion' drängenden Aggression, nie direkte Triebbefriedigung, sondern das Unternehmen Krieg als ,Zustand' wie auch als ,Aktion' macht sich das Aggressionspotenzial und andere schlecht gelöste seelische Konflikte lediglich zunutze. Kein noch so umfassender Zwang, dem Soldaten unterworfen sind, kann ihren persönlichen Kampfeswillen ersetzen. Ein solcher muss im Namen von heroischen Kriegszielen geweckt werden, die zur allgemeinen Identifizierung für das Risiko, das Leben zu verlieren,

---

38   Alexander Mitscherlich (1969), Die Idee des Friedens und die menschliche Aggressivität. Vier Versuche. Frankfurt/Main. S. 110.

‚taugen'. Sie müssen auf ihren Gegner ‚eingestimmt' werden, indem ihre natürliche Todesangst und ihre Tötungshemmung sowie das sich einstellende Schuldgefühl überwunden werden müssen. Dieses geschieht auf mehrfache Weise: indem allen Kriegsteilnehmern, auch den Entscheidungsträgern, die Lösung innerer, unbewusster Konflikte ermöglicht wird, eine Kriegskultur entworfen wird, die Aggression und Tötung in Tugend ritualisiert, Heldentum und Größe zu wünschenswerten gesellschaftlichen Leistungen stilisiert. Während der Krieg den Bürgern diesen in Tugend verkehrten absoluten Gehorsam abverlangt, gestattet sich der Krieg führende Staat selbst jedes Unrecht, das er den Einzelnen schon lange verboten hat, das ihn ‚entehren' würde, er bedient sich der List und Lüge und des absichtlichen Betruges – der Weltbürger ist darob enttäuscht, obwohl doch, so Freud, nur seine eigenen Illusionen zerstört wurden, Illusionen, die den kultivierten Weltbürgern ihre eigenen Unlustgefühle ersparten. Mit Hegel gesprochen, verleiht erst die politische Betätigung, das In-Verbindung-Treten mit anderen Menschen, dem Individuum jene Würde, die das Privatleben, so erfolgreich es auch immer sein mag, nie geben kann. Die Hegel'sche Unterscheidung zwischen Bourgeois und Citoyen hat etwas Richtiges erkannt: Der Citoyen ist die wesentliche Dimension des menschlichen Daseins wie auch der *Ursprung der Entartung*. Die Erhebung des Politischen zu einer überindividuellen Entität ist ein Trugschluss im Sinne Hegels, die ‚Dialektik', die sich im Sinne Kants einstellt, eine falsch verstandene, aber in ihrem Ursprung richtige Idee. Im Terroristen wird dieses Ideal der Aufopferung für die anderen, ohne die keine Gesellschaft funktionieren kann, pervertiert. Er/sie ist Idealist, opfert sich, aber wofür? Für seine Sache, die seine individuelle ist, er/sie lebt im Schein, er würde sich für die Gemeinschaft opfern, aber er/sie läuft einem Wahn nach, der psychopathologisch zu erklären ist. Dieser fehlgeleitete Idealismus bewahrt einen Funken der Faszination, er produziert den Schein einer gerechten Sache und trübt dabei die Urteilskraft der Gemeinschaft, die Zugehörigkeit durch Gewalt als besondere ‚Opfer'-Hingabe feiern kann. Das Opfer führt einen Überlebenskampf jenseits von ‚Gut' und ‚Böse', es agiert gemäß seiner Kampfperzeptionen, seiner impliziten Annahmen, dass die gegnerische Gruppe auf seine Vernichtung abzielt. Es ist dies die psychologische *Wahrnehmung* auf der Ebene des Naturzustandes. Sie kann auch dort wirksam sein, wo staatliche Funktionen existent sind, weil der Opferstatus die Anerkennung des anderen als gleichwertig psychologisch nicht kennt, sondern ihm nur durch die Unterstellung feindseliger Impulse begegnet werden kann. Zur Empathie mit anderen Menschen unfähig, haben sie ihre Gefühle verschoben, deplatziert (‚displaced') und auf die idealisierte Gruppe projiziert, der sie sich selbst völlig unterworfen haben. Diese Unterwerfung – die an sich schon eine Abwehr der inneren Leere und der Verzweiflung ist – lässt, so Jürgen Wirth (2002), in ihnen eine Leidenschaft entstehen, deren emotionale Qualität mit E. Fromm als *kaltes Feuer*, als *brennendes Eis*, als *Leidenschaftlichkeit, die ohne Wärme ist*, charakterisiert werden kann.[39]

---

39 Jürgen Wirth (2002), Narzissmus und Macht. Zur Psychoanalyse seelischer Störungen in der Politik. Gießen. S. 366. Beispielsweise bekennt der Palästinenser Nizzar Iyan in einem Zeit-Interview (vgl. Schirra 2001), er sehe die höchste Erfüllung darin, dass seine Söhne sich als Selbstmordattentäter im Kampf gegen die Israelis opferten. Als sein 17-jähriger Sohn Ibrahim, den er zum Töten abgerichtet hat, zum heiligen Killer im Namen Gottes (ebd., S. 15) tatsächlich bei einem Selbstmordattentat ums Leben kommt, sagt der Vater: *Mein Sohn Ibrahim ist tot. Nie war ich glücklicher als in dem Moment, als sie kamen und mir sagten: ‚Die Juden haben deinen Sohn getötet'. Und auf die Frage des Interviewers: Aber Sie sind doch sein Vater, es muss Ihnen doch wehtun, antwortet der Vater ungerührt: Ich bin ganz ehrlich, ich sage das aus Überzeugung, ich empfinde keine Trauer, ich empfinde Freude, wirkliche Freude, dass das, was wir geglaubt haben, mein Sohn ein Stück weit realisiert hat. Das Leben hat keinen Geschmack, wenn man seine Träume, seine Ziele nicht realisieren kann. Für diesen palästinensischen Vater gilt das, was Hole (1995) über den Fanatiker schreibt: Typische Fanatiker lieben Ideen mehr als Menschen, die Hingabe an Ideen ist abnorm stark, die Hingabe an Menschen jedoch eigenartig blockiert oder gebrochen.*

Abb. 1
Alfred Friedländer, Landstraße im Dreißigjährigen Krieg, Öl auf Leinwand
ÖNB, Sign. D 18.752-A/B

Abb. 2
Esaias van der Velde, Reiterattacke im Dreißigjährigen Krieg, Ölgemälde
ÖNB, Sign E 6.492-B/C

Abb. 3
Joost Cornelius Droochsloot, Soldaten plündern ein holländisches Dorf,
Ölgemälde, 1645
ÖNB, Sign. E 8l.287-B/C

Abb. 4
Spanischer Bürgerkrieg 1936-1939. Bewaffnete Arbeitermiliz auf requirierten
Lastwagen und Autobussen. 1936
ÖNB, Sign Pk 3002, 4330

Abb. 5
Spanischer Bürgerkrieg. Weibliche Milizangehörige der Regierungs-
truppen. 1936
ÖNB, Sign Pk 3002, 4345

Abb. 6
Rüstungsarbeiterin, 1940

Teil 1: Kriegsformen

Staatenkrieg

Die Beendigung des Dreißigjährigen Krieges durch die Friedens-
schlüsse von Münster und Osnabrück markiert eine Zäsur in
der Kriegsgeschichte. Im Oktober 1648 wurde mit der Westfälischen Friedensordnung erstmals *in der Geschichte menschlicher
Verbände das Prinzip einer souveränen, das heißt ungeteilten und
ausschließlichen Herrschaft über ein geographisch demarkiertes
Territorium festgelegt* und damit ein europäisches Staatensystem
errichtet.[1] Aufgrund des souveränen Staatenprinzips stellte der
Krieg fortan ein Rechtsverhältnis zwischen grundsätzlich gleichwertigen Staaten und Gegnern dar. Davon leitete sich das Prinzip der
Symmetrie ab, das nicht auf Gleichheit der Kampfkraft, sondern auf
Gegenseitigkeit und Äquivalenz basiert. Aus den symmetrischen
Relationen ergab sich auch eine zur Gegnerschaft relativierte entkri-
minalisierte Feindschaft, der Feind wurde zum *,iustus hostis'*, zum
moralisch gleichwertigen Gegner.[2] Da der Staat nun das Monopol
zur Kriegführung besaß, war nur der Souverän berechtigt, staatliche
(Macht-)Interessen mit bewaffneter Gewalt zu exekutieren – und
zwar nach innen wie nach außen – und erlangte die Autorität, Formen anarchischer Gewaltmärkte, wie sie etwa den Dreißigjährigen
Krieg charakterisierten, zu sanktionieren. Dem Selbstverständnis

---

1   Ulrich K. Preuß (2002), Krieg, Verbrechen, Blasphemie. Zum Wandel bewaffneter
    Gewalt. Berlin. S. 20.
2   Siehe dazu auch Carl Schmitt (1932, 1963), Der Begriff des Politischen. Berlin.

nach sollten Kriege nur mehr aus rationalem Kalkül, aus Staatsräson und von disziplinierten regulären staatlichen Heeren geführt werden. Auf diese Weise auch politisch regulierbar, ließ sich der Staatenkrieg von anderen nunmehr irregulären Kriegsarten, darunter auch Formen des Bürgerkrieges, klar unterscheiden.[3] Wenn heute innerhalb der Kriegsforschung über die Relevanz des klassischen Staatenkrieges kontroversielle Diskussionen geführt werden und von Seiten mancher Autoren (z. B. Hahlweg, Keegan, Creveld etc.) auf die nur mehr historische Bedeutung des klassischen Staatenkrieges als eine Etappe der europäischen Entwicklung verwiesen wird, so darf nicht übersehen werden, dass die staatliche Souveränität das Herzstück dieser wechselseitigen Akzeptanz darstellt und darauf das System internationaler Beziehungen basiert, obwohl im Zuge der völkerrechtlichen Entwicklung im 19. und 20. Jahrhundert auch zunehmend nichtstaatliche Gewaltakteure unter gewissen Voraussetzungen als Kombattanten Anerkennung fanden. Ein legitimer Krieg konnte nur geführt werden, wenn er formell erklärt und formell beendet wurde, *inter pacem et bellum nihil est medium,* die Staaten befanden sich zueinander entweder im Krieg- oder im Frieden, beide Beziehungen unterlagen einer zunehmenden Verrechtlichung: Den Krieg betraf das Kriegs- und Neutralitätsrecht, den Frieden das Friedensvölkerrecht – eine Ordnung, die über den Ersten Weltkrieg hinaus Bestand hatte.

Gegenüber den Verwüstungskriegen des 17. Jahrhunderts stellten die im 18. Jahrhundert zumeist aus dynastischem Machtkalkül geführten ‚*Kabinettskriege*' eine ‚*Einhegung*' des Krieges in Form einer begrenzten Kriegführung dar. Sofern die Bevölkerung bereit war, sich dem Geschehen teilnahmslos unterzuordnen und die nöti-

---

3   Herfried Münkler (2006), Der Wandel des Krieges. Von der Symmetrie zur Asymmetrie. Weilerswist. S. 32.

gen Steuern zur Finanzierung der Kriegsausgaben zu entrichten, wurde der Idee nach streng zwischen Kombattanten und Nicht-kombattanten unterschieden, jedoch noch nicht aufgrund humaner völkerrechtlicher Prinzipien zur Schonung der Zivilbevölkerung, sondern weil das Volk in Entscheidungen über Krieg und Frieden noch nicht einbezogen war, außer durch die Rekrutierung von Soldaten. Der hier beschriebene Untertanenverband, der dem Staat das Gewalt- und Rechtssetzungsmonopol abzutreten hatte, entsprach dem von Thomas Hobbes so eindringlich geschilderten monströsen ‚Leviathan', dem absolutistischen Staat. Den historischen Hintergrund dieser Entwicklung bildeten die katastrophalen Erfahrungen des Dreißigjährigen Krieges, in dem sich religiöse, politische und ökonomische Konfliktdimensionen mischten, wo private, vom Krieg lebende Kriegsakteure die Oberhand gewannen, marodierende Söldner plündernd durch die Lande zogen und die Zivilbevölkerung terrorisierten. Ein solcher Krieg, der eigentlich aus einer Unzahl kleiner Scharmützel mit einigen größeren Schlachten bestand und nur in der Retrospektive zu einer ‚dreißigjährigen' Einheit zusammenfloss, unterlag keinen Begrenzungen, konnte sich auf niederer Intensität über drei Jahrzehnte hinziehen und war nur in sehr langwierigen Verhandlungen, einem Friedens*prozess*, zu beenden. Aufgrund dieser Parallelen in den äußeren Formen und Dynamiken wird heute von einigen Autoren – darunter federführend Herfried Münkler – die These von den ‚neuen Kriegen' an der Vergleichsfolie des Dreißigjährigen Krieges gemessen, die neuen entgrenzten Konfliktformen als Rückfall in die prämoderne Kriegführung interpretiert (siehe Kapitel ‚Neue Kriege'). Ähnlichkeiten zeigen sich dort, wo in den ‚neuen Kriegen' der Staat sein Gewaltmonopol partiell oder fast vollständig verloren hat, der Krieg von substaatlichen Gewaltakteuren mit Kriegsmotivationen geführt wird, die wieder ein Amalgam religiöser, politischer und ökonomischer Interessen darstellen – insgesamt also eine regressive Entwicklung zur Verstaatlichung des Krieges im neuzeitlichen Europa darstellen, als mit dem Aufkommen stehender Heere im 17. und 18. Jahrhundert eine professionelle Militärkultur, konzentriert in abgesonderten Kasernen, im Entstehen war und gleichsam ein militärisches Spezialistentum zur Etablierung einer möglichst unpolitischen Armee zum Zwecke der Kriegführung nach politischen Direktiven gebildet wurde. Stehende Heere sowie die davon nicht unabhängigen technischen Neuerungen in der Kriegführung forderten einen enormen finanziellen und administrativen Aufwand, den zu gewährleisten eine Professionalisierung des Steuersystems erforderte. Offiziere und Soldaten agierten als *,Männer des Königs'*, der Idee nach wurden sie zu Funktionsträgern der von Max Weber beschriebenen rationalen Herrschaft, ihre Kasernen zu *,Schulen der Nation'*.[4] Mit der Welt des ,gehegten' Krieges brach bereits wieder die Französische Revolution, die den Krieg der Kabinette in einen von revolutionären nationalen Leidenschaften getragenen Volkskrieg wandelte. Mit den neuen politischen Prinzipien entstand auch ein neues Kriegswesen, das auf die allgemeine Wehrpflicht in einer Volksarmee setzte, im Falle Frankreichs auf etwa 770.000 mobilisierbare Soldaten, die eine bisher nie erreichte Übermacht über die untereinander zerstrittenen Gegner mit ihren teilweise noch prämodernen Söldnerheeren bildeten.[5] Die Französische Revolution und ihre Deklaration der *levée en masse* hat mit den instrumentellen Vorstellungen aristokratischer Kabinettskriege gebrochen und den Krieg mit revolutionärer Verve nicht nur ,*enthegt*', sondern auch ,*demokratisiert*', gleichzeitig durch die am Krieg teilnehmenden Bürger die Gesellschaft von unten militarisiert. In Kontext

---

4   Mary Kaldor (1999), Neue und alte Kriege. Frankfurt/Main. S. 30
5   Hans Delbrück (1962, 2000), Geschichte der Kriegskunst im Rahmen der politischen Geschichte. Berlin. S. 517.

Krieg=eine forführung d. Politik mit anderen mitteln

der Französischen Revolution erfuhr der Kriegsbegriff eine Erweiterung, er wurde zu einem Befreiungskampf der Völker gegen ihre Unterdrücker, an dessen Ende ein allgemeiner *‚Menschheitsfrieden'* unter dem Zeichen der Vernunft stehen sollte. Mit der Bestimmung des Krieges als einen existenziellen, gegebenenfalls auch bedingungslosen Kampfes, der nicht mehr nur Mittel der Politik in einem Freund-Feind-Verhältnis war, sondern selbst als Medium der Konstitution oder Transformation einer politischen Einheit fungieren konnte, kämpfte der Volkssoldat, der Carl von Clausewitz gemäß seinen *‚blinden Naturtrieb'* wieder mit in den Krieg einbrachte, mit einem nicht kalkulierbaren Enthusiasmus für die zu seiner eigenen erklärten Sache. Der republikanische Volkskrieg konnte auf die ‚Energien', die Leidenschaften der Kämpfenden, gebündelt zum höheren Prinzip ihrer persönlichen Identifizierung mit dem Staat, zählen, und genau darin bestand die überlegene Qualität der napoleonischen Kriegführung. Im Unterschied zu berühmten Militärtheoretikern wie Antoine Jomini oder Dietrich von Bülow, die nur das strategische Genie Napoleons für die militärischen Siege der Franzosen verantwortlich machten, erkannte Carl von Clausewitz, dass sich hier ein *effizienteres Prinzip* als Ausdruck der französischen Gesellschaftsform durchsetzte. Damit hatte er selbst die Verbindung zwischen der Form des Krieges und den jeweiligen Formen der Vergesellschaftung hergestellt – und diese Erkenntnis formulierte er zu seinem später vielfach missverstandenen Diktum, der Krieg sei eine Fortführung der Politik mit anderen Mitteln. Dies bedeutet, dass sich aus der Form der Vergesellschaftung auch die Art der Kriegführung ergibt. Der neue französische Volkskrieg *entsprang teils aus den Verhältnissen, welche die französische Revolution in dem Inneren der Länder herbeigeführt hatte.*[6] Clausewitz räumte ein, dass jede Zeit ihre eigenen Kriege hat, *ihre eigenen*

---

6   Carl von Clausewitz (1832/33, 2005), Vom Kriege. Frankfurt/Main. S. 404.

beschränkenden Bedingungen, ihre eigene Befangenheit.[7] Doch er erkannte auch, dass *die Leidenschaften, die im Kriege entbrennen,* schon in den Völkern vorhanden sein mussten.[8] *Der Krieg war ur-plötzlich wieder zu einer Sache des Volkes geworden, und zwar eines Volkes von 30 Millionen, die sich alle als Staatsbürger betrach-teten.*[9] Der Staatenkrieg war von einem rational kalkulierten Ge-schäft der Regierenden zur Sache des Volkes geworden, das sich durch die gemeinsame Kriegserfahrung seiner Stärke und Identität bewusst werden konnte.[10] *So war also das kriegerische Element, von allen konventionellen Schranken befreit, mit seiner ganzen na-türlichen Kraft losgebrochen. Die Ursache war die Teilnahme, wel-che den Völkern an dieser großen Staatsangelegenheit wurde; und diese Teilnahme entsprang teils aus den Verhältnissen, welche die französische Revolution in dem Inneren der Länder herbeigeführt hatte, teils aus der Gefahr, womit alle Völker von dem französischen bedroht waren.*[11] Anders als der instrumentelle, ‚gehegte‘ Krieg trägt der nationale Volkskrieg bereits Tendenzen zum totalen Krieg in sich, er wird Mission, die in ihrer gesteigerten Form nur mehr den Weg der Vernichtung des wieder zum verbrecherischen Feind er-klärten Gegners in Frage kommen lässt. Es ist der Vorbote der abso-luten Feindschaft, die den Feind nicht nur niederringen und ent-waffnen, mithin zur Kapitulation zwingen will, sondern ihm seine Existenzberechtigung abzusprechen beabsichtigt. Wo Staat und Na-tion nicht zusammenfielen – wie im übrigen Europa zwischen 1815 und 1860 meist der Fall –, fürchtete man den mit den Idealen der Französischen Revolution importierten Nationalismus. *Die Haupt-*

---

7   Carl von Clausewitz (1832/33, 2005), Vom Kriege. Frankfurt/Main. S. 405 f.
8   Carl von Clausewitz (1832/33, 2005), Vom Kriege. Frankfurt/Main. S. 42.
9   Carl von Clausewitz (1832/33, 2005), Vom Kriege. Frankfurt/Main. S. 402.
10 Herfried Münkler, Über den Krieg. S.110 ff.
11 Carl von Clausewitz (1832/33, 2005), Vom Kriege. Frankfurt/Main. S. 404.

aufgabe der Armeen war es nicht, so Martin van Creveld, *zwischenstaatlichen Krieg zu führen, sondern die Revolution zu verhindern – gegen Demokraten helfen nur Soldaten, hieß es damals.*[12] Nach den Niederlagen gegen die napoleonischen Truppen blieb den europäischen Ländern wenig anderes übrig, als ihre maroden Armeen zu reformieren und zu modernisieren. Dies war jedoch nach 1815, als sich noch einmal die konservative europäische Hegemonie gegen das moderne Frankreich durchsetzen konnte, mit der ständigen Begleitangst vor dem eigenen Volk verbunden, daher verlor die Idee einer Volkswehr und der allgemeinen Wehrpflicht wieder an Anziehungskraft. Demokratische Ideen drangen auch ins Militär, das zum Katalysator des Nationalismus bis hin zu den folgenschweren Ideen einer nationalen Wiedergeburt nach militärischen Niederlagen – wie jene im Ersten Weltkrieg – wurde. Der Militarismus des ‚Preußischen Deutschtums‘ wuchs geradezu an der Abgrenzung zu den Franzosen. Zeitgleich mit der Nationalisierung der Massen gelangen dennoch wesentliche Schritte zur Verrechtlichung des Krieges und zur Begrenzung seiner Destruktivität, freilich noch ohne am prinzipiellen Recht zur Kriegführung zu zweifeln. Mit der Kodifikation des Kriegsrechtes in Den Haag 1907 wurden weite Teile des schon bestehenden kriegsrechtlichen Gewohnheitsrechtes zusammengefasst und kodifiziert. Das Haager Kriegsvölkerrecht wurde zu einem Zeitpunkt kodifiziert, als die politisch-militärische Wirklichkeit des 20. Jahrhunderts schon darüber hinausgegangen war. Unabhängig von diesen Kodifizierungen veränderten sich die Gesellschaften der europäischen Länder im Übergang zum 20. Jahrhundert und mit ihnen der ‚politische Wille‘ der Kriegführung. Schon im Ersten Weltkrieg und erst recht in den Lektionen, die vor allem die deutschen

---

12 Martin van Creveld (1999), Aufstieg und Untergang des Staates. München. S. 279.

Offiziere aus ihm zogen, lassen sich jene ‚totalitären' Schlussfolgerungen erkennen, die in die Geschichtskatastrophe des Zweiten Weltkrieges führten. Mit dem Argument, der – vor allem durch Eisenbahn und Telegraf – technisierte Krieg entspräche nicht mehr den Clausewitz'schen Voraussetzungen, da ein modernes Massenheer in der Logistik und Versorgung nicht mehr von einem Politiker dirigiert werden könne, zudem durch die Entwicklung der Luftwaffe, die den Krieg mit seiner feindlichen Propaganda auch hinter die Front zur Zivilbevölkerung bringe, neue Strategien und Taktiken erforderlich wären, hätte sich nicht nur das Wesen des Krieges, sondern auch seine Beziehung zur Politik grundlegend verändert – und müsse daher in ihr Gegenteil verkehrt werden. Tatsächlich kam im Ersten Weltkrieg, der fast als Kabinettskrieg begonnen hatte, die volle Wucht moderner technischer Entwicklungen zum Tragen, die den Krieg mit seinen Materialschlachten zu einem Massaker ausarten und von den einstigen Ideen seiner ‚Einhegung' nicht mehr viel übrig ließ. Zu seiner Wandlung in den ‚totalen' Krieg fehlte es noch an den entscheidenden gesellschaftlichen Veränderungen, die zum Wandel der Politik führten.

Totaler Krieg

Aus den Kreisen der revanchistisch gesinnten Ersten-Weltkriegs-Generäle kamen Forderungen nach dem Primat des Militärs über die Politik. Von den Erfahrungen der erniedrigten Ersten-Weltkriegs-Offiziere geprägt, schienen die Clausewitz'schen Prinzipien für einen neuerlichen Krieg, der das Wiedererstarken der deutschen Nation unter Beweis stellen sollte, erledigt und sollten durch die unkontrollierte Macht der Feldherren in ihr Gegenteil gekehrt werden. Schon Colmar von der Goltz, der sich zwar selbst noch in der

Tradition von Clausewitz verstand, ebnete dazu den Weg, indem er in seinem geistig eher bescheidenen, aber einflussreichen Buch ‚Das Volk in Waffen' (1883) einen verbreiteten Interpretationsfehler des Clausewitz'schen Begriffes vom ‚absoluten Krieg' weiterführte. Er wurde nicht als idealtypische Abstraktion im Sinne von Clausewitz verstanden, sondern als Anleitung zur Anwendung unbegrenzter Gewalt. Eine weitere Steigerung erfuhr diese Sichtweise durch Feldmarschall Ludendorff, der erstmals auch öffentlich Clausewitz' Kriegslehren für überkommen erklärte und einem radikalen Militarismus anhing, der ihn in die Reihen der NSDAP führte. Erich Ludendorff hatte 1935 eine Broschüre mit dem Titel ‚Der totale Krieg' herausgegeben, wo er das Ziel der Politik im ‚totalen Krieg' verortete, einem Krieg, dem die Politik, verstanden als ‚Gesamtpolitik' und nicht nur als Außenpolitik, zu dienen habe – und folglich keinem Zivilisten überlassen werden könne. Ein Berufsoffizier wie Ludendorff, dessen Intellekt nicht fähig war, *Philosophie im Sinne Clausewitz' zu treiben*[13] argumentierte mit der völkisch-nationalen Begründung, dass der (nächste) Krieg ein nationaler Existenzkampf sein werde, dem alles untergeordnet werden müsse, mit Zensur und Polizeimaßnahmen gegen die inneren Feinde vorgegangen werden müsse, mit äußerster Gewalt gegen die äußeren. Das gesamte gesellschaftliche Leben müsse der nationalen Anstrengung unterworfen werden. Nur ein oberster Feldherr könne als Zentralgewalt die militärischen Kriegsvorbereitungen, aber auch die staatlichen Agenden, zu welchen auch der Handel, die Produktion und Erziehung zählten, kontrollieren – er müsse also als Diktator agieren. Schon bei Ludendorff klingt in Bezug auf den Ersten Weltkrieg durch, was im Zweiten Weltkrieg zur Anwendung kam: die Umkehrung des

---

13   Jehuda Wallach (1972), Kriegstheorien. Ihre Entwicklung im 19. und 20. Jahrhundert. Frankfurt/Main. S. 185.

geplanten Angriffskrieges in einen apokalyptischen nationalen Endkampf. Militärisch müssten Offensiven erzwungen werden – im Angriff wohne das *stolze Gefühl überlegener Kraft, jenes Unwägbare,
das dem richtig geleiteten Angriff die entscheidende Kampfform*
verleihe.[14] Nur über eine nationale Konzentration aller Kräfte auf
den Krieg, über eine Militarisierung der gesamten Gesellschaft, die
über ein Verschmelzen von Volk, Regierung und Armee zu einer
gigantischen nationalen Armee bewerkstelligt werden sollte, war
diese Totalität zu erzielen.[15] Adolf Hitler zeigte sich allerdings vom
Feldherrn-General-Modell Ludendorffs nicht sonderlich begeistert,
war es auch nicht in seinem Sinne konzipiert. Wenn Goebbels 1943
nach dem militärischen Desaster von Stalingrad im Sportpalast zu
Berlin den ‚totalen Krieg' verkündete, so diente dies propagandisti-
schen Zwecken, um den Durchhaltewillen der deutschen Bevölkerung zu stärken, jedoch nicht als Bekräftigung der Idee Ludendorffs
und seiner Anhänger.

Krieg im Atomzeitalter

Unter dem Eindruck der Atombombe – und ihrem zweimaligen Einsatz gegen Japan am Ende des Zweiten Weltkrieges – wurde das
Modell des klassischen Staatenkrieges als Mittel der Politik ‚absurd';
ein Krieg zwischen den Atommächten war bestenfalls zu ‚denken',
wie R. Aron prägnant formulierte, aber nicht mehr zu führen. Nur
Länder ohne Atomwaffenarsenal konnten sich noch auf eine konventionelle Kriegführung einlassen, etwa in den fünf Nahostkrie-
gen, dem Krieg zwischen China und Taiwan 1954–1958, Indien und

---

14   Erich Ludendorff (1935), Der totale Krieg. München. S. 79.
15   Siehe Ludendorff (1936), Der totale Krieg.

China 1962 oder den Kriegen entlang der indisch-pakistanischen Grenze.[16] Atomare Rüstungsanstrengungen in Ost und West hätten, so M. v. Creveld, niemandem militärische Vorteile eingebracht, denn allen Beteiligten war bewusst, dass selbst ein für notwendig erachteter Einsatz eine Zerstörung ungeheuren Ausmaßes anrichten würde und tatsächlich nur unbegrenzte Ziele den Einsatz solcher Mittel nach dem Verhältnismäßigkeitsprinzip rechtfertigen könnten, da die totale Vernichtung des Gegners impliziert wäre. Bei einem atomaren Schlag würden sich zudem sämtliche Unterscheidungen zwischen Militär und Zivil, Front und Hinterland erübrigen. Diesen Behauptungen ist nichts hinzuzufügen. Es zählt zu den Hauptthesen Crevelds nachzuweisen, dass sämtliche Rüstungs- und Strategiemodelle, die nach dem Zweiten Weltkrieg auf Clausewitz'schem Schema aufbauten, scheiterten, die *kriegerische Aktionsfähigkeit der Staaten*, so auch H. Münkler, hätte sich *als zunehmend eingeschränkt erwiesen: in Frankreich bereits nach dem Ersten Weltkrieg, in Deutschland nach dem Zweiten Weltkrieg und in den USA nach dem Vietnamkrieg. Es stellte sich heraus, dass jene moralischen Ressourcen, auf die ein Staat zurückgreifen muss, wenn er von einem Teil seiner Bevölkerung das Opfer des Lebens abverlangen will, verbraucht waren oder aber ihre einstige Wirkung verloren hatten.* Unverbesserliche Humanisten wollen in der postheroischen Mentalität jedoch zumindest auch einen erfolgreichen Lern- und Zivilisierungsprozess erblicken. Eine an friedlichem Austausch und Wohlstand orientierte Gesellschaft ist nur bereit, im Wissen ihrer militärtechnologischen Überlegenheit Kriege ohne großes Verlustpotenzial zu führen – womit der asymmetrische Krieg der Zukunft bereits festgelegt ist.

---

16   Martin van Creveld (1998), Die Zukunft des Krieges. München. S. 40.

Ideengeschichtliche Perspektive

Die mittelalterliche Idee eines ,*gerechten Krieges'*, in dessen Namen die europäischen Kriege seit Augustinus geführt wurden (siehe Kapitel ,Gerechter Krieg'), fand in Hugo Grotius den letzten prämodernen Vertreter. Allerdings war Grotius' rechtsphilosophische Fundierung von Krieg und Frieden bereits in eine humanistische Philosophie eingebettet, die sich vom scholastischen Naturrecht getrennt hatte. Krieg dürfe zur Verfolgung und Tilgung von Kränkungen, Verletzungen und zur Vergeltung begonnen werden, also aus durchaus psychologisch argumentierten Kriegsgründen, wobei die Strafmacht noch direkt aus dem – zwar schon säkularisierten – Naturrecht abgeleitet wurde und nicht aus der zivilen Rechtsprechung. Auch Hugo Grotius' Gedankenwelten wuchsen am Entsetzen über die Kriegführung des Dreißigjährigen Krieges: *Ich sah in der christlichen eine entartete Kriegführung, deren sich selbst rohe Völker geschämt hätten.*[17] Nur durch die Einhaltung verpflichtender Rechtsregeln könnte eine Eingrenzung und ,Versittlichung' des Krieges erreicht werden. Der gerechte Krieg durfte nach Hugo Grotius nur mehr geführt werden, um die ,*natural end of man'*, die ,Endziele' zu erreichen oder wieder zu errichten, und diese konnten nur Frieden oder ein ruhiges soziales Lebens sein, keinesfalls aber persönliche oder kollektive Größenziele. Seine Grundauffassung einer natürlich-vernünftig ausgerichteten Gemeinschaft machte ihn zum natürlichen Antagonisten Machiavellis. Das Kriegsverständnis änderte sich mit der Idee der Volkssouveränität und rückte die Frage einer universellen gerechten Gesellschaft in den Vordergrund. Hobbes hatte den Staat noch der Gesellschaft vorgeordnet. Mit der

---

17 Hugo Grotius (1625, 1950), Vom Recht des Krieges und des Friedens. Tübingen. Prol. 28.

Aufklärung rückte die Beziehung zwischen dem Frieden im Inneren und dem äußeren Frieden in den Vordergrund. Frieden wird zunehmend als gesellschaftliche Ordnung gedacht, die von vernunftgeleiteten Menschen in ihrem eigenen Interesse herbeigeführt wird und daher perspektivisch sowohl innerstaatlich als auch zwischenstaatlich realisiert werden könnte. Eine Konjunktur aufgeklärter Friedensutopien war die Folge, darunter die für J. J. Rousseau und über ihn für I. Kant einflussreichen Entwürfe des Absolutismuskritikers Abbé de Saint-Pierre, der Gedanken einer Rechtsordnung zwischen den Staaten entwarf, wie sie Kant in seinem Entwurf ‚Zum ewigen Frieden' verarbeitet hat. Doch die diversen damals zirkulierenden Friedensutopien sollen den Blick auf die Realität nicht verstellen: Gerade im 18. Jahrhundert wurde aufgrund der Kolonialexpansion eine Welle neuer Kriege angezettelt, die durchaus auf dem geistigen Boden bürgerlicher Rationalität standen.[18]

Noch heute gilt Immanuel Kants (1724–1804) philosophischer Entwurf ‚Zum ewigen Frieden' als in seinen wesentlichen Aussagen aktuell. Als Erster widersprach Kant dem Recht der Staaten, für ihre Interessen Krieg zu führen. Er argumentiert damit gegen seinen Zeitgenossen, den Schweizer Völkerrechtler Emer de Vattel, der den Krieg zwar als Hindernis der wirtschaftlichen und kulturellen Entwicklung brandmarkte, jedoch nur für seine Begrenzung und Mäßigung eintrat. Die Kant'sche These vom ‚*ewigen Frieden*' setzt ein neues Paradigma: Der Staat wird nicht mehr in erster Linie aus seiner Schutzfunktion gegenüber dem Individuum betrachtet, sondern entspricht selbst der menschlichen Natur, insofern das Individuum dazu bestimmt ist, mit anderen Menschen eine rechtliche Verbin-

---

18 Johannes Kunisch/Herfried Münkler (1999) (Hrsg.), Die Wiedergeburt des Krieges aus dem Geist der Revolution. Studien zum bellizistischen Diskurs des ausgehenden 18. und 19. Jahrhunderts. Berlin.

dung einzugehen, im Sinne der zweiten Formulierung des kategorischen Imperativs. Da Mitmenschen niemals nur Mittel, sondern immer auch einen Zweck an sich darstellen, ergibt sich daraus die Notwendigkeit, mit diesen Menschen in ein rechtlich geordnetes Verhältnis einzutreten und Mittel der Gewalt, der Unterdrückung und des Zwanges aus den zwischenmenschlichen Beziehungen auszuschließen. Ein solcher Staat kann den ‚Leviathan' entbehren, er existiert nicht mehr als Zwangsgewalt, sondern seine primäre Funktion liegt in der Sicherung individueller Freiheit, die ein Individuum nie auf Kosten anderer missbrauchen darf; ebenso wie ein Staatenbund analoge Funktionen gegenüber den einzelnen Staaten hat. Eine solche Entwicklung lässt sich auch unter der Bedingung herleiten, dass seine BürgerInnen, gefangen im unentrinnbaren Antagonismus ihrer *ungeselligen Geselligkeit*, weiter *Teufel* bleiben und dennoch frei sind, ohne dem jeweils anderen zu schaden. Konträr zur Denkweise der Kontrakttheoretiker gelingt es Kant, die Garantie zu Frieden und Freiheit aus der destruktiven Leidenschaftsnatur direkt abzuleiten, wodurch er auch eine Überwindung des utilitaristischen Dilemmas, in dem Hobbes gefangen blieb, erreichen konnte. Obwohl Kants Staatstheorie auf den menschlichen Antagonismen und Irrationalismen gründet, gelangt er dennoch zur individuellen Freiheit. Damit hat er einen Weg gefunden, wie sich aus der konfliktiven menschlichen Natur der *unvermeidliche Ausgang der Not* zwingend ergibt.[19] Obwohl auch bei Kant von Zwang die Rede ist, betrifft es nicht den Staat, sondern die Zwangsgesetze, denen sich die Individuen freiwillig unterwerfen, um ihre *unfriedlichen Gesinnungen* so zu richten, dass Frieden herrschen kann. Aufgrund des

---

19   Immanuel Kant (1996), Schriften zur Anthropologie, Geschichtsphilosophie, Politik und Pädagogik 1. Werkausgabe Band XI. Hg. von Wilhelm Weischedel. Frankfurt/Main. S. 42.

Antagonismus der prinzipiell unfriedlichen Menschen mit ihrem Hang zu *ungeselliger Geselligkeit*, der bei Kant in die menschliche Natur hineinversetzt ist, bedarf es auch bei ihm einer Zwangsinstanz, um friedliche Koexistenz herzustellen. Bei ihm ist es die Selbstbindung an den kategorischen Imperativ, an Gesetze, welche die Vernunft gebietet und als inneres Gewissen den ungezügelten Leidenschaften entgegentritt – es ist wohl ähnlich dem, was die Psychoanalyse mit dem gestrengen Über-Ich beschrieben hat. Bei Kant findet sich die Formulierung eines ‚positiven' Friedensbegriffes, der über den Waffenstillstand als unzureichende, nur die Abwesenheit von Krieg besiegelnde Etappe weit hinausgeht und auf die Beseitigung der Kriegsursachen zielt. Friedens‚stiftung' könne nur über Integrationsmaßnahmen erfolgen, deren Basis eine Ausrichtung der empirischen Politik auf eine rechtlich bestimmte darstelle. Der von Kant ersonnene Frieden kann daher nur über eine freiwillige Rechtsbindung zustande kommen, und zwar aus einer zur Übereinstimmung gebrachten Moral (Recht) und Politik. Dass Kant damit auch die Politik vor der Idee des Rechts in die Knie gehen sehen wollte, hat ihm oft genug den Vorwurf der ‚Träumerei' eingetragen, scheint aber ungerechtfertigt. *Der Friedenszustand unter Menschen, die nebeneinander leben, ist kein Naturzustand (status naturalis), der vielmehr ein Zustand des Krieges ist, d. i. wenngleich nicht immer ein Ausbruch der Feindseligkeiten, doch immerwährende Bedrohung mit denselben. Er muss also gestiftet werden; denn die Unterlassung der letzteren ist noch nicht Sicherheit dafür, und ohne dass sie einem Nachbar von dem andern geleistet wird (welches aber nur in einem gesetzlichen Zustande geschehen kann), kann jener diesen, welchen er dazu aufgefordert hat, als Feind behandeln.*[20] Für Kant bleibt der Krieg der Naturzustand an sich; schon aus Vernunft-

---

20 Immanuel Kant (1795, 1984), Zum ewigen Frieden. Stuttgart. S.10.

gründen ist er dem bürgerlichen Wohl abträglich, da er zur Zerstörung etablierter Bindungen führe. Da aber die internationalen Beziehungen grundsätzlich nicht geregelt wären, könne es unter diesen Bedingungen weder einen gerechten noch einen verbrecherischen Krieg geben, sondern nur Verbrechen im Kriege selbst. Erst das Weltbürgerrecht würde einen bindenden Rechtszustand zwischen Bürgern unterschiedlicher Staaten herstellen, es bliebe jedoch aufgrund des Mangels an einer übergeordneten Rechtsinstanz stets unerreichbar im Utopischen, bis eine Art Völkerbund eine internationale Ordnung geschaffen hätte, die mehr ist als das naturrechtlich begründete Völkerrecht. Kants Friedensthese basiert jedoch nicht vorrangig auf der moralischen Verbesserung der Menschen, der Beitrag der menschlichen Natur bleibt zweitrangig hinter dem Freihandeln des Menschen. Zu dieser Fähigkeit, seine Freiheit zu gebrauchen, muss man sich hinarbeiten, indem man die innere Freiheit von den Leidenschaften und Trieben erlangt und sich selbst aus der Vernunft heraus bestimmt, sein Handeln subjektiv am kategorischen Imperativ ausrichtet. Aufgrund der Annahme, dass sich die zerstörerischen Kräfte der Menschen aufheben, da die Destruktivkraft eines Individuums immer auf die Destruktivkraft eines anderen Individuums trifft, wird die Überwindung der egoistischen Partikularbestrebungen von der Selbstnötigung, sich unter Zwangsgesetze zu begeben, hergeleitet. Nur so lässt sich ein nachhaltiger ‚positiver' Frieden, umfassend gedacht und nicht als ein bloßes Schweigen von Waffen, gewährleisten. Im Naturzustand ist selbst präventive Gewalt nicht als Unrecht zu betrachten, da es in diesem ungeschützten Zustand keine Sicherheiten geben kann. Doch Unrecht begehen auch diejenigen, die diesen Naturzustand aufrechterhalten und sich nicht in einen gesellschaftlich geordneten Rechtsstaat begeben wollen, denn dieser ermöglicht nicht nur Schutz vor Gewalttätigkeit und Sicherung des Eigentums, sondern auch den Fortschritt der Kultur, wo der vernünftige und sittliche Mensch sich seinem ‚Naturzweck' entsprechend verwirklichen, d. h. moralisch werden kann. Nur in einem Staat mit innerer Ordnung lässt sich auch eine Bindung an überstaatliche Rechtsnormen herstellen. Kultur und Moralität gehören zusammen, nicht aber die Zivilisation, die eine rein äußerliche bleiben kann. Wo Frieden daher nur als Zweckbündnis geschlossen wird, kann er niemals ‚ewig' währen, sondern lediglich zufällig entstehen.[21] Kein Frieden stellt sich mechanisch ein, sondern wird erst durch die freie Tat, unterstützt vom Mechanismus der Natur, gestiftet. Ihn mit lediglich ‚realpolitischen' Verfahrensweisen zu erreichen, spricht bereits das Verdikt über sein Scheitern, denn rein ‚empirische Politik' kann kaum über einen erweiterten Waffenstillstand hinausführen. Die internationale Politik begnügt sich dennoch bis heute weitgehend mit den Erscheinungsformen der empirischen Politik. Kants Sorge über die Dominanz der politischen Moralisten auf der politischen Bühne scheint weiterhin berechtigt. Solange nur die Angst vor der Sanktionsgewalt der jeweils stärkeren Bataillone das Zivilisationsverhalten erzwingt und keine bewusste Verbindung von Politik, Moral und Recht hergestellt wird, steht der Frieden auf tönernem Grund.[22] Die Kant'sche Ethik ist gelegentlich dem Vorwurf ausgesetzt, das moralische Subjekt von der auch emotionalen Person zu abstrahieren, was zu einem ‚kalten', formalen, rein verstandesmäßig definierten Moralbegriff führe, wenn nicht gar zu einer Überforderung der Menschen, hinsichtlich der Einschätzung ihrer vernunftgeleiteten Anteile.[23] Über

---

21 Immanuel Kant (1795, 1984), Zum ewigen Frieden. Stuttgart.

22 Ganz deutlich wurde dies in Situationen, wo die in einen ethnopolitischen Konflikt involvierten politischen Vertreter selbst mit dem Vokabular und den theoretischen Ansätzen der Konfliktresolution argumentierten und diese für ihre Kampfstrategien instrumentalisierten.

23 Sabine A. Döring/Verena Mayer (2002), Die Moralität der Gefühle. Deutsche Zeitschrift für Philosophie. Sonderband 4. Berlin. S. 127

die Kant'sche Philosophie ist wenig hinausgegangen und sie hat sich im Unterschied zu anderen philosophischen Strömungen über die Jahrhunderte als Stütze unserer Ethik und Moral erwiesen. Gerade deswegen, weil Kant seine Friedensthesen in der Ethik der politisch Handelnden selbst verortet hat, stellen sie eine ‚ewige' Herausforderung dar.

Georg Friedrich Wilhelm Hegel (1770–1831) war den Gedankenwelten der revolutionären Kreise, wie sie auch in Deutschland nach 1806 zum Tragen kamen, enthusiastisch zugetan. Seine berühmt-berüchtigte Definition des Krieges als ein Zustand, *in welchem mit der Eitelkeit der zeitlichen Güter und Dinge, die sonst eine erbauliche Redensart zu sein pflegt, Ernst gemacht wird*, ist nicht zufällig von einem Jakobiner übernommen.[24] Das sittliche Moment des Krieges, so der danach von den Girondisten Beeindruckte 1802, wie auch noch 1821 in der Rechtsphilosophie bestätigt, liege in der Pflicht zur Aufopferung für die Individualität des Staates. Freiheit dürfe nicht an der Furcht zu sterben verenden.[25] Denn eine Gesellschaft – und Hegel meinte eigentlich die Kohäsion innerhalb einer Gesellschaft – zeige und beweise sich erst in extremen Situationen, unter Bedrohung und Stress. Im normalen Alltag träten diese verbindenden gesellschaftlichen Loyalitäten in den Hintergrund, obgleich sie nach wie vor vorhanden blieben ... *im Zustand der Not aber, es sei innerlicher oder äußerlicher, ist es die Souveränität, in deren einfachen Begriff der dort in seinen Besonderheiten bestehende Organismus zusammengeht, und welcher die Rettung des Staats mit Aufopferung dieses sonst berechtigten anvertraut ist, wo*

24 Manfred Riedel, Jacques d'Hondt (1975), Die Einschätzung des revolutionären Krieges durch Hegel. In: Materialien zu Hegels Rechtsphilosophie. Band 2. S. 417.

25 G. W. F. Hegel (1820, 1995), Grundlinien der Philosophie des Rechts. §334/§335. Hamburg.

denn jener Idealismus zu seiner eigentümlichen Wirklichkeit kommt.[26] Der Krieg, der zwar als solcher nicht idealisiert wird, fungiert auch als Erhalter der sittlichen Gesundheit der Völker, der sie von der Fäulnis erregenden Stille des *‚ewigen Friedens'* abzugrenzen vermag. Den im Krieg ausagierten Leidenschaften kommt kathartische Reinigungskraft zu, sie kühlen die politische Luft und das Erdreich, sie retten Menschen vor dem bürgerlichen Versumpfen und dieser Zustand sei dem bloßen Vegetieren in jedem Falle vorzuziehen: *Die Revolutionsromantik predigt Verachtung des Privatinteresses, des individuellen Lebens und Opferbereitschaft. Mit dieser Selbstverleugnung zugunsten der Freiheit des Ganzen, der Nation, mit dieser Staatsbürgertugend macht die Revolution Ernst.* Der Hegel'sche Idealismus ziehe geschickt Nutzen aus dieser Lehre, wobei er vor den weniger lobenswerten Motiven der Kriegstreiberei der Girondisten die Augen verschließe, bemerkte Shlomo Avineri. Die existenzielle Kriegskonzeption ändere das Denken, bringe Größe und Erhabenheit, während eine lange Periode des Friedens lediglich den bürgerlichen Handelsgeist fördere, damit niederen egoistischen Interessen Vorschub leiste und in der Folge Selbstbezogenheit, Feigheit, Trägheit und Schwäche sich in einem Volk bemerkbar machten – Eigenschaften, die ein Volk erniedrigten. Den Krieg als Bindekitt zur Festigung innerer Solidarität zwischen den Bürgern zu sehen, als Möglichkeit zur Transzendenz materieller Werte, ist ein alter Hegelianischer Gedanke, der jedoch nicht zwingend Anlass zu seiner revolutionären Fortsetzung gibt – außer in der Marx'schen und Lenin'schen Deutung. Hegel endet keineswegs in Glorifizierungen oder gar modernen Kriegsrechtfertigungen, für ihn reißt der Krieg die Wälle der Eigeninteressen nieder und zeigt

---

26 G. W. F. Hegel (1820,1911,1995), Grundlinien der Philosophie des Rechts. §278. Hamburg.

die Macht der Assoziation aller mit dem Ganzen, die Identifizierung mit dem Gemeinsamen.[27] Es muss jedoch auch auf das tiefere Prinzip der allgemeinen Wehrpflicht im bürgerlichen Staat verwiesen werden: die Wehrhaftigkeit jedes einzelnen Bürgers ist zugleich Recht und Pflicht, der Citoyen hat schließlich auch um seine eigene Freiheit gekämpft. Wer das Recht in Anspruch nimmt, verteidigt zu werden, hat auch die Pflicht, zu seiner Verteidigung beizutragen, sofern der Krieg nicht mehr im Namen einer aristokratischen Herrscherklasse geführt wird. Als einer der Ersten erkannte Hegel sowohl die ‚fortschrittlichen' Aspekte, die die bürgerliche Gesellschaft den Individuen anbot, indem sie ihnen ermöglichte, als selbstständige BürgerInnen jenseits ihrer familiären Bindungen – entfremdet – zu existieren, er erkannte (Rechtsphilosophie) jedoch auch die desintegrativen Aspekte dieses Prozesses, der die Gesellschaft zum Kriegsschauplatz der individuellen Privatinteressen macht. Hegel zog trotz einer Befürwortung des ökonomischen Liberalismus den korporatistischen Staat als *zweite Familie*, als Ort der Versittlichung von Privatinteressen, vor. Im Grunde hat er dabei den aristotelischen Gedanken des Menschen als *Zoon politikon* auf den Standpunkt seiner eigenen Philosophie gehoben und gezeigt, dass Freiheit nie als abstraktes, in einer Idealverfassung festgeschriebenes Recht bestehen kann, sondern einer Objektivierung, d. h. einer Vermittlung und Umsetzung, bedarf, die hauptsächlich in den Institutionen des modernen Staates ihren Sitz hat. Der Theorie vom patriotischen Effekt des Krieges sind nach Hegel viele erlegen – wobei sich diese Weiterführungen nicht notwendigerweise aus Hegels Aussagen ergeben. Auch Fichte wurde zum philosophischen Jakobiner, wenn es galt, die Parolen der Revolution national zu adaptieren und damit eine Politisierung des Nationalen herbeizuführen: *Gegen eine Nati-*

---

27   Shlomo Avineri (1972), Hegel's Theory of the Modern State. Cambridge. p. 198.

on, die als solche durch das Prinzip der Revolution politisch gewor-
den war, konnte sich eine andere Nation nur behaupten, indem sie
als solche sich als Subjekt ihres Wollens und Handelns gewann. Es
ist die Dialektik der Revolution, dass der Universalismus ihres Prin-
zips die Individualität der Nationen politisch macht, d.h. den Natio-
nalismus hervortreibt.[28] Später wird eine aus philosophischen Ver-
satzstücken entwickelte ‚Deutsche Weltkriegsphilosophie und
-pädagogik' selbst die Ideale des deutschen Idealismus in ihr Gegenteil verkehren und für einen deutsch-nationalen Partikularismus
dienstbar machen. Daraus schmiedeten nationale Ideologen eine
Art Geschichtsmetaphysik als quasi ideale Begleitmusik zu den Massenschlachten des Ersten Weltkrieges, wie etwa Rudolf Euckens
‚Tatphilosophie', die den Revolutionsphilosophien eine nationale
Variante entgegensetzen sollte. Selbst sozialistisch inspirierte Neu-
kantianer – etwa Paul Natorp – verschmolzen sozialistische mit nationalen Idealen, um schließlich im Krieg führenden Deutschland das
Subjekt des idealistischen Sozialismus zu erkennen. Als eine Art
Kompensation, gleich einem psychologischen Trost, wurde der
(nächste) Krieg nach dem verlorenen Ersten Weltkrieg zur Verhei-
ßung auf den nahenden Tag des Deutschen erklärt. Ein deutsches
Wesen, das sich von jenen utilitaristischen Gesinnungen der Sieger
zum Besseren unterschied, wurde konstruiert, der Krieg als Erlösung
des deutschen Wesens aus der Krise beschworen; obzwar eine vor-
übergehende Verarmung und Verödung der edleren Gemütskräfte
in Kauf zu nehmen wäre, wurde der Kern der Nation für gesund
erklärt, der Krieg werde daher zur sittlichen Reinigung beitragen,
selbst die Jugend aus den Fesseln bürgerlich-zivilisatorischer Alltäg-
lichkeit reißen, eine Aufgabe jedenfalls, die die Totalität des Willens

---

28 Hermann Lübbe 1963, Politische Philosophie in Deutschland. Studien zu ihrer
    Geschichte. Stuttgart. S. 197.

umfasse.[29] Freilich ging die universell-menschliche Orientierung der Kant'schen Grundauffassung in dieser Entstellung verloren. In der national formulierten Logik des Politischen erfuhr ein Gegnerschaftsverhältnis dann die höchste Steigerung, wenn ein Gegner die eigene Position als universelle gegen die partikularistische des anderen behaupten konnte. Nach der Logik der Ideen sind solche Behauptungen dann unvermeidlich, wenn man zuvor den Gegensatz der Ideologien zur letzten Wurzel des Krieges erklärt, somit den Kriegszweck bereits ins Transzendente verlegt hat. Im Grunde wird dabei die Nation unter die Herrschaft derselben Prinzipien gestellt, die sonst im moralischen Verhältnis von Individuen zueinander ihre Geltung haben: die Politik wird moralisiert, ebenso umgekehrt, die Moral politisiert, wodurch der Weg in den totalen Charakter der Politik mit schein-philosophischen Argumenten geebnet wurde, denn der moralische Zweck der individuellen Existenz verlangt in Extremfällen die Hingabe der Existenz an die Nation. Auf diese Weise konnte die Nation selbst zum moralischen Subjekt erklärt werden, wenn die moralischen Zwecke der Individuen mit dem Zweck der Nation, dem letzten Zweck der Politik, zusammenfallen. Wenn also keine höheren Zwecke der Individuen mehr existieren, ist die Nation zur Sendung geworden. H. Lübbe (1993) weist zu Recht darauf hin, dass ein solches Denken in Wirklichkeit durch und durch unpolitisch ist. Unschwer ließe sich dahinter das deutsche Kriegstrauma erkennen: Nach der Niederlage wurde die Welteroberung durch den nächsten, revanchistischen Krieg zur großen deutschen Sendung erklärt.

---

29   Paul Natorp (1899, 1922), Sozialpädagogik. Theorie der Willenserziehung auf der Grundlage der Gemeinschaft. Stuttgart. S. 177.

Völkerrechtliche Perspektiven

Die Grundgedanken für das moderne Völkerrecht wurden schon im Spätmittelalter gelegt, kamen jedoch erst mit der Entstehung des souveränen Staates zur Geltung. Der permanente Krieg wurde als Hindernis der wirtschaftlichen und kulturellen Entwicklung empfunden, gleichzeitig aber als anthropologische Konstante, an dessen Möglichkeit zur Abschaffung bis Kant kaum jemand ernsthaft dachte. Doch Vattel ging nur so weit, Begrenzungen und Mäßigungen vorzuschlagen, dies setzte die Anerkennung der gerechten Kriegführung auf beiden Seiten voraus, und mit dieser Möglichkeit begann sich die ‚gerechte Kriegsthese‘ selbst außer Kraft zu setzen. Die Organisationsform souveräner Staaten aber verpflichtete zum symmetrischen Krieg unter Gleichen. *Ein Staat ist aufgrund seiner politischen Organisationsstruktur auf bestimmte ‚nationale Interessen‘ fixiert und auf eine bestimmte Art der Kriegführung festgelegt. (...) Die Kontrolle von Territorium und Bevölkerung setzen ihn in die Lage, ein stehendes Heer zu unterhalten und es im Konfliktfall durch professionelle Offiziere in den Krieg zu schicken.*[30] Obzwar die Idee einer ‚zivilisierten‘ Kriegführung auf den ersten Blick wie ein Widerspruch in sich anmutet und nie realisiert wurde, stammen die meisten Versuche zur Eingrenzung des Krieges auf bestimmte berechenbare Regeln aus der zweiten Hälfte des 19. Jahrhunderts, als mit der Entstehung der Massenheere der Krieg zur Massenkonfrontation von Gesellschaften ausartete. Wie es auf einem Schlachtfeld tatsächlich zuging, schilderte eindringlich der Begründer des Roten Kreuzes, der wohlhabende Genfer Geschäftsmann

---

30 Siehe auch Christopher Daase (1999), Kleine Kriege – Große Wirkung. Wie unkonventionelle Kriegführung die internationale Politik verändert. Baden-Baden. S. 93.

Jean-Henri Dunant, den es 1856 auf das Schlachtfeld von Solferino verschlug, wo er Augenzeuge der grauenhaften Vernachlässigung verwundeter Soldaten beider Kriegsparteien wurde. In seinem 1862 erschienenen Buch ‚Eine Erinnerung an Solferino‘ schlug er die Bildung neutraler Freiwilligenkomitees vor, die sich gleichermaßen um die Verwundeten beider Seiten kümmern sollten. 1863 wurde mit dem ‚Internationalen Komitee für die Versorgung der Verwundeten in Kriegszeiten‘ der Grundstein für die Genfer Konvention gelegt. *Man sollte die Genfer Konvention außerdem als Versuch ansehen, die ‚ritterliche‘ Form der Kriegführung, wie es sie im Ancien Régime des 17. und 18. Jahrhunderts durchaus gab, vor der neuen Grausamkeit zu bewahren, die mit den napoleonischen Massenheeren Einzug hielt. (…) Man hätte nun erwarten können, dass die Ära des demokratischen Krieges eine neue Besorgnis um das Leben des gewöhnlichen Infanteristen mit sich gebracht hätte sowie das Ansinnen, ihn im Tode zu ehren. Tatsächlich aber wurden die Toten beider Armeen bei Waterloo auf dem Schlachtfeld liegen gelassen, wo sie verwesten; ihre sterblichen Überreste wurden von englischen Händlern eingesammelt, nach England zurückverschifft, zermahlen und als Knochenmehl und Düngemittel verkauft. Erst nach dem Krimkrieg und dem amerikanischen Bürgerkrieg fand die Idee, dass die Toten etwas Besseres verdienten, in der Öffentlichkeit Anerkennung.*[31]

Zu den Meilensteinen der völkerrechtlichen Kodifizierung zählt die Haager Landkriegsordnung vom Oktober 1907, ein auf zwei internationalen Konferenzen 1899 und 1907 in Den Haag geschlossenes ‚Abkommen betreffend die Gesetze und Gebräuche des Landkrieges‘, das von mehr als 40 Vertragsstaaten unterzeichnet wurde. Ohne neues Recht zu generieren, wurden hier Teile des Ge-

---

31   Michael Ignatieff (2000), Die Zivilisierung des Krieges. Ethnische Kriege, Menschenrechte, Medien. Hamburg. S. 142/143.

wohnheitsrechtes kodifiziert, allerdings stand damals nur das *ius in bello* zur Berücksichtigung und nicht das *ius ad bellum,* welches erst nach den verheerenden Erfahrungen des Ersten Weltkrieges einer Revision unterzogen wurde. Die Haager Landkriegsrechte waren noch für die Wehrmachtsangehörigen bindend, und seine Verletzungen bildeten Potenzial einer Grundlage für die Tribunale von Nürnberg und Tokio. Mit dem Kriegsvölkerrecht wurden die Bedingungen festgelegt, unter welchen eine Kriegführung gerechtfertigt ist. Einer der bedeutendsten Teile ist darin die Unterscheidung von legitimen Kriegsakteuren und Unbeteiligten, von Kombattanten und Nichtkombattanten, wie sie in Art. 3 der Haager Landkriegsordnung kodifiziert ist, später in den Genfer (Internationalen Rote Kreuz) Abkommen von 1929 und 1949 erweitert und im 1. Zusatzprotokoll von 1977 nochmals spezifiziert wurde.[32] Diese Teile bilden heute das Kernstück des humanitären Völkerrechts. Indem sich der konventionelle Soldat durch seine Uniform und das offene Tragen der Waffen in seinem Rechtsstatus als legitim Kämpfender einer regulären Armee ausweist, unterscheidet er sich sowohl von der Zivilbevölkerung als auch vom irregulären Kämpfer und kann über seinen Rechtsstatus, der reziprok im Sinne des Symmetrieprinzips gilt, im Falle der Gefangennahme den Status eines Kriegsgefangenen beanspruchen.

Eine erstmalige Ächtung des (Angriffs-)Krieges erfolgte erst durch den Briand-Kellogg-Pakt 1928, zu dem sich damals 15 Unterzeichnerstaaten bekannten, darunter die USA, England, Frankreich, Japan und Deutschland, nicht aber die Sowjetunion. Erst in der Charta der Vereinten Nationen wird der Krieg als legales Mittel

---

32 Siehe auch Christopher Daase (1999), Kleine Kriege – Große Wirkung. Wie unkonventionelle Kriegsführung die internationale Politik verändert. Baden-Baden. S. 98ff.

der Konfliktaustragung universell verboten. Gemäß Artikel 51 ist legitime Kriegführung nur mehr als militärisches Verteidigungsrecht souveräner Staaten festgeschrieben oder wenn Gewaltanwendung vom UN-Sicherheitsrat unter Berufung auf die Artikel 39 und 42 zur Wahrung und Wiederherstellung des Friedens als notwendig befunden wird. Eine Gefährdung des Friedens liegt auch dann vor, wenn ein Staat internationale Rechtsnormen verletzt und nicht nur dann, wenn er aktiv Krieg führt. Unter Berufung auf Art. 51 der UN-Charta kommt eine Gewaltanwendung zur Selbstverteidigung nur dann in Betracht, wenn die konkrete Gefahr eines Angriffs gegeben oder mit einem militärischen Angriff unmittelbar zu rechnen ist. Jeder Angriffskrieg verstößt zudem gegen das Gewaltverbot des Art. 2 Nr. 4 der UN-Charta. Allerdings ist nur der Sicherheitsrat befugt, eine Bedrohung bzw. einen Bruch mit dem Weltfrieden festzustellen. Nur eine solche Feststellung kann im System ‚kollektiver Sicherheit' Maßnahmen zur Wiederherstellung des Weltfriedens bedingen. Wie daher kaum mehr betont werden muss, war der Krieg gegen den Irak 2003 völkerrechtlich nicht legitimiert. Eine Rechtfertigung aufgrund Kapitel VII der UN-Charta hätte die vorherige Feststellung des UN-Sicherheitsrats vorausgesetzt, dass der Irak den Weltfrieden durch Produktion von Massenvernichtungswaffen bedrohte und friedliche Maßnahmen zur Abwendung der Gefahr nicht ausreichten. Eine UN-Sicherheitsratsresolution muss allerdings auch die Feststellung und Autorisierung für militärische Maßnahmen treffen, wie etwa im Falle der Besetzung Kuwaits.[33] Zweifelhafte Übergänge zur Frage einer Wiederbelebung der ‚gerechten Kriegs'-Führung ergeben sich dort, wo ohne Autorisierung durch den Sicherheitsrat

---

33 Rüdiger Wolfrum, 24.2.2003, Irak – eine Krise auch für das System der kollektiven Sicherheit? Max-Planck-Institut für ausländisches öffentliches Recht und Völkerrecht. siehe www.forum.mpg.de/archiv/20031022/hintergrund.html

bewaffnete Interventionen zur Rettung einer gefährdeten Bevölkerung geführt werden – wie etwa bei der NATO-Intervention in die Kosovo-Krise, später auch in Afghanistan, wo zuerst unter Berufung auf die Resolution 1373 der ‚Kampf gegen den Terrorismus' verkündet wurde, indem sich die USA auf ihr Selbstverteidigungsrecht beriefen. Da aber der Krieg gegen den Terrorismus weder zeitlich noch räumlich beschränkt noch beschränkbar ist und zudem eine der Kriegsparteien kein Staat ist und auch die Zielgruppe der westlichen Feinderklärung ebenso schwer zu verorten wie zu definieren ist, da dieser Krieg sowohl nach innen als auch nach außen geführt wird, droht hier eine Art permanenter Ausnahmezustand.

Heute stellt sich zunehmend die Frage, inwieweit Humanitäre Interventionskriege eine Form ‚postnationaler' Kriege darstellen, wo Menschenrecht das Völkerrecht brechen darf und soll. Seit im Dezember 1948 die ‚Allgemeine Erklärung der Menschenrechte' angenommen wurde, haben sich die meisten Staaten über Verträge auf diese Menschenrechte verpflichtet – auch solche, deren tatsächliches Verhalten ihren Ratifizierungen gegenläufig ist. Dahinter steht nicht zuletzt die Annahme, dass die Anerkennung der Menschenrechte als eine Grundbedingung für Stabilität, Weltfrieden, d. h. der kollektiven Sicherheit zu betrachten ist und vice versa ihre Verletzung nicht nur die nationale, sondern auch die internationale Sicherheit gefährdet. Diese Begründung wurde erstmals 1992 im Falle Somalias umgesetzt, als der drohende Staatszerfall zu massiven Menschenrechtsverletzungen und Hungerkatastrophen führte. So sehr es berechtigt ist, vor der Indienstnahme der Menschenrechte für imperiale Machtlogiken auf der Hut zu sein, so richtig ist dieser Standpunkt in moralischer und rechtlicher Hinsicht. Blauhelme nehmen Ordnungsfunktionen wahr, zunehmend aber auch militärische Einheiten aus demokratischen Ländern Polizeifunktionen auf fremden Territorien. Ihr Ziel ist kein imperiales mehr, sondern eine

Verwirklichung weltweiter Rechtszustände. Auch der Irak hat immer wieder in vollem Bewusstsein bindende Sicherheitsratresolutionen nicht erfüllt, darüber hinaus ist er den humanitären Verpflichtungen des Völkerrechts nicht nachgekommen, hat Menschenrechtsverletzungen in großem Ausmaß begangen, Minderheiten verfolgt, die Kooperation mit den Hilfsorganisationen verweigert, obwohl er zu den Unterzeichnerstaaten der meisten Menschenrechtsabkommen zählt. Wenn die Souveränität als Deckmantel für Menschenrechtsverbrechen zur Scheinlegitimation herangezogen wird, wenn also der Staat seine ureigensten Verpflichtungen zum Schutz des Lebens seiner Untertanen selbst verletzt, muss die Nothilfe für die Opfer dem Souveränitätskorsett vorgestellt werden – das ist der lautere Hintergrund der humanitären Kriege. Zweifellos führt dies in beständiger Weise zu einem Wandel *des* internationalen Systems und nicht nur zu einer Veränderung von Machtkonstellationen *innerhalb* des internationalen Systems, wie dies nach dem Ende des Kalten Krieges der Fall war.[34]

---

34 Christopher Daase (1999), Kleine Kriege – Große Wirkung. Wie unkonventionelle Kriegsführung die internationale Politik verändert. Baden-Baden.

Bürgerkrieg

Der Bürgerkrieg gilt als das innergesellschaftliche Pendant zum Staatenkrieg, er ist der Kampf mit dem ‚Eigenen', der Konflikt innerhalb des Gemeinwesens, der mit dem Gebot des gewaltfreien Polisraumes bricht. Als gemeinsames Charakteristikum dieser heute auch als ‚intrastaatliche Kriege', völkerrechtlich präzise als bewaffnete Konflikte nichtinternationalen Charakters bezeichnete Konfliktform gilt der Kampf gegen den eigenen Souverän, wenngleich die politischen Zielsetzungen sehr unterschiedlich sein können.[1] Dominierte den Bürgerkrieg der frühen Neuzeit eine religiöse Komponente, so ist jener der Moderne meist durch eine klassenkämpferische und/oder eine nationalistische Ideologie bestimmt, während die typische Bürgerkriegsform nach 1945 aufgrund der neuen Staatenbildungen im Zuge der Dekolonisierungsprozesse zusätzlich eine ethnische, ethnisch-sezessionistische oder eine politisch-religiöse Komponente aufweist. Aufgrund der politischen Emanzipationsbewegungen im 20. Jahrhundert stellt der Bürgerkrieg die häufigste Konfliktform dar; zwei Drittel aller bewaffneten Konflikte nach 1945 fallen unter diese Kategorie. Im Versuch, den Bürgerkrieg von ähnlichen Erscheinungen wie Staatsstreichen, Tumulten oder kurzfristigen inneren Unruhen abzugrenzen, gelten nur länger andauernde und von erkennbaren Organisationen strategisch geplante massive Gewaltaktionen auch tatsächlich als Bürgerkriege. Darüber hinaus wird die Beteiligung von Regierungstruppen vorausgesetzt, wodurch einige der ‚neuen' Kriege, die sich nur auf substaatliche Akteure stützen, nicht zu den Bürgerkriegen

---

1   Peter Waldmann (2002), Bürgerkriege. In: Wilhelm Heitmeyer/John Hagan (2002) (Hg.), Internationales Handbuch der Gewaltforschung. Wiesbaden. S. 376.

zählen, auch wenn sie andere Merkmale mit ihnen teilen.[2] Studien zu Bürgerkriegen sind bisher ein Stiefkind der Forschung geblieben, wohl auch deswegen, weil sie im Sinne des klassischen Völkerrechts nicht als Kriege galten. Ein ‚Clausewitz' des Bürgerkrieges existiert nicht. In der Bürgerkriegsforschung dominierte lange ein ‚binomes' Schema, hauptsächlich wurden ‚Antiregimekriege' von ‚innergesellschaftlichen Klassenkämpfen' unterschieden, wobei beide Kategorien staatsbezogen blieben. P. Waldmann (2002) plädiert daher für die Einführung einer 3. Kategorie ‚kommunale Bürgerkriege', wie sie in der jüngeren Geschichte häufig in Form massiver Gewaltanwendung, verbunden mit ethnischen, religiösen, rassischen oder ökonomischen Auseinandersetzungen, ausgetragen werden, jedoch unterhalb oder außerhalb der staatlichen Sphäre bleiben.[3] In der Kriegsursachenforschung hat sich weitgehend die These durchgesetzt, dass Bürgerkriege vorwiegend in schwachen oder vom Zusammenbruch bedrohten Staaten ausbrechen, d. h. in Staaten, deren Regierungen das staatliche Gewaltmonopol nie durchzusetzen imstande oder willens waren, Staaten auch, die im eigentlichen Sinne keine waren oder sind, wo daher auch die Orientierungen und Bindungen der Bevölkerung an prämodernen sozialen Verbänden wie Sippen, Clans, Dorfgemeinschaften oder Volksgruppen, verhaftet geblieben sind und der abstrakte Staat und seine Bürokratie als entfremdet und feindlich wahrgenommen werden – mit einem Wort, wo staatliche Institutionen an einem Legitimitätsmangel kranken.[4] (Holsti 1996). Da Bürgerkriege wegen ihrer Nichtre-

---

2   Bezieht sich auf die allgemein akzeptierte Klassifikation der Arbeitsgemeinschaft Kriegsursachenforschung (AKUF) in Hamburg.

3   Peter Waldmann (2002), Bürgerkriege. In: Wilhelm Heitmeyer/John Hagan (2002) (Hg.), Internationales Handbuch der Gewaltforschung. Wiesbaden. S. 376.

4   Dazu etwa Kalevi Jaakko Holsti (1996), The State, War, and the State of War. Cambridge.

gulierbarkeit eine immanente Tendenz zur wachsenden Irregularität aufweisen, arten sie nicht selten in besondere Grausamkeit aus und werden besonders kompromisslos im Zeichen einer ,existenziellen Feindschaft' ausgetragen (Schmitt 1963), besteht doch das Hauptziel der Kontrahenten darin, die wenigen verbindenden Elemente einer politischen Gemeinschaft wie den Souverän, die gemeinsame Geschichte, das gemeinsame Territorium zu zerschlagen, um eine alternative Herrschaftsform zu errichten. Daher gestalten sich Friedensregelungen ungleich schwieriger als bei zwischenstaatlichen Kriegen. Sie finden ihre Resolution in Friedens,prozessen' und weniger in Friedensschlüssen, da Maßnahmen zur Vertrauensbildung, ,Wahrheitskommissionen' zur Aufarbeitung der begangenen Verbrechen, der Aufbau funktionierender Institutionen und ein geregelter Übergang zu einer – heute oft von internationalen Drittparteien begleiteten – Friedensökonomie notwendig sind. Nicht selten erleben diese innerstaatlichen Konflikte mehrere Rückfälle in Gewalteskalationen, bis eine längerfristige stabilisierende Lösung erzielt werden kann.

Ideengeschichtliche Perspektive

In den verhältnismäßig kleinen politischen Gemeinwesen der griechischen Antike galt der Bürgerkrieg als Bruderzwist, der daher immer auch an das eigene politische Versagen gemahnte und dessen Tote der Gemeinschaft gegenüber zu rechtfertigen waren. Sein Auftreten sollte begrenzt werden, keinesfalls zur Vernichtung führen und eine baldige Versöhnung der Gegner ermöglichen. Schon in der ,*Politea*' trifft Platon eine Unterscheidung zwischen ,*Zwietracht*' und ,*Krieg*' und ordnet den beiden Worten auch gegensätzliche Begriffe zu: das ,*Befreundete*', zugleich das ,*Verwandte*' kontrastiert mit dem ‚*Fremden*' und ‚*Ausländischen*', dem gegenüber eine Haltung der natürlichen Feindschaft angenommen wird. Während der Konflikt zwischen Befreundeten als nur temporärer Zustand der Zwietracht gilt, auch wenn er in Gewalt umschlägt, bedeutet Feindschaft mit Nichthellenen den permanenten Kriegszustand, da verbindliche Normen nur gegenüber den ‚Polisbürgern' existieren und Polisgrenzen noch als Stammesgrenzen verstanden werden. Unverkennbar bleibt Platons Denken hier den alten Stammesaristokratien verhaftet, wenn er die Bürger der Polis als erweiterte Verwandtschaft, gleichsam als eine archaische Blutsverbindung betrachtet.[5] Schon bei Platon kling ein sozialpsychologisches Motiv an: dass nämlich im Falle des Bürgerkrieges die Polis ‚erkrankt' sei, die Gemeinschaft, weil sie versagt hat, im Zerfall begriffen ist und in einen Kampf ‚*omnes contra omne*' zu entarten droht, wie er sonst nur im Kriege gegen die ‚Barbaren' herrscht, wo also nicht mehr Politik betrieben wird, sondern in einem Existenz- und Vernichtungskampf zunächst neu verhandelt wird, wer der Gemeinschaft zugehörig ist. Auch verkennt Platon nicht, dass, solange den Bürgern ihre Gesetze nur äußere Schranken bleiben, sich der Staat auch in Zeiten äußeren Friedens im latenten Bürgerkrieg befindet, da die Bürger in ihrer inneren Einstellung keinen Unterschied zwischen den äußeren und inneren Feinden machen, die Verwandtschaft zum Hellenentum nichts mehr als ein staatlich konstruierter Partikularismus ist, der ihrer eigenen sittlichen Verfasstheit ein äußerlicher bleibt. Fast zeitgleich mit Platon und ebenfalls mit psychologischem Blick, beschrieb der erste systematische Kriegshistoriker Thukydides den Bürgerkrieg auf der Insel Kerkyra (Korfu).[6] Präzise analysiert er die

---

5   Platon (1998), Der Staat. In: Platon. Sämtliche Dialoge. Band V. Leipzig. S. 208–210.

6   Thukydides (2000), Der Peloponnesische Krieg. Reclam. Stuttgart. Vor allem die Kapitel II und IV.

Auswirkungen einer fast zwingenden Verselbstständigung und Entartung der Gewalt im Bürgerkrieg, die jede Ordnung, ja selbst jede natürliche Bindung zunichte macht und in purer Regression entartet. Thukydides beschreibt Väter, die ihre Söhne ermorden, Flüchtlinge, die ihre Heiligtümer schänden, er beobachtet, wie anstelle der Familie Interessenverbände politischer Gruppierungen überhandnehmen, die skrupellos nur mehr ihre gesonderten Interessen verfolgen. Er beschreibt minutiös und umfassend den Sittenverfall und die moralische Verrohung von Menschen im Konflikt ohne Rückhalt und ‚Zähmung' in den Strukturen ihres Gemeinwesens.[7] Solchen scharfsichtigen Darstellungen gegenüber gilt Julius Caesars Werk über den ‚Bürgerkrieg' (49/48 v. Chr) gegen Pompeius als historisch unzuverlässige Rechtfertigungsschrift, war er doch selbst mit Waffengewalt und Legionären gegen die legitimen Vertreter der römischen Regierung vorgegangen. Hintergrund auch dieses Bürgerkrieges aber ist ein tiefer sozialer und politischer Wandel, der die antike Welt erfasst hatte, deren alte politische Prinzipien – die aristokratische Senatsherrschaft gegenüber den ‚popularen' Politikern – im Zerfall begriffen waren.

Für den frühen modernen Staat steht Thomas Hobbes' Schrift ‚Leviathan' zentral.

Historisch liegen ihm die Religionskriege zugrunde. Auch wenn es eine ewige Ordnung gäbe, deutete Hobbes an, würde seine politische Wissenschaft nur das faktische Verhalten der Menschen in Betracht ziehen, somit erübrige sich die theologische und auch die philosophische Verbürgung dieser Ordnung. Besser lässt sich Hobbes aus seinem Bruch mit dem antiken Rationalismus verstehen, der

---

7   Bernhard Zimmermann (2005), Zur Pathologie des Krieges in der griechischen Literatur des 5. Jahrhunderts vor Christus. In: Hans Hecker (2005) (Hg.), Krieg in Mittelalter und Renaissance. Brühl. S. 114/115.

den Weg ebnete, um Leidenschaften und Phantasie – quasi als Anerkennung der Ohnmacht der Vernunft – zur Konstitutionsinstanz der Polis zu setzen. In seinem Hauptwerk ‚Leviathan' (1652) legt die Vernunft, die stets utilitaristisch als Instrument zur Lebenserhaltung und Lebenssteigerung gedacht wird, *die geeigneten Grundsätze des Friedens nahe, auf grund derer die Menschen zur Übereinstimmung gebracht werden können.* Denn der Krieg, so Hobbes' Urteil, *dauert ja nicht etwa nur so lange wie faktische Feindseligkeiten, sondern so lange, wie der Vorsatz herrscht, Gewalt mit Gewalt zu vertreiben.*[8] In betonter Absetzung vom aristotelischen Denken mit der Annahme eines gleichsam natürlichen Gemeinschaftstriebes konstruiert Hobbes einen prästaatlichen Naturzustand, in dem ausschließlich das Prinzip Selbsterhaltung regiert – eine Metapher für den Bürgerkrieg. Wo die jenseitige Ordnungslegitimation nicht mehr greift, wird jede Ordnung unweigerlich auf das Konfliktpotenzial der menschlichen Natur zurückgeworfen, daher wird auch die Frage, wie man aus dem Kriegszustand austritt, zunächst in Analogie zum Austritt aus dem Naturzustand gedacht. *Das Studium der Leidenschaften* soll, so Leo Strauss (1965), *die Grundlage für die Erkenntnis der Normen selbst werden.*[9] Aus der prinzipiellen Konfliktnatur der Menschen, die weder moralisch gut noch schlecht, sondern gegeben ist, folgt der ‚Krieg aller gegen alle' im Naturzustand, der im Sinne der Selbsterhaltung auch gerechtfertigt ist. Dennoch ist es ein elendes Leben, dem der Mensch nur durch *Vernunft und gewissermaßen auch durch seine Leidenschaften gerettet*, entkommen kann.[10] Leidenschaften und Vernunft müssen also ein mutuell nützliches Bündnis eingehen, um den Kriegszustand hinter

8   Thomas Hobbes (1651, 1980), Leviathan. Stuttgart. S.115.
9   Leo Strauss (1965), Hobbes' politische Wissenschaft. Neuwied/Rhein, S. 102.
10   Thomas Hobbes (1651,1980), Leviathan. Stuttgart. S. 117/118.

sich zu lassen. Obwohl Hobbes besonders drei Befindlichkeiten für den Krieg aller gegen alle im Naturzustand verantwortlich macht, nämlich Konkurrenz, Verteidigung und Ruhmsucht, gepaart mit permanenter Todesfurcht, leitet er die Unterwerfung unter einen *Garanten des (Rechts-)Friedens* nicht aus der natürlichen Streitlust ab, sondern aus Neid und Hass, die aufgrund der Konkurrenz um Ehre und Würde unter den Menschen entstehen.[11] Da Hobbes sich eben vordringlich für das Verhältnis der Leidenschaften zur Vernunft, deren Fähigkeiten, die Vernunft in ihrer Ohnmächtigkeit zu unterstützen, interessiert, beurteilt er Eitelkeit und Ruhmsucht als die den Menschen verblendende Macht, während Furcht gleichsam die aufklärende Macht darstellt. Allein auf der Furcht, dem Fluch der Einsamkeit, ließe sich der Staat gründen. Daher könne man nur auf jene Tugenden, die aus der Furcht vor einem gewaltsamen Tod hervorgehen, setzen. Auf diese Weise könne der Mensch den Naturzustand nur durch *Vernunft und gewissermaßen auch durch seine Leidenschaften gerettet*, überwinden.[12] Bei näherer Betrachtung handelt es sich bei den für den Pazifizierungspakt herangezogenen Leidenschaften allerdings schon um solche, die sowohl für den Kriegszustand als auch für die Friedensneigung relevant sind. Von ihnen wird sogar erwartet, dass sie die destruktiven Effekte der anderen Leidenschaften zähmen.[13] Innerhalb der Leidenschaftspalette, die Menschen zum Frieden unter sich ‚geneigt' machen könne, ist es die Furcht und die Todesfurcht, schließlich auch das Verlangen nach den zu einem glücklichen Leben erforderlichen Dingen und endlich die Hoffnung, sich diese durch Anstrengung wirklich zu verschaffen, die zu einer Änderung der miserablen Lebensum-

---

11   Ebenda.

12   Thomas Hobbes (1651,1980), Leviathan. S. 117/118.

13   Siehe auch Laurence Berns (1963, 1987), Thomas Hobbes. In: Leo Strauss (1963, 1987), History of Political Philosophy. Chicago. p. 396–421.

stände drängen. Todesfurcht, Ruhmsucht oder das Verlangen nach Komfort sind unter den Leidenschaften jene, die sich, wie H. König (1992) herausgearbeitet hat, schon recht ‚vernünftig' ausnehmen, Leidenschaften, die schon mit einer guten Portion Kalkül durchsetzt sind. Als Zwitter zwischen ‚Natur' und ‚Zivilisation', Vernunft und Reflexion sind gerade sie der Zähmung durch äußerliche staatliche Gewalt günstig, während andere Leidenschaften wie etwa Aggression oder erotische Triebhaftigkeit als weniger ‚gesellschaftsfähig' in den Hintergrund treten.[14] Der Bürger-Untertan ordnet sein Leben dem Sicherheitsbedürfnis unter und überlässt die Kriegsgeschäfte dem Staat und seiner Armee, Agenturen, mit welchen er bestenfalls Geschäfte unterhält. Hobbes' politisches Denken kommt über den absoluten Staat als Lösungsmodell nicht hinaus, obwohl sich in der individualrechtlichen Ausgangsbasis seiner Leviathan-Konzeption bereits Elemente des modernen Liberalismus finden lassen. Das Hobbes'sche Kontraktmodell basiert auf der Herleitung des Staates von den gefährlichsten Leidenschaften, die der Mensch in sich nicht bewältigen kann, solange er sich nicht auf einen allgemein akzeptierten, für alle gleichermaßen existenten *Zwang* verlassen kann. Daher findet er die ‚Befriedung' in einer Übertragung von Rechten auf eine einschränkende Gewalt, die Schutz für einen berechenbaren gesellschaftlichen Alltag gewährt. Der *homo oeconomicus* und sein angenommener Drang zur Maximierung seines egoistischen Interessenkalküls kann als Fortsetzung der erfolgreichen Hobbes'schen Pazifizierung gelten. Da das ‚Recht des privaten Schwertes' eine rein naturrechtliche Friedensordnung verhindert, muss ein öffentlich-rechtlicher Zustand gestiftet werden, der es jedem ermögliche, seines Rechtes erst teilhaftig zu werden. Daraus

---

14 Helmut König (1992), Zivilisation und Leidenschaften. Die Masse im bürgerlichen Zeitalter. Hamburg. S. 28–31.

folgt, dass der Staat nur als politischer Akt gestiftet werden kann. Ausgangspunkt und letzter Grund dieser rechtlichen Verbindlichkeit aber ist der sich selbst bindende Wille des Einzelnen. Obwohl Th. Hobbes Konfliktursachen in der konfliktiven menschlichen Natur verortet, ist das Böse kein moralisch relevantes Urteil, sondern wird mit der präzivilen, in der modernen psychologischen Sprache regredierten Situation in Zusammenhang gebracht. Leidenschaften sind daher nicht unmoralisch oder unvernünftig, sondern zunächst für den äußeren und inneren Frieden unzweckmäßig: *Die Natur selbst ist hier nicht schuld. Die Leidenschaften der Menschen sind ebenso wenig wie die daraus entstehenden Handlungen Sünde, solange keine Macht da ist, welche sie hindert; solange ein Gesetz noch nicht gegeben ward, ist es auch nicht vorhanden, und solange ein Gesetzgeber nicht einmütig ernannt wurde, kann auch kein Gesetz gegeben werden.*[15]

Hobbes' Zähmungsmodell folgt dem Descart'schen naturwissenschaftlichen Denken, das auf die von ihm neu entwickelte politische Wissenschaft angewandt wird. Der Mensch selbst ist wenig mehr als ein Aggregat einiger Automatismen von Grundkräften, darunter hauptsächlich jene der Selbsterhaltung, die einer Regulierung unterworfen werden. Der große Leviathan ist ein Staatskörper, ein künstlicher Mensch, der in Analogie zum menschlichen Körper funktioniert. ,Frieden' wird durch Konfliktdämpfung über Fremdzwang hergestellt, Leidenschaften durch Furcht vor Strafe und Schaden durch eine allgemeine Macht eingeschränkt, und zwar aus vorrangig utilitaristischen Prinzipien. Dem Souverän selbst ist nichts abzuverlangen. Die Bindung zu ihm ist ein Unterwerfungsakt, ein Austausch von Gehorsam gegen Schutz, sodass sich letztlich auch die Frage stellt, ob nicht der außerhalb des Vertrages stehende,

---

15   Thomas Hobbes (1651, 1980), Leviathan. Stuttgart. S. 116.

nur Gott gegenüber verantwortliche Fürst seinen Untertanen nicht ebenso gefährlich werden kann, wie einst sie selbst einander. Denn der Souverän als höchste Gewalt entscheidet allein, *was zur Erhaltung oder zur Störung des Friedens dienen kann; folglich auch [...] zu welcher Zeit, unter welchen Bedingungen und wem es erlaubt sei, das Volk aufzuklären; welche Bücher verboten werden müssen und wer darüber Aufsicht führen soll. Mit einem Wort, wem die Erhaltung des Friedens und der allgemeinen Sicherheit obliegt, dem muss auch der freie Gebrauch aller dazu dienlichen Mittel zugestanden werden.*[16]

Während der nur vermeintlich universelle Charakter dieser Art Friedensstiftung bereits von Seiten der feministischen Theorie durch den Verweis auf den ausschließlich männlichen Charakter dieses Grundpaktes kritisiert wurde, zeigen sich auch in psychologischer Hinsicht konzeptuelle Unstimmigkeiten. Der Gesellschaftsvertrag gilt als Bündnis mit der (männlichen) Vernunft, als Sieg über die destruktive Leidenschaftsnatur des Menschen, er vermag aber nicht zu erklären, wie sich dieser Übergang von einer Kriegsgesinnung zu einer zivilen Vertragsgesinnung für die Individuen selbst psychisch bewerkstelligen lässt. Selbst der *l'homme machine* müsste dazu umgebaut werden, doch jenem Übergangsstadium, in dem sich eine ganz wesentliche Veränderung der Mentalität, der Gesinnung, der Haltung, der emotionellen Einstellungen zu den anderen, zu den staatlichen Instanzen wie auch sich selbst anbahnt oder zuträgt, wird kaum Bedeutung zugemessen. Eine solche ‚Richtungsänderung' der Antriebskräfte wird kaum erörtert. Noch fallen Staat und Gesellschaft zusammen, die Idee der Gesellschaft bleibt unterentwickelt, die einzelnen Individuen scheinen sich in direkter Weise, ohne die Vermittlung von Institutionen, Parteien, den Vertretungen

---

16   a.a.O. S.161.

der ‚Zivilgesellschaft', zum Staatswesen zu vereinigen. Allerdings klingt bei Hobbes die Idee einer geistigen und seelischen Reifung in einem friedlichen Gemeinwesen dadurch an, dass er die Wichtigkeit des Aufbaus von Vertrauen unter den BürgerInnen, den sozialen Neigungen im Sinne der späteren *sympathy*-Bezeichnung von A. Smith oder der *Gefühlsbindungen*, wie Freud es nannte, andeutet. Aber nichts in den von ihm berücksichtigten Bindungsmechanismen bezieht andere als die erwähnten verwerflichen Leidenschaften in die Staatsgründung ein, weder dem Liebesbedürfnis kommt in diesem Sinne Bedeutung zu noch Sympathie oder Empathie. Hobbes' Menschen verfügen über Selbstbewusstsein, weil sie sich ihrer Schwäche bewusst sind. Sie wissen, was es bedeutet, in Freiheit zu leben, und daher setzt er Gewalt und Furcht zentral. Hier zeigt sich einmal mehr sein Abschied von der aristotelischen Philosophie, indem er sich von den Ansichten über die Leidenschaften und ihre Beziehung zur Moral, wie sie besonders in der ‚Rhetorik' dargelegt werden, entfernt: *Indem so die Furcht als das zulängliche Motiv alles richtigen Verhaltens, insbesondere der Staatsgründung angesehen wird, wird die Anerkennung von Tugenden, die nicht aus der Furcht – aus der Furcht vor gewaltsamem Tod – hervorgehen, deren Wesen in der Überwindung oder Verleugnung der Furcht besteht, unmöglich.*[17] Da der Grund aller Tugend in der Furcht vor dem gewaltsamen Tod begründet ist, werden Ehre und Ruhm zu Derivaten der Eitelkeit, die als Ursprung aller Schlechtigkeit gilt, verblendende Macht eben. Anstelle der Ehre treten Gerechtigkeit und Nächstenliebe, die nach Hobbes einzigen moralischen Tugenden, die sich ebenfalls auf die Todesfurcht zurückführen lassen. Nur sie motivieren, nur sie machen letztlich ‚klug' – zweckrational gedacht. Mit der Kombination von Selbsterhaltungstrieb und Kalkülrationalität

---

17   Leo Strauss (1965), Hobbes' politische Wissenschaft. Neuwied am Rhein. S. 113.

wird hier auch ein wichtiges Moment der De-Eskalation beschrieben, doch ist die Akzentuierung entlang der ‚Vernunft'-Schiene allein, wie H. Münkler (2002) bemerkt, *unterkomplex*.[18] Der Frieden fordert auch trieb-ökonomisch seinen Preis: *Die Beendigung von Bürgerkriegen ist nicht zuletzt darum so teuer, weil sie eine Restrukturierung der Mentalitäten nicht nur der unmittelbaren Bürgerkriegsakteure, sondern aller im Bürgerkriegsgebiet Lebenden zur Voraussetzung hat. Nicht bloß Gewalt- und Tötungsbereitschaft, sondern auch gegenseitiges Misstrauen und Angst müssen abgebaut werden, um ein friedliches Zusammenleben zu ermöglichen.*[19] In einer psychologischen Lesart transformiert sich mit der Entstehung der bürgerlichen Gesellschaft die Gruppe von einer selbstschädigend regressiven in eine unterentwickelte, allerdings in eine, die psychologisch keine weitere Reifung zulässt, weil nach Maßstäben der Macht gemessen wird und niemand diesen pathologischen Zirkel durchbrechen kann. Auf diese Weise bleibt der bürgerliche Friede ein reiner Abschreckungsfriede, der auf Furcht vor einem Mächtigeren gründet. Wie F. Alford (1994) hervorgehoben hat, beschreibt Hobbes ohne das psychoanalytische Bezugssystem ungehobelte Narzissten des Naturzustandes, die entwicklungspsychologisch dem Kleinkind entsprechen. Durch Neid und Eifersucht hemmen die Individuen ihre eigene Entwicklung, hinter dem Kampf auf Leben und Tod steht der Kampf um Anerkennung für jeden. Aus diesem Grund wird die Gruppe zu einem fürchterlich erschreckenden Ort, denn in der regressiven Kleingruppe des Naturzustandes kann Individualität nicht respektiert werden, sodass sich das Individuum in der Gruppe aufgeben muss, um zu überleben. Um

---

18 Herfried Münkler (2002), Über den Krieg. Stationen der Kriegsgeschichte im Spiegel ihrer theoretischen Reflexion. Weilerswist. S. 244.

19 Ebenda.

gegen diesen erschreckenden Selbsthingabewunsch anzukämpfen, kann nur immer mehr und mehr Macht vor den gleichmachenden Gruppenkräften schützen.[20] Hinter dem Machtbedürfnis liegt somit ein Anerkennungsbedürfnis, das an Hegels Metapher von Herr und Knecht erinnert. L. Strauss hat bereits in der politischen Philosophie von Th. Hobbes die Basis von Hegels Dialektik gesehen. Die Machtsuche entpuppt sich letztlich als verunglückte Suche nach Anerkennung, sie wird demnach für sich selbst gesucht. In psychologischer Perspektive kann in dieser Hinsicht der bürgerliche Frieden nur über die Aufgabe der Individualität aller erreicht werden, wofür als Ersatz die Möglichkeit, sich mit Macht des Souveräns zu identifizieren, angeboten wird. Daraus entstehen bürgerliche ‚Psychen‘, deren Friedfertigkeit auf Abspaltung und Abwehr wichtiger Anteile, somit laut F. Alford auf einem *‚schizoiden Kompromiss‘* beruht, der sie an der psychischen Weiterentwicklung hindert.[21]

In der Politischen Theorie des 20. Jahrhunderts hat Hannah Arendt die politischen Prinzipien zweier für die Moderne paradigmatischer Bürgerkriegsarten – die Französische Revolution und den amerikanischen Sezessionskrieg – verglichen. Ihre Unterschiede sind auch von Bedeutung für die Argumentation der ethnisch begründeten Gewalt. Im theoretischen Bezugsrahmen Hannah Arendts, der auf die politischen Prinzipien der griechischen Antike zurückgreift und eine eigene Tradition begründete, kämpften die amerikanischen Sezessionisten für den Fortbestand ihrer neuen Gesellschaftsordnung, die sie in der Neuen Welt bereits errichtet hatten und für das Recht, in Freiheit zu handeln, ihr Gemeinwesen auch in Freiheit politisch zu begründen, mit der Konsequenz der Republik

---

20 Siehe dazu weiterführend C. Fred Alford (1994), Group Psychology and Political Theory. New Haven. p. 87 ff. Alfords These folgt dem von Wilfred Bion entwickelten Tavistock-Modell.

21 C. Fred Alford (1994), Group Psychology and Political Theory. New Haven. p. 93.

als Staatsform. In Frankreich verband sich der Revolutionsgedanke mit der sozialen Frage verelendeter, wegen ihrer Gebundenheit an den Überlebenskampf unfreier Großstadtmassen, deren Befreiung zur Revolutionsbegründung herangezogen und mit dem Kampf um Freiheit gleichgesetzt wurde. Dieser Griff nach der ‚Macht der Straße' entfernte die Revolutionäre im Gefolge Hegels und Marxens von den universalistischen Menschenrechten. Indem sie Politik und Ökonomie verbanden und Armut als politisches Phänomen begriffen, als gewalttätiges Ausbeutungsverhältnis, wurde die Befreiung aus den Armuts- und Ausbeutungsverhältnissen zum geschichtsnotwendigen Fortschritt der Freiheit deklariert, in der Folge die Freiheit der Notwendigkeit untergeordnet und sowohl der entfesselten Gewalt innerhalb der Gesellschaft – dem Bürgerkrieg – als auch den zur Verteidigung dieser Ideale notwendigen Staatenkriege ein zwingend fortschrittlicher Charakter attestiert; die Revolution wurde auf diese Weise zur historischen Mission und das ‚Volk' erfuhr, vorgedacht durch die Ideen Rousseaus, die seine entfesselte Macht und das Gesetz aus dem gleichen Ursprung begründeten, indem das Gesetz zum Ausdruck des Allgemeinwillens erklärt wurde. In der Konsequenz führte die amerikanische Revolution zur Verfassung der Vereinigten Staaten, die französische endete in Terror und Wiedererrichtung der alten Herrschaft, wie es Alexis de Tocqueville recht präzise vorhergesagt hatte, sowie in den Revolutionskriegen. Mit Sorge beschrieb Tocqueville die freien, aber ‚hilflosen', ihre egoistischen Privatinteressen verfolgenden BürgerInnen, die gerade wegen ihrer Ohnmacht autoritären Herrschern weit mehr ausgeliefert wären, als dies in der ständischen Gesellschaft der Fall war. Schon vor der Gründung der Vereinigten Staaten standen die neuen Kolonien nicht unter dem Fluch der Armut, somit stand die soziale Frage ihrer Freiheitsbegründung nicht im Wege.[22] Die amerikanischen Sezessionisten hatten ihren politischen Raum nicht eruptiv den Not leidenden, in präpolitischen Zwängen gefangenen Massen geöffnet, die in ihrer entfesselten Wut – der ‚Stimme der Natur' – alle bestehenden Institutionen zugrunde richteten und deren Handeln im Zustand der Regression es verunmöglichte, neue verbindliche Verfassungen zu errichten. Sie hatten es verstanden, das Verbindliche zwischen ihnen in der Gesellschaft auf andere Weise als über das Sentiment des Mitleids herzustellen – freilich unter Ausklammerung jenes Teils der Bevölkerung, den man noch nicht einmal als potenzielle Masse ins Auge gefasst hatte, wenngleich man ihrem Elend, falls man es wahrnahm, nicht gleichgültig gegenüberstand. Dass Sklaverei und Freiheit sich nicht vereinen ließen, war grundsätzlicher Natur, aber deswegen, weil durch die Knechtschaft der Sklaven eine Bedrohung der Freiheit auch hinsichtlich des Eindringens vorpolitischer Mentalitäten in den politischen Raum verhindert werden sollte. Frei von jeglicher das Leiden glorifizierender Revolutionsromantik und voll des puritanischen Arbeitsethos, wäre den Amerikanern die Vorstellung, das Elend würde als Quelle politischer Tugend taugen, absurd, unpolitisch und vor allem unverantwortlich erschienen. Die amerikanischen Revolutionäre haben die befreite Macht des Volkes, d. h. ihre neu gegründete Freiheit, in Institutionen und Verfassungen gegossen. Sie haben ihre Macht freiwillig in Gesetzen konsolidiert, und dieses Verständnis von Gesetzen entstammte dem römischen Verständnis von ‚lex' als einer politischen Tätigkeit, die auf dauerhaften Bindungen zwischen gleiche Freiheiten genießenden Bürgern gegründet war. Die neue Autorität war aus der Idee gegenseitigen Vertrauens entstanden, das auf wechselseitigen Versprechungen und Versicherungen in ho-

---

22   Hannah Arendt (1965), Über die Revolution. München. S. 93.

rizontalen und vertikalen Bindungen gegründet war. Eine Ersetzung von Gesetz durch Gewalt, egal aus welchem Grunde es abgeschafft wurde, wäre ihnen als Bruch ihrer Versprechen erschienen. Was die amerikanischen Auswanderer charakterisierte, war, dass sie ihre soziale Kohäsion und politische Repräsentation nicht nur aus Zustimmungen zu Verträgen ableiteten, sondern aus permanenten aktiven Absicherungen ihrer Solidarität untereinander.

Völkerrechtliche Perspektive

Da im Völkerrecht der Bürgerkrieg als innere Angelegenheit eines Staates gilt, dem das Souveränitätsprinzip vorgelagert ist, mussten sich Bürgerkriegsparteien die Anerkennung als legitime Kombattanten erst erkämpfen. Es ist kein Zufall, dass die Initiative zur rechtlichen Ausweitung des Kombattantenstatus von kleineren Staaten ausging, die über keine umfangreichen stehenden Heere verfügten. Wesentliche Beiträge verdanken sich auch den 1863 anlässlich des in besonders grausamer Weise geführten amerikanischen Bürgerkrieges erschienenen ‚Instructions for the Government of Armies of the United States in The Field', wo die Forderung erhoben wurde, die Guerillakriegführung auch als Möglichkeit taktischen Vorgehens regulärer Truppen anzuerkennen, Privatpersonen und Aufständische aber weiterhin nicht als Kombattanten zu betrachten.[23] Die – zwar gescheiterte – Brüsseler Erklärung von 1874 sowie der Manuel d'Oxford bildeten den Auftakt für die Haager Landkriegskonventionen von 1899 und 1907, die sowohl Milizen und Freiwilligenverbände als Kombattanten anerkannten, wenn sie über eine Führung

---

23   Werner Friedrich (1978), Die völkerrechtliche Stellung von Söldnertruppen im Kriege. Bad Honnef. S. 14.

verfügten, Abzeichen trugen, die Waffen offen führten und sich an das Kriegsrecht hielten. Eine Anerkennung als Krieg führende erhielten Bürgerkriegsparteien durch die etablierte Regierung oder durch ein Drittland erst dann, wenn die Aufständischen schon ein bestimmtes Staatsgebiet erobert hatten und es beherrschten und dort eine Art Regierung etabliert hatten. Dies betraf vor allem Sezessionsbewegungen oder auch später noch die Dekolonisierungskriege, die als Befreiungskriege einen speziellen völkerrechtlichen Status erhielten.[24] Wenn eine Anerkennung als Bürgerkriegspartei nicht erfolgte, fielen die Kämpfenden nicht unter die Regeln des Kriegsrechts, sondern unterlagen als ‚Aufständische‘ dem jeweilig geltenden Strafrecht.

Durch die Ächtung des Angriffskrieges und dem in der Charta der Vereinten Nationen in Art. 2, Ziffer 4 verankerten Gewaltverbot ergaben sich auch Veränderungen bezüglich des Kriegsrechtes im Bürgerkrieg. Seit den Genfer Verträgen differenziert das Völkerrecht nur mehr zwischen internationalen und nichtinternationalen bewaffneten Konflikten. Zählte im klassischen Völkerrecht der *animus belligerandi*, also die subjektive Absicht der Parteien, Krieg zu führen, so kommen nun die Normen des humanitären Völkerrechts automatisch zur Anwendung, wenn bestimmte objektiv feststellbare bewaffnete Auseinandersetzungen stattfinden. Die Notwendigkeit einer Anerkennung von Rebellen als Krieg führende durch die Regierung oder Drittstaaten fiel damit weg. Als bewaffnete Konflikte nichtinternationalen Charakters gelten folgende Konfliktarten:

bewaffnete Konflikte

1. Bürgerkriege, wie sie Art. 1 des II. Zusatzprotokolls zu den Genfer Abkommen aus 1977 vorsieht. Es bezieht sich auf Kämpfe

---

24 Siehe dazu weiterführend Dieter Fleck (1994) (Hg.), Handbuch des humanitären Völkerrechts in bewaffneten Konflikten. München.

zwischen einer Regierungsarmee und einer von der UN anerkannten Befreiungsbewegung und kommt, da es auf die speziellen Bedingungen der Entkolonisierung zugeschnitten ist,
heute nur mehr selten zur Anwendung.

2. Kampfhandlungen zwischen substaatlichen Akteuren, die vom
humanitären Völkerrecht nicht regulierbar sind, wo sich ausschließlich substaatliche Akteure gegenüberstehen (hier vor
allem das II. Zusatzprotokoll aus 1977).

3. Interne bewaffnete Konflikte, wie sie der allen vier Konventionen gemeinsame Art. 3 der Genfer Konventionen festhält.

Ein nichtinternationaler bewaffneter Konflikt liegt dann vor, wenn

1. eine gewisse Intensität der Kämpfe erreicht wird, wenn etwa die
Polizei zur Wiederherstellung von Ruhe und Ordnung außerstan-
de ist und die Armee eingesetzt werden muss;

2. die bewaffneten Gruppen über eine Führungshierarchie, Organisation und die Kontrolle der Kämpfenden verfügen;

3. der Konflikt eine gewisse Kontinuität aufweist und

4. Aufständische einen Teil des Territoriums kontrollieren.

Ein wesentliches Unterscheidungskriterium bildet nach wie vor die
Intensität der gewalttätigen Auseinandersetzung, wobei es allerdings nicht mehr möglich ist, einen ausufernden nichtinternationalen Konflikt in einen internationalen zu transformieren, wie dies
noch das klassische Völkerrecht vorsah: *Im klassischen Völkerrecht
war dem humanitären Völkerrecht die Gleichstellung eines Bürgerkrieges mit einem zwischenstaatlichen bewaffneten Konflikt noch
möglich gewesen, sobald das Ausmaß des Bürgerkrieges nach einer solchen Regelung rief. Dieselbe Kampfintensität vermag gemäß
dem heutigen Vertragsrecht die Grenze zwischen internationalen
und nichtinternationalen bewaffneten Konflikten nicht mehr zu*

überbrücken. Diese Rechtslage ist Ausdruck der drastisch gestiegenen Bedeutung, welche die Staaten momentan der Wahrung ihrer Souveränität und staatlichen Einheit beimessen.[25] Einzige Ausnahme bilden antikoloniale und antirassistische Befreiungskriege; obwohl sie nach äußeren Bemessungskriterien in Bürgerkriegen ausgetragen werden, zählen sie zu den internationalen bewaffneten Konflikten, denn Befreiungsbewegungen gelten als Völkerrechtssubjekte *sui generis*, wenn sie einen bewaffneten Kampf gegen Regierungen führen, die ihnen das Selbstbestimmungsrecht verweigern. Es handelt sich allerdings um einen Status *minderen Rechts*, da er nur für den aktuellen Konflikt besteht. Ein Staatsvolk sowie das Volk eines *werdenden Staates* sind zur Berufung auf das Selbstbestimmungsrecht berufen; hinter der Anerkennung von Befreiungsbewegungen als Völkerrechtssubjekte lag die Annahme, dass es sich bei den Dekolonisierungsprozessen gleichzeitig um staatenbildende Prozesse handelt. Sie können sowohl die Gründung eines souveränen und unabhängigen Staates beabsichtigen, zur freien Vereinigung oder nur zur freien Eingliederung mit einem unabhängigen Staat oder zur Begründung eines anderen, durch das Volk frei gewählten Status führen.[26] Diese Bestimmungen wurden im I. Zusatzprotokoll festgelegt, wobei Art. 1, Ziffer 4 die Resolutionspraxis der Vereinten Nationen übernahm.[27] Damit sind sie den schon

---

25 Martin Hess (1985), Die Anwendbarkeit des humanitären Völkerrechts, insbesondere in gemischten Konflikten. Zürich. S. 141.

26 So hofften etwa die Griechisch-Zyprioten in ihrem von der Untergrundorganisation EOKA geführten Unabhängigkeitskampf vor 1960, die ‚Enosis', den Anschluss der Insel Zypern mit Griechenland, zu erreichen; als ‚werdendes Staatsvolk' ethnisch gegenüber den Türkisch-Zyprioten und anderen Minderheiten in der Mehrheit, rechneten sie sich in einem Mehrheitswahlrecht gute Chancen dafür aus, bis schließlich aufgrund der bürgerkriegsartigen Unruhen in den Verträgen von Zürich und London ein Anschlussverbot festgelegt wurde.

27 Martin Hess (1985), Die Anwendbarkeit des humanitären Völkerrechts, insbesondere in gemischten Konflikten. Zürich. S. 131.

im klassischen Völkerrecht vorhandenen ‚Befreiungskriegen' gegen einen fremden Aggressor gleichgestellt. Da Kolonien bereits seit der Annahme der sogenannten *Friendly Relations Declaration* von 1970 juridisch einem vom Territorium des Kolonialreiches verschiedenen Status aufwiesen, war es vergleichsweise einfach, hier zwei autonome Krieg führende Konfliktparteien auszumachen. Nicht zuletzt war damit die Absicht verbunden, das gesamte humanitäre Kriegsrecht in Unabhängigkeitskämpfen zur Anwendung zu bringen. Damit wurde letztlich der Realität insofern Rechnung getragen, als der Schutz der Nichtkombattanten oder Nicht-mehr-Kombattanten vorrangig vor die Gründe oder die völkerrechtliche Berechtigung zur Kriegführung beziehungsweise bewaffneten Konfliktführung gestellt wurde. In langem Tauziehen um die Ausgestaltung der Genfer Protokolle, hier vor allem dem allen vier Genfer Konventionen gemeinsamen Art. 3 und dem aus dem Art. 3 weiterentwickelten II. Zusatzprotokoll aus 1977 über den Schutz der Opfer nichtinternationaler bewaffneter Konflikte, war man bemüht, Mindestgarantien zu verankern, ohne allen Rebellen gleichzeitig eine völkerrechtlich bindende Rechtspersönlichkeit als Kriegsführende zu verleihen. Artikel 3 schützt die Zivilbevölkerung und andere, nicht an den Kampfhandlungen beteiligte Personen.[28] Das II. Zusatzprotokoll von 1977 schützt auch Gefangene vor Repressalien der Gegner, verbietet die Folter, die Geiselnahme oder entwürdigende Behandlung

---

28   Trotz unterschiedlicher Lehrmeinungen zur erforderlichen ‚Intensität' eines solchen innerstaatlichen Konfliktes werden folgende Kriterien herangezogen: x) wenn die Kämpfe ein Ausmaß angenommen haben, das von der Polizei nicht mehr unter Kontrolle gebracht werden kann und den Einsatz der Armee erfordert. x) Kämpfende Gruppen müssen Führung, Organisation und hierarchische Befehlsgewalt, der Folge geleitet wird, aufweisen. Banden oder Banditen, auch wenn sie einmal einer Bürgerkriegsformation angehört haben, zählen nicht dazu. x) Der Konflikt muss von einiger Dauer sein und im Land zu allgemeiner Unsicherheit geführt haben. Siehe dazu auch AKUF – Arbeitsgemeinschaft Kriegsursachenforschung an der Universität Hamburg.

und untersagt auch Verurteilungen ohne Verhandlung vor einem ordentlichen Gericht. Art. 18 bietet erstmals eine rechtliche Basis für humanitäre neutrale Hilfsaktionen an die Zivilbevölkerung, was vor allem auch für Flüchtlinge im eigenen Land, die sogenannten IDPs (Internally Displaced Persons), Unterstützungsmöglichkeiten eröffnete. Das Zusatzprotokoll kommt jedoch nur dann zur Anwendung, wenn die Aufständischen bereits über die territoriale Kontrolle eines Teiles des Staatsgebiets, dessen Größe nicht näher definiert ist, verfügen. Bei der Mehrzahl der ‚neuen Kriege', die mit Guerillamethoden geführt werden, besteht eine solche territoriale Kontrolle nicht oder sie unterliegt ständigen Schwankungen. Es gehört jedoch durchaus zur gängigen Praxis, dass sich die Konfliktparteien freiwillig bereit erklären, auch die übrigen Schutzbestimmungen einzuhalten, um ihre politische Diskreditierung zu vermeiden, wie dies etwa die Bürgerkriege im Kongo, in Nigeria oder Algerien oder im Libanon zeigen. Problematisch bleibt oft die Disparität zwischen den Landesrechten gerade jener von inneren Konflikten zerrissenen Staaten und den Bestimmungen des II. Zusatzprotokolls. Die mit dem humanitären Völkerrecht festgesetzten Mindestgarantien für Bürgerkriege gingen freilich auf Kosten gewisser Einschränkungen der staatlichen Souveränität bei der Bekämpfung innerer Unruhen, wogegen vor allem jene Staaten opponierten, deren Regierungen sich zwar gern auf eine möglichst ‚absolute' Souveränität beriefen, aber meist selbst nicht gewillt oder in der Lage waren, ihren sich aus dem Gewaltmonopol ergebenden Schutzverpflichtungen gegenüber der Bevölkerung nachzukommen.[29] Ein konfliktträchtiges Verhältnis

---

29 Als Beurteilungskriterium für das Vorliegen eines nichtinternationalen bewaffneten Konfliktes gibt es keine untere Schwelle, auch die Größe des Territoriums, das kontrolliert werden muss, wird nicht genau definiert. Die Kontinuität der Kampfhandlungen ist bereits dann gegeben, wenn Rebellen regelmäßige Störaktionen durchführen.

zwischen Souveränität und Humanität ist daher unvermeidbar. Immer häufiger weiten sich Bürgerkriege zu sogenannten *gemischten* Konflikten aus. Bis zu zwei Drittel der heutigen bewaffneten Konflikte fallen unter diese Kategorie, die dann vorliegt, wenn sich auch ein internationaler Akteur mit fremden Truppen beteiligt, wobei eine Partei den Kampf zusammen mit den ausländischen Truppen führt und zwei Parteien gegeneinander auf einem völkerrechtlich anerkannten Territorium kämpfen. Innerhalb eines von der Außenwelt als ein einziger Konflikt wahrgenommenen Szenarios können sich in völkerrechtlicher Hinsicht ganz unterschiedliche Konstellationen ergeben; z. B. waren im Libanon, wo 1975 bis 1990 ein Bürgerkrieg ausgetragen wurde, die unterschiedlichen Konfliktparteien – es gab deren bekanntlich zahlreiche – an verschiedene Regeln gebunden. Was den Bürgerkrieg der libanesischen Regierungstruppen und der Milizen betrifft, so war es ein bewaffneter Konflikt nichtinternationalen Charakters, während die Libanoninvasion Israels 1982 und auch 2006 den Charakter eines internationalen Konfliktes hatte; dies vor allem auch gegenüber der libanesischen und palästinensischen Zivilbevölkerung und gegenüber den 1982/83 auch auf fremden Territorium operierenden syrischen Truppen. Syrien wollte sein Eingreifen als Intervention für die libanesische Regierung verstanden wissen, obwohl das Weiterbestehen dieser Regierung fragwürdig ist. Gegenüber der PLO ergab sich zudem eine noch komplexere Lage, da die PLO einerseits als Befreiungsbewegung anerkannt war, andererseits aber nicht der libanesischen Konfliktpartei zuzurechnen war, sondern lediglich ein sogenanntes De-facto-Regime, wie andere Milizverbände auch, darstellte. Am Libanonkonflikt lässt sich nachvollziehen, wie auch eine internationale Friedenstruppe, die mangels Vorhandensein einer zentralen Macht ihrem Mandat nur schwer nachkommen kann, selbst als Partei des bewaffneten Konfliktes in die Kämpfe hineingezogen wurde, wie dies 1983 der Fall war. Dies galt aber wieder nur für die französischen und US-amerikanischen Kontingente, nicht aber die italienischen und britischen, die sich auf humanitäre Aufgaben beschränkten und nicht zu den Waffen griffen. Was die derzeitige (März 2007) Lage im Irak betrifft, so sind die Kriterien für einen Bürgerkrieg mit Ausnahme der Kontrolle des Territoriums erfüllt, ohne dass die UNO bisher eine solche Einordnung getroffen hätte. Denn würde eine Zuordnung als Bürgerkrieg erfolgen, dann wären die ausländischen Nationen völkerrechtlich zur Neutralität verpflichtet. Die Anwesenheit fremder Truppen, darunter jene der ehemaligen Kolonialmacht, verhindert eine Einordnung als Bürgerkrieg.

Der ‚Kleine Krieg'

Die Guerilla gewinnt, wenn sie nicht verliert.
Die konventionelle Armee verliert, wenn sie nicht gewinnt.
Henry Kissinger

Wie schon das spanische Wort ‚Guerilla' ausdrückt, ist das ‚Kriegchen' auf den Gegenpart, den ‚großen' Staaten-krieg, bezogen; dies allerdings vornehmlich in Struktur und Form, keineswegs mit der Konnotation unbedeutend oder harmlos. Tat-sächlich hat der Kleinkrieg eine lange kriegsgeschichtliche Tradi-tion als Begleiterscheinung des ‚Großen Krieges', jedoch nicht als eigenständige Kriegsform. Es darf jedoch nicht übersehen werden, dass der Kleinkrieg eine viel längere Geschichte hat und geradezu als ‚Urform' (Hahlweg 1968) bewaffneter Konflikte gelten kann.[1] Ob Germanen gegen römische Truppen, Oranier gegen katholische Heere, der legendäre Wilhelm Tell und seine Eidgenossen gegen die Habsburger, die spanische Guerilla gegen napoleonische Truppen oder der hierzulande als Freiheitsheld gefeierte Andreas Hofer mit seiner Bauernwehr, russische Kosaken, deutsche Landwehr und ihr französisches Pendant, die Franctireur, Freikorps, der griechische Emanzipationskampf, der berühmte Lawrence von Arabien mit sei-nen arabischen Stämmen gegen die Osmanen, wie später die anti-kolonialen Befreiungskriege: sie alle führten Kleinkriege, kämpften auf unkonventionelle Weise gegen einen ungleichen Kontrahenten, wobei die Asymmetrie im Wesentlichen nicht auf die Quantität der Truppen zielt, sondern auf die unterschiedliche Art der Vergesell-

---

1 Werner Hahlweg (1968), Lehrmeister des Kleinen Krieges. Von Clausewitz bis Mao Tse-Tung und Che Guevara. Darmstadt. S. 10.

schaftung. *Von den Gepflogenheiten solcher Einheiten, zu plündern, zu rauben, zu vergewaltigen, zu morden, zu entführen, zu erpressen, wie von ihrer systematischen Zerstörungswut wollten ihre zivilisierten Auftraggeber nicht nur nichts wissen; sie waren auch nicht bereit einzugestehen, dass diese Art der Kriegführung älter und weiter verbreitet war als die von ihnen selbst ausgeübte.*[2] Irreguläre Truppen gehorchen keiner staatlichen Gewalt, egal, ob diese existiert oder nicht, sondern sind dem Kodex ihrer Gruppe verpflichtet, aus der ihre Kriegsmotivationen stammen. Diese sind politisch, verstanden als Ausdruck von Interessen einer Gemeinschaft, die aber keine staatliche sein muss. Aus dieser prinzipiellen Asymmetrie ergeben sich andere Gewaltformen, die des Partisanenkrieges, der Guerillataktik oder terroristische Methoden.[3] Sie stellen eine sehr effiziente Form der bewaffneten Auseinandersetzung dar, die keine klare Unterscheidung zwischen Front und Hinterland trifft, große Schlachten vermeidet und defensiv, aber langfristig plant, also räumlich und zeitlich nicht begrenzt ist, aus dem Hinterhalt mit einer *'hit and run'*-Strategie operiert, wo wenige Kämpfer gegen überlegene Gegener antreten und die Trennung zwischen Kombattanten und Zivilisten mit Absicht verwischt wird, was den Kämpfern einen Wechsel der Identität erlaubt, nämlich in der Bevölkerung und mit ihrer Unterstützung *'wie Fische im Wasser'* (Mao Tse-Tung) auf- und unterzutauchen. Diese Kriegsform ist heute im Vormarsch, sie wird von den Tamil Tigers ebenso angewandt wie von islamistischen Gruppierungen und umfasst auch Formen des Terrorismus, während der konventionelle Staatenkrieg zum 'Auslaufmodell' geworden ist. Wie Werner Hahlweg, einer der bekannten deutschen Militärhistoriker der Nachkriegszeit, schon

---

2   John Keegan (2003), Kultur des Krieges. Berlin. S. 25.
3   Die Bezeichnung Partisanen- und Guerillakrieg wird oft synonym verwendet: der Partisan gilt als politischer Guerillero, daher wurde im Osten von Partisanen, im Westen von Guerillakriegen gesprochen.

in den 1960er- Jahren vermutete, werde es nach dem allgemeinen Chaos der ersten Atomschläge nur mehr den Kleinen Krieg geben können, … *man mag sogar den Kleinen Krieg als die Kriegsform der Zukunft ansehen.*[4] Da Kleinkriege nicht auf die einmalige Niederwerfung des Gegners zielen, sondern auf die Brechung seines politischen Willens, können sie ohne Kapitulation oder Friedensregelung, d. h. in einem ungeklärten Rechtszustand, der weder Krieg noch Frieden ist, lange Zeit in niederer Intensität schwelen und immer wieder aufflammen, wie etwa die Konflikte im Libanon, Israel–Palästina, Sudan etc. zeigen. Während jedoch der substaatliche Akteur im Kleinkrieg an Legitimität gewinnt, wenn er die Massen für seine Kriegsziele gewinnen kann (etwa die PLO in den 1980er-Jahren), verliert ein Staat an Legitimität, wenn er zu Kleinkriegsmethoden greift.[5] So etwa hat die außergerichtliche Hinrichtung von Scheich Jassin durch die israelische Armee im März 2004 grob gegen das Völkerrecht verstoßen, auch wenn die israelische Regierung dies als Tötung eines terroristischen Kombattanten darzustellen versuchte.

Durch die Praxis des Kleinkrieges wurde auch das Souveränitätsprinzip gelockert, da staatliche Armeen die Guerillakämpfer bis in ihre Sanktuarien verfolgen, die in Drittländern liegen, wodurch bestehende Grenzen und Souveränitäten verletzt werden, etwa in den israelischen Operationen ‚Litani' und ‚Frieden für Galiläa' 1978, 1982.[6]

---

4   Werner Hahlweg (1966) (Hg.), Carl von Clausewitz. Schriften – Aufsätze – Studien – Briefe. Göttingen. S. 17.

5   Christopher Daase (2006), Die Theorie des Kleinen Krieges *revisited*. In: Anna Geis (2006) (Hg.), Den Krieg überdenken. Kriegsbegriffe und Kriegstheorien in der Kontroverse. Baden-Baden. S. 151.

6   Christopher Daase (2006), Die Theorie des Kleinen Krieges *revisited*. In: Anna Geis (2006) (Hg.), Den Krieg überdenken. Kriegsbegriffe und Kriegstheorien in der Kontroverse. Baden-Baden. S. 157.

In seinem Wesen unkonventionell, basiert der Kleinkrieg auf ,*existenziellen*' Kriegsauffassungen, auf starken Emotionen und politischen Überzeugungen der Kämpfenden, die den Krieg nicht nur im Clausewitz'schen Sinne als rationales Instrument der Politik zur Niederwerfung eines Gegners, sondern als ihren persönlichen Auftrag betrachten. Ihren inhaltlich ganz unterschiedlich gefassten Kriegswillen beziehen Guerillaverbände zumeist aus politischen, ethnischen oder religiösen Ideen der Gemeinschaft, daher fallen Kleinkriege im Zeichen marxistischer Ideologien, nationalistischer oder religiöser Fanatismus gleichermaßen darunter wie die antikolonialen Befreiungskriege. Zwei Prototypen hat die Moderne hervorgebracht: den nationalen Befreiungskrieg und den links-revolutionären, mit der Transformation einer Gesellschaft verbundenen Kleinkrieg. Wo sich, wie in der Französischen Revolution, Politik und Ökonomie verbanden und Armut als ausschließlich politisches Phänomen, nämlich als gewalttätiges Ausbeutungsverhältnis, begriffen wurde und ,Befreiung' zum geschichtsnotwendigen Fortschritt der Freiheit deklariert wurde, erhielt die entfesselte politische Gewalt einen zwingend fortschrittlichen Charakter, der revolutionäre Befreiungskrieg wurde zur historischen Mission.

Theorie und Praxis des revolutionären Marxismus bekannten sich zum Guerillakrieg. Mao Tse-Tung und Che Guevara prägten unter Berufung auf Marx, Engels und Lenin mit ihren Büchern über Strategie und Taktiken sowie ihrer gelebten Praxis den links-revolutionären Partisanenkampf für einige Generationen, vor allem wurde er handlungsleitend für zahlreiche Befreiungsbewegungen der Dritten Welt, wo er als Vehikel der Volksmassen bei ihrer Emanzipation galt. Der Gewalt wurde von manchen Theoretikern gar eine emanzipatorische, therapeutisch heilende Kraft für die ,Verdammten dieser

Erde' (F. Fanon) zugeschrieben.[7] Das massive Auftreten des revolutionären Befreiungskrieges in der zweiten Hälfte des 20. Jahrhunderts verleitete manche Forscher zur Gleichsetzung von Guerillakrieg mit marxistischen Idealen, eine verkürzte Sichtweise.[8]

Carl Schmitt hat im Hinblick auf die Motivation der Partisanenkämpfer in seinem Buch ‚Zur Theorie des Partisanen‘ (1963) eine idealtypische Unterscheidung in zwei Identitäten getroffen: einerseits den defensiv autochthon agierenden *‚tellurischen‘* Partisanen, dessen Ziel es ist, einen Gegner von seinem Heimatboden zu verdrängen, wie etwa Andreas Hofer oder die spanische Guerilla, andererseits den revolutionären Partisanen, der selbst nicht aus dem Land sein muss, aber zum Konflikt im Namen einer revolutionären Avantgarde aufruft. Er/sie schöpft die individuelle Kampfmotivation aus der Identifizierung mit dem ideologischen Ziel, nicht mit dem Territorium oder der Nation. Für den Neo-Hobbesianer Schmitt zählte allerdings nur der ‚tellurische‘ Partisan zum ‚echten‘, selbstbestimmten Partisanen, den er von den ‚Erfüllungsgehilfen‘ und ‚Beschleunigern‘ einer marxistisch gedeuteten Weltgeschichte scharf abgrenzte. Indem sich der tellurische Partisan jeder Ideologisierung widersetzt, kennt er nur einen wirklichen, aber keinen absoluten Feind. Diesen Feind gilt es vom eigenen Boden zu verdrängen, nicht aber prinzipiell zu vernichten. Im Sinne Schmitts stellt der revolutionäre Partisan schon eine Pervertierung des ‚echten‘ Partisanen dar, da er nur in Verbindung mit der *Aggressivität der internationalen kommunistischen Welt-Revolution* agieren könne. Nur in der (welt)revolutionären Deutung des Partisanenkampfes als unvermeidliche Methode des Bürgerkrieges findet wieder jene absolute

---

7   Zu Frantz Fanon siehe Kapitel ethnische Identität.
8   Etwa B. H. Liddell Hart (1961) (ed.), Guerilla Warfare. Mao Tse-Tung and Che Guevara (1961), London.

Feindschaft in das Kriegsgeschehen Eingang, die mit der Einhegung des zwischenstaatlichen Krieges in möglichst leidenschaftslose ‚rationale' Gegnerschaft überwunden geglaubt war. Was Schmitt nicht berücksichtigte, war die Vermischung tellurischer Überzeugungen mit einer ethno-nationalistischen Ideologie: der Partisan, der für ein ethnisch reines Territorium gegen zwei oder mehrere Feinde kämpft, die Kolonialmacht und den ethnischen Feind – so etwa die zypriotische EOKA unter Oberst Grivas-Dighenis, die für die Unabhängigkeit Zyperns gegen die Engländer kämpfte, gleichzeitig aber einen Anschluss an das idealisierte griechische ‚Mutterland' zustande bringen wollte, die ‚Enosis'. Unter anderem erkannte Schmitt die immanente Tendenz des Partisanenkrieges, die Gewalt zum Selbstzweck entarten lässt [9] – eine Erfahrung, die z. B. anhand der Irisch-Republikanischen Untergrundarmee belegt werden kann. Die IRA kämpfte weit über die Aushandlung politischer Lösungen hinaus mit nur mehr terroristischer Gewalt, bis ihr schließlich der ‚Nachwuchs' den Dienst aufkündigte. Für die ‚alte Garde' war der Terrorismus zum Selbstzweck geworden. Freilich, vom Chamäleoncharakter des Partisanen führt immer ein Weg in den Terrorismus, der andere zum Soldaten einer regulären Armee im Falle einer erfolgreichen Revolution – man denke etwa an die israelischen Streitkräfte, die aus den irregulären Verbänden der Haganah hervorgegangen waren.

Gerade in Bezug auf die starke politische Motivation der Partisanen und Guerilleros sind vor allem in den letzten beiden Jahrzehnten auch gegenteilige Prozesse zu beobachten: So hat sich etwa die PLO im Zuge ihres Guerillakampfes stärker politisiert und hat zur Identitätsstiftung der Palästinenser als Kollektiv beigetra-

---

9   Ernesto Che Guevara (1968), Partisanenkrieg – eine Methode. Mensch und Sozialismus auf Kuba. München. S. 9.

gen, die kolumbianische FARC aber hat sich *entpolitisiert* und ist in die transnationale Kriminalität mit vorwiegend ökonomischen Kriegszielen geglitten (siehe Kapitel ‚*Neue Kriege*'). Darüber hinaus stellt sich heute verstärkt die Frage, ob auch die Formen des islamistischen Terrors durch die Theorie des Kleinkrieges erfassbar sind oder ob die Verselbstständigung der Gewalt als politisches Verbrechen besser zu erfassen ist.[10] Heute weiß man zwar, dass weder der Prozess der Privatisierung und Kriminalisierung noch der Prozess der Sozialisierung und Politisierung eines substaatlichen Akteurs zwangsläufig ist, doch die Gründe hierfür sind – nicht zuletzt aufgrund von theoretischen und methodischen Defiziten in der Theorie Internationaler Beziehungen – noch wenig erforscht.

Völkerrechtliche Perspektive

Da manche Kleinkriege als Bürgerkriege innerhalb eines Staates auftreten, andere aber internationalen Charakter annehmen, hat man sie auch völkerrechtlich ‚einzuhegen' versucht. Mit der Konsolidierung des modernen Staates und dem damit einhergehenden Souveränitätsprinzip wurde der Kleinkrieg normativ von der militärischen Regularität abgegrenzt. War bis zum allgemeinen Kriegsverbot der ‚Große Krieg' der erlaubte und der ‚Kleine Krieg' der geächtete, so stehen beide seit dem allgemeinen Gewaltverbot der UN-Charta auf gleicher – ‚verbotener' – Stufe. Dennoch hat selbst das klassische Kriegsrecht den Kleinkrieg nicht als gänzlich illegitim betrachtet, denn im Zuge der Aufklärung und zunehmenden

---

10   Tine Stein (2006), Islamistischer Terror und die Theorie des Kleinen Krieges. In: Anna Geis (2006), (Hg.), Den Krieg überdenken. Kriegsbegriffe und Kriegstheorien in der Kontroverse. Baden-Baden. S. 172.

Selbstbestimmung der Völker waren politisch und moralisch gerechtfertigte Gründe für Rebellionen, die in Kleinkriegen mündeten,
nicht zu leugnen. Daher fanden gewisse Formen Berücksichtigung
im kriegsrechtlichen Vertragswerk. Art. 1 und 2 der Haager Land-
kriegsordnungen von 1899 und 1907, die schon in der Brüsseler
Deklaration von 1874 verankert waren, stellen Angehörige irregulärer Verbände, die ohne staatliche Ermächtigung kämpfen, den
Angehörigen regulärer Verbände dann kriegsrechtlich gleich, wenn
sie Milizen-Freiwilligenverbänden oder organisierten Widerstandsbewegungen angehörten und eine erkennbare Kommandostruktur
aufwiesen, ihre Waffen offen trugen und als Kombattanten erkennbar waren und sich an ‚Gesetze und Gebräuche' des Kriegsrechtes
hielten.[11] Wer jedoch, wie etwa die libanesische Hisbollah, aus
dem Hinterhalt Raketen auf unbestimmte zivile Ziele abfeuert, sich
nicht als Kombattant zu erkennen gibt, sondern zwischen Kämp-
fer- und Berufskleidung mehrmals täglich wechselt, genießt keinen
völkerrechtlichen Anerkennung, da er/sie terroristische Methoden
anwendet und somit Kriegsverbrechen begeht. Für die nationalen
Befreiungskriege, wie sie nach 1945 im Zuge der Dekolonisierung
häufig ausbrachen, regelte Artikel 3 der Genfer Konventionen die
‚nichtinternationalen innerstaatlichen' bewaffneten Konflikte; in
den Zusatzprotokollen I und II/1977 wurden auch die als ‚international und nicht innerstaatlich' geltenden bewaffneten Konflikte
in das Humanitäre Völkerrecht aufgenommen. Dies ist jedoch im
Hinblick auf die Ausübung des Selbstbestimmungsrechtes gedacht
und nimmt einen Willen zur Staatlichkeit der Rebellen an. Ein allge-
meines Recht zum Befreiungskrieg lässt sich daraus nicht ableiten;
die nichtstaatliche Bedrohung staatlicher Souveränität ist nur dann

---

11   Peter Cornelius Mayer-Tasch (1972), Guerillakrieg und Völkerrecht. Essay, Biblio-
      graphie und Dokumentation. Baden-Baden S. 11

völkerrechtlich gerechtfertigt, wenn sie sich gegen eine Kolonial-
herrschaft oder gegen ein rassistisches Regime richtet und dem
Aufbau des eigenen Staates dient.

Obwohl sich mit den Bemühungen um eine Humanisierung des
Kriegsrechtes die Irregularität des Kleinkrieges aufgeweicht hat,
bleibt die Asymmetrie erhalten. Seit der Bedrohung durch den globalen Terrorismus und den sogenannten Krieg gegen den Terror sind
neue Überlegungen zur Theorie des Kleinkrieges aufgetaucht, die
grundlegende Fragen neu stellen: Was ist Krieg? Was unterscheidet
Kriegsformen in inhaltlicher Weise, ist es sinnvoll, Terrorismus als
Kriegsform zu betrachten oder als politisches Verbrechen? Fragen
wie diese betreffen nicht nur die wissenschaftliche Gemeinschaft,
sondern auch die Politik in ihren Strategien gegen den Terror.

‚Neue Kriege'

Seit einigen Jahren hat sich eine intensive Diskussion um die Einschätzung von ‚neuen' Konfliktformen entwickelt, die weder dem Staatenkrieg noch dem Bürgerkrieg eindeutig zuzurechnen sind. Charakteristika der neuen Gewaltstrategien sind stark asymmetrische Konfliktlagen, in welchen Elemente des konventionellen Krieges, des Guerillakrieges, des Bürgerkrieges, der Bandenkriminalität, des transnationalen Verbrechens und Terrorismus zu finden sind. Jenseits all ihrer Unterschiede brechen diese neuen Konflikte vorwiegend dort aus, wo Staaten ihr Gewaltmonopol wieder an die Gesellschaft verlieren bzw. dieses, bei näherer Betrachtung, nie wirklich besaßen, sodass sich Gewaltmärkte (re-)privatisieren und von substaatlichen Akteuren übernommen werden. Häufig wird den privaten Kriegsakteuren dabei Habgier als alleiniges Kriegsmotiv unterstellt, etwa Gruppen um einen Warlord, die von der Kriegsökonomie leben und aus diesem Grund Friedensverhandlungen boykottieren. In solchen Konflikten verschwimmen die Grenzen zwischen politisch motivierten Konflikten und jenen, in welchen die egoistische Bereicherung der Kriegsparteien das vordergründigste Motiv darstellt. In diesen anomischen Auflösungsprozessen gründen Konfliktparteien auch selbst Unternehmen; so hatten die Streitkräfte Simbabwes selbst die Firma ‚Operation Sovereign Legitimacy OLEG' aufgebaut, um ihre Rohstoffinteressen im Süden der demokratischen Republik Kongo zu verfolgen, die im Gegenzug zur militärischen Unterstützung des Kabila-Regimes gewählt wurde.[1]

---

1   Wolf-Christian Paes (2003), Die neue Ökonomie des Krieges. In: Werner Ruf (2003) (Hg.), Politische Ökonomie der Gewalt. Staatszerfall und die Ökonomisierung von Gewalt und Krieg. Opladen. S. 168 f.

Mit einigem Grund wird daher von manchen Politikwissenschaftern – etwa H. Münkler – eine rückläufige Dynamik in prämoderne Kriegsformen, wie sie etwa der Dreißigjährige Krieg aufwies, behauptet. Damit verbunden stellt sich zwangsläufig die Frage nach der Gültigkeit des Clausewitz'schen Kriegsmusters als nur einem – und zwar nur für eine bestimmte historische Etappe Europas relevanten – von mehreren Kriegstypen. Schon vor dem Beginn der Debatte um die neuen Erscheinungsformen des Krieges haben Militärhistoriker wie etwa John Keegan in seinem Standardwerk ‚Die Kultur des Krieges' (1993) die falsche Dogmatisierung des Clausewitz'schen Krieges kritisiert, indem sie darauf verwiesen, dass auch in der Periode der klassischen Staatenkriege reguläre Streitkräfte die Dienste von Irregulären für Patrouillen, Erkundungen, aber auch zur Anzettelung von Scharmützeln in Anspruch nahmen, man denke etwa an die Truppen der Kosaken, der Panduren und Husaren. Demnach habe es den ganz und ausschließlich nach Clausewitz'schen Prinzipien geführten Krieg bestenfalls in der Theorie, aber selbst an seinem historischen Höhepunkt, den Napoleonischen Kriegen, nie in der Praxis gegeben, ein Aspekt, der jedoch in der Geschichtsschreibung den Bemühungen um theoretische Reinheit zum Opfer gefallen sei.

Während jedoch für J. Keegan die Clausewitz'sche Theorie nicht einmal für die Erklärung des früheren Kriegsgeschehens haltbar ist, da diese 1. auf der Vorstellung des Staates und auf der Unterscheidung von Regierung, Heer und Volk gründe, die den meisten Gesellschaften historisch unbekannt wären, und 2. da sie die irregulären Anteile in den zwischenstaatlichen Kriegen ausklammere und überginge, argumentiert der israelische Militärhistoriker Martin van Creveld in seinem Buch ‚Die Zukunft des Krieges' (1998) mit der prinzipiellen Wandelbarkeit des Krieges, der sich, wie bereits Clausewitz selbst feststellte, seinem Umfeld chamäleongleich anpasse.

Crevelds Thesen gründen in der Annahme eines fortschreitenden Rückgangs der Staatsmacht im 20. Jahrhundert. Mit Vehemenz verweist er darauf, dass sämtliche Rüstungs- und Strategiemodelle, die nach dem Zweiten Weltkrieg auf dem Clausewitz'schen Schema aufbauten, scheiterten und atomare Rüstungsanstrengungen in Ost und West niemandem militärische Vorteile einbrachten. Wenn heute die zu beobachtende *,Entstaatlichung' des Krieges* im Vordergrund stehe, so handle es sich um eine solche Anpassung, die ein Verschwinden der konventionellen zwischenstaatlichen Kriege mit sich bringe, und sich stattdessen wieder eine Kriegsform durchsetze, die mehrheitlich von substaatlichen Gewaltakteuren getragen ist. Die Zukunft gehöre, Creveld zufolge, den *,Kriegen niederer Intensität'* (*low intensity war*), welche von kleinen Verbänden mit leichten Waffen häufig um keiner übergeordneten politischen Zwecke wegen, aus Gründen der Selbsterhaltung, geführt werden. H. Münkler u. a. verteidigen die Bezeichnung der *,neuen Kriege'* zumindest als heuristische Hilfskonstruktion, um den Analyserahmen des Krieges auch für diese Konfliktformen zu erhalten und sie von anderen Formen der regellosen Gewalt abgrenzen zu können.[2] Die Bezeichnung der *,neuen Kriege'* verweise auf die *gegenüber dem Modell des Staatenkrieges deutlich veränderten Konstellationen*, und vermeide gleichzeitig *die Charakterisierung dieser Kriege als völlig ungeordnet, chaotisch und von irrationalen Akteuren geführt*, wie sie andere Bezeichnungen – etwa *,wilde Kriege'*, *,neohobbessche Kriege'*, *,nichtkonventionelle Kriege'*, aber auch *,postmoderne'*, *,postnationale'* (U. Beck) und *,molekulare Bürgerkriege'* (H. M.

---

2 Siehe dazu Herfried Münkler (2002), Über den Krieg. Stationen der Kriegsgeschichte im Spiegel ihrer theoretischen Reflexion. Weilerswist. Ders. (2004), Die Neuen Kriege. Reinbeck bei Hamburg. Ders. (2006), Der Wandel des Krieges. Von der Symmetrie zur Asymmetrie. Weilerswist.

Enzensberger) – implizierten.[3] Es solle damit aber nicht behauptet werden, dass es sich bei den einzelnen Gewaltformen um etwas *weltgeschichtlich noch nie Dagewesenes handle*.[4] Clausewitz selbst begriff den Krieg nicht nur in seiner Erscheinungsform als Staaten- krieg, wie oftmals in einer engen Interpretation behauptet wird, sondern sah Krieg überall dort gegeben, wo in einer Art erwei- tertem Zweikampf zwei Willen aufeinandertreffen, die einander mit gewalttätigen Mitteln niederzuringen versuchen. Er hätte sich mit dieser Beobachtung ebenso auf Hegels Metapher des Kampfes um Anerkennung berufen können, die implizit in seinen Erwägungen mitschwingt. Dies gilt nicht nur für Staaten im eigentlichen Sinne, sondern auch für solche, die ihre Schutzfunktion nicht mehr aus- üben können bzw. wollen und die ihr Gewaltmonopol an die Ge- sellschaft verlieren bzw. es selbst an private substaatliche Akteure delegieren.

Als Unterscheidungsmerkmale der ‚Neuen Kriege' lassen sich drei wesentliche Bereiche anführen:

1. Entstaatlichung oder Reprivatisierung der Gewalt und der Ge- waltakteure;
2. unpolitischer Charakter der handlungsleitenden Motive bei den Kriegsakteuren;
3. zunehmende Barbarisierung der Gewaltpraktiken.[5]

Das Theorem der neuen Kriege geht davon aus, dass diese drei Än- derungen eng miteinander zusammenhängen und keine ohne die

---

3   Herfried Münkler (2006), Der Wandel des Krieges. Von der Symmetrie zur Asym- metrie. Weilerswist. S. 11.
4   Ebenda. S. 14
5   Klaus Schlichte, Neue Kriege oder alte Thesen? Wirklichkeit und Repräsentation kriegerischer Gewalt in der Politikwissenschaft. In: Anna Geis (2006), Den Krieg überdenken. Kriegsbegriffe und Kriegstheorien in der Kontroverse. Baden-Baden. S. 113–120

anderen verstanden und nachgezeichnet werden kann. Doch erst
das Vorhandensein aller drei Merkmale rechtfertigt die Einbeziehung unter die Kategorie der ‚neuen' Kriege.[6] Kritiker eines erweiterten Kriegsbegriffes, wie etwa U. K. Preuß (2002), plädieren dafür, den regellosen Einsatz entgrenzter Gewalt strikt vom Krieg als
Rechtsbegriff abzusondern und ihn dem Verbrechen zuzuordnen[7],
während andere wie E. Eppler zwischen ‚*privater*' und ‚*privatisierter*' Gewalt, die dennoch organisiert ist und in manchen Konfliktre-
gionen – etwa in Afrika – anstelle der staatlichen Ordnungsmacht
auftritt, etwas ‚*Neues*' sehen (Eppler, 2002).[8] *Der Zustand, den die
privatisierte Gewalt hervorbringt, ist weder Krieg noch Frieden. Er
sprengt unsere gewohnte Begrifflichkeit.*[9] Mary Kaldor kann als Ur-
heberin der Wortwahl ‚neue Kriege' gelten. Sie unterschied 1998
vor dem Hintergrund der Zerfallskriege am Balkan als erste zwischen ‚*alten*' und ‚*neuen*' Kriegen. Ihre Thesen gründen in einem
Globalisierungsansatz, demzufolge das Charakteristische der neuen
Konfliktformen eine ‚*Politik der Identität*' darstellt, in welcher politische Mobilisierung nur mehr unter Zuhilfenahme von Etiketten
ethnischer, religiöser oder rassischer Linien stattfinde. Unter dem
Phänomen der Globalisierung riskieren jene Prozesse kultureller
und sozioökonomischer Kategorien aufzubrechen, die als politische
Muster der Moderne bekannt sind. Verstärkung erfahren diese
Desintegrationsprozesse durch den Zerfall moderner, besonders

---

6 Herfried Münkler (2006), Was ist neu an den neuen Kriegen? – Eine Erwiderung
   auf die Kritiker. In: Anna Geis (2006), Den Krieg überdenken. Kriegsbegriffe und
   Kriegstheorien in der Kontroverse. Baden-Baden. S. 134 ff.
7 Ulrich K. Preuß (2002), Krieg, Verbrechen, Blasphemie. Zum Wandel bewaffneter
   Gewalt. Berlin.
8 Erhard Eppler (2002), Vom Gewaltmonopol zum Gewaltmarkt. Die Privatisierung
   und Kommerzialisierung von Gewalt. Frankfurt/Main
9 Erhard Eppler (2002), Vom Gewaltmonopol zum Gewaltmarkt. Die Privatisierung
   und Kommerzialisierung von Gewalt. Frankfurt/Main. S. 89.

der zentralistischen und autoritären staatlichen Strukturen, wie es nach dem Kollaps kommunistischer Staaten nach 1989 oder in den postkolonialen Staaten in Afrika und Südasien zu beobachten war, gelegentlich sind diese Phänomene sogar beim Niedergang von Wohlfahrtsstaaten zu beobachten. Ihren ökonomischen Nährboden finden diese Politiken in Wirtschaftsstrukturen mit einem starken Anteil von Parallelökonomien. Eine solche *Politik der Identität* fragmentiert die bisherigen politischen Zusammenhänge, sie relativiert die alten ideologischen Schemen von *links* und *rechts*, *fortschrittlich* und *reaktionär*, sie geriert sich zumeist rückwärtsgewandt, indem sie häufig eine heroische bzw. besonders gequälte Vergangenheit beschwört und ihre partikularistische Ausschlusspolitik durch eine gesetzte Gruppengrandiosität oder auch einen besonderen Opferstatus zu rechtfertigen sucht. Ein überzeugtes Bekenntnis zu einer politischen Idee oder Ideologie ist in diesen politischen Prozessen nicht mehr gefragt, lediglich oberflächliche Loyalitätsbekundungen reichen für die Unterstützung der Machtansprüche, die nur zum Zweck leichterer Massenmobilisierung in ethnische, rassische oder religiöse *Labels* gegossen werden. Im Unterschied zu H. Münkler erkannte M. Kaldor, dass diese Zerfallsprozesse in partikularistische Politiken der Identität zwar rückwärtsgewandt erscheinen und mit dem Rückgriff auf traditionalistische Begriffe operieren, dennoch aber *moderne* bzw. für manche Zugänge auch *postmoderne* Phänomene darstellen, die weder reaktionär noch mit herkömmlichen sozialwissenschaftlichen Begriffen zu verstehen sind.[10] *Jede exklusive, auf Identität fußende Politik erzeugt ihre eigene Minderheit. Im Minimalfalle bringt sie eine psychische Diskriminierung all jener mit sich, die in andere Rubriken gehören. Im schlimmsten Fall führt sie zu Ver-*

---

10   Mary Kaldor (2000), Neue und alte Kriege. Frankfurt/Main. S.110.

treibung oder Völkermord.[11] Daher ließe sich die neue Art der Kriegführung nur in Zusammenhang mit diesen globalen Verwerfungen
verstehen, Machtkämpfe können in Nationalismen, Tribalismus oder
Kommunalismus verkleidet sein, wie dies etwa in den Balkankriegen,
ihrem empirischen Forschungsgebiet, der Fall war: *Die neue Kriegführung bedient sich gleichermaßen bei der revolutionären wie bei
der Anti-Guerilla-Kriegführung. Vom Revolutionskampf übernimmt
sie die Strategie, territoriale Gewinne durch die politische Kontrolle
der Bevölkerung statt durch militärische Eroberungen zu erzielen.*[12]

Heute, nachdem sich die Ansicht vom Wiederaufleben der Klein-
kriegsformen durchgesetzt hat, bemerken auch andere Autoren die
verblüffend konstante Präsenz irregulärer Kriegsakteure in allen
Zeitaltern. P. W. Singer hält in seinem jüngst erschienenen Buch
,Die Kriegs-AGs' (2006) die Annahme, der Krieg werde vor allem
von staatlich kontrollierten und für die Interessen der Gemeinschaft
kämpfenden Truppen geführt, für eine grundsätzlich *idealisierte
Vorstellung*, denn das militärische Gewaltmonopol des Staates bilde
in der Geschichte eher die Ausnahme als die Regel, da selbst der
Staat in der Menschheitsgeschichte eine Errungenschaft der letzten
400 Jahre wäre. Selbst der Staat schöpfe seit jeher aus dem Markt
privater Militärangebote, in Zeiten des Systemwandels komme es
regelmäßig zu einer Blüte für private Militärorganisationen.[13] *Die
Grenzlinien zwischen Wirtschaft und Kriegführung waren nie klar
gezogen. Aus übergeordneter geschichtlicher Warte betrachtet, erscheint ein Monopol des Staates auf sowohl innere als auch äußere
Gewaltanwendung als geschichtliche Anomalie.*[14]

---

11 Mary Kaldor (2000), Neue und alte Kriege. Frankfurt/Main. S.124.
12 Mary Kaldor (2000), Neue und alte Kriege. Frankfurt/Main.S. 156.
13 P. W. Singer (2006), Die Kriegs-AGs. Über den Aufstieg der privaten Militärfirmen.
    Frankfurt/Main. S. 46.
14 P. W. Singer (2006), Die Kriegs-AGs. Über den Aufstieg der privaten Militärfirmen.

In den Charakteristiken der *neuen Kriege* hat man Neues und gleichzeitig einen Rückgriff auf alte, vorstaatliche Kriegstypen erkannt. Die zunehmende Entstaatlichung der Gewalt und damit eine Auflösung der trinitarischen Kriegsformen, ob sie nun die Unterscheidung zwischen Kombattanten und Zivilisten, Armee und Volk oder eigenes und fremdes Territorium betreffen, ist unbestreitbar. Staatliche Armeen kämpfen entweder gar nicht oder haben sich abgespalten und kämpfen selbst nun als Irreguläre in den Reihen der substaatlichen Kriegsakteure, wodurch Grenzziehungen des klassischen Krieges wie jene zwischen Kombattanten und Zivilisten, eigenem und fremdem Territorium, Ökonomie und Politik, zwischen Regierung, Armee, Volk und Bevölkerung immer weniger auszumachen sind. Für sich allein betrachtet, hat es diese nichtstaatlichen Kriegsakteure in der Geschichte immer schon gegeben, zum einen, weil die Staatlichkeit selbst ein relativ neues historisches Phänomen darstellt, zum anderen, weil in vielen Regionen der Dritten Welt die neu entstandenen selbstständigen Staaten in einem Zustand unvollständiger Staatlichkeit geblieben sind, ihre staatlichen Schutzfunktionen nie ausgeübt haben und die antikolonialen Befreiungskriege nicht selten in einen Desintegrationskreislauf innerstaatlicher Bürgerkriege übergegangen sind.

Ideengeschichtliche Perspektive

In der Fachwelt wird derzeit über ganz unterschiedliche Bezeichnungen, die jeweils auf Teilphänomene dieser noch nicht ganz einschätzbaren Konflikte rekurrieren, eine Brücke zwischen den klassischen, nach den Clausewitz'schen Prinzipien geführten *‚alten'*

Frankfurt/Main. S. 76.

und den *,neuen',* demgegenüber anarchischen Gewaltkonflikten zu bauen versucht. Obwohl der Wandel der Kriegsformen in Richtung einer Dominanz substaatlicher Akteure unbestritten ist, konnte dieser Wandel bisher begrifflich noch nicht erfasst werden. Dies zeigt sich nicht zuletzt in der Vielzahl der Bezeichnungen, die Ausdruck dieser Unschlüssigkeit sind. Die Form des Krieges hängt ursächlich mit der Form der Gemeinschaft zusammen, in deren Namen er geführt wird. Auch heute ist der Krieg Ausdruck des organisierten Willens einer politischen Gemeinschaft, sei sie staatlich oder nicht staatlich. Ganz gleich, welche Gestalt der Krieg/Konflikt annimmt, so wird er immer ein soziales Phänomen bleiben, eine komplexe, von Regeln geleitete Interaktionsform sozialer Akteure, und ist als solcher Ausdruck der jeweiligen Gesellschaftsform und ihrer jeweiligen Reife. Er verändert sich mit dem gesellschaftlichen Wandel. Diese Deutung des Krieges als Artikulation eines politischen Willens gilt es auch in den *neuen Kriegen* ernst zu nehmen, auch wenn er in einer fragmentierten Weise zum Vorschein kommt. In jenen Staaten, die heute den Schauplatz der *neuen Kriege* bilden, haben sich die Vergesellschaftungsprozesse unter anderen Rahmenbedingungen als in Europa vollzogen, und besonders in den letzten Jahrzehnten unter den Bedingungen einer bereits globalisierten Moderne. Dadurch wird der Blick auf das in diesen Kriegen zum Tragen kommende politische Moment verstellt. Tatsächlich fehlt, wie die empirische Kriegsforschung schon lange betont, in vielen nichtwestlichen Gesellschaften eine Akzeptanz der zwar bekannten Trennung von privat und öffentlich, sondern gerade diese Vermischung der Sphären ist Ausdruck der jeweiligen Gemeinschaft – und daher noch immer als politisch einzustufen.[15]

---

15 Klaus Schlichte, Neue Kriege oder alte Thesen? Wirklichkeit und Repräsentation kriegerischer Gewalt in der Politikwissenschaft. In: Anna Geis (2006), Den Krieg

In den ungeregelten Zuständen der *neuen Kriege* wandert *das Politische* vom Staat zum Volk, wo die Idee der politischen Gemeinschaft in widersprüchlicher Weise existiert, im Falle etwa der Palästinenser in konkurrierenden Ideen, doch geht der Zerfall bis zu einem völlig wilden Egoismus, wie in Somalia. Der Rückfall in den Naturzustand wird dadurch aufgehoben, indem sich verschiedene Kräfte anbieten, die zumindest rudimentäre Sicherheit bieten können. Die islamischen Brigaden kämpfen den Kampf im Geist einer Idee, die sie importieren und die im Kontext der dort herrschenden Bedingungen den Betroffenen als ein überlegenes Prinzip erscheint. Obwohl Elemente dieser neuen Kriegführungen als regressiv erscheinen mögen, kann in der Moderne gar kein anderer Krieg geführt werden als einer, der sich aus ihren Bedingungen speist. Von der Moderne Unberührtes gibt es nicht, Nichteinmischung ist grundsätzlich unmöglich und die kulturelle Durchdringung historisch gegeben. Keine traditionelle Lebensform hält dem Kontakt mit der Moderne stand. Die Einschätzung von neuen Gewaltphänomenen als rückläufige Entwicklung, wie sie etwa H. Münkler vor der ‚Vergleichsfolie' des Dreißigjährigen Krieges aufstellt, verstellt den Blick auf die Ungleichzeitigkeiten und Unterschiede der Moderne schlechthin. Es wird hier kein Spielraum für ‚falsche' Antworten auf die Moderne, für eine Pathologie moderner Staatlichkeit, eingeräumt.[16] Es dominieren in den heutigen Konfliktformen, ganz gleich, ob diese Phänomene als *‚prämodern'* oder *‚postnational'* eingeschätzt werden, anders organisierte Gewaltverhältnisse (Kaldor 1999, Beck 2004), die sich nur unter Einbeziehung der Sinnwelt der Akteure erschließen lassen, die durchaus an mehreren Ordnungen orientiert sein kann. Was der Diskussion

---

überdenken. Kriegsbegriffe und Kriegstheorien in der Kontroverse. Baden-Baden. S. 116.

16   Ulrich K. Preuß (2002), Krieg, Verbrechen, Blasphemie. Zum Wandel bewaffneter Gewalt. Berlin. S. 47.

fehlt – und was an den Einschätzungsdifferenzen zwischen *prämo-dern* und *postmodern, neo-hobbesianisch* etc. deutlich wird –, ist eine Verbindung der Kriegstheorie mit einer Theorie der Moderne, um das ‚*Neue*' an den neuen Kriegen zu verstehen. Zweifellos hat sich nach 1989 der weltpolitische Ordnungsrahmen verändert, doch die besondere Ausprägung der Gewaltstrategien, die Anatomie der Gewalt, lässt sich in den Entwicklungsprozessen der jeweiligen Ge-sellschaften, den Identitäten ihrer BürgerInnen und ihren (Denk-) Strukturen, verorten. Diese sind Reaktionen auf die eingedrungene Moderne, und zwar auch dann, wenn sie scheinbar mit einer Ableh-nung der Moderne einhergehen. Es können jedoch, wie dies auch zu bestimmten Zeiten in Europa mit anderen Auswirkungen der Fall war, die ‚*Ambivalenzen der Moderne*' (Bauman, 2000) stärker zum Tragen kommen.[17] Auffallend an den neuen Gewaltakteuren ist ja nicht ihr politischer Wille, zurück zu prämodernen Ordnungen zu gelangen, sondern gewissermaßen das Unvermögen oder auch die Weigerung, mit den Spannungen der Moderne, also ihren Begleit-erscheinungen, zurechtzukommen. Sie werden von einer verzerrten Wahrnehmung über die ‚*Konsequenzen der Moderne*' (Giddens, 2002) gespeist, die möglicherweise aus einer Überlappung ver-schiedener Ideologien resultiert, die jede für sich schon eine Ver-zerrung darstellen. So hat z. B. M. Juergensmeyer (1993) in seiner Studie über den ‚*religiösen Nationalismus*' herausgearbeitet, dass die Ablehnung säkularer Ideen durchaus mit einer gleichzeitigen Übernahme säkularer politischer Maßnahmen einhergehen kann, ja sogar typisch ist: In der politischen Rhetorik werden westliche Ideen abgelehnt, gleichzeitig aber ihre Prinzipien beansprucht – etwa politische Selbstbestimmung und Menschenrechte –, der zugrunde liegende Mechanismus einer Akzeptanz der anderen als

---

17 Zygmunt Baumann (2000), Flüchtige Moderne. Frankfurt/Main.

gleichwertige andere wird jedoch nicht erkannt, und es äußert sich sogar eine psychische Unfähigkeit zur Anerkennung.[18] Die Hamas etwa beruft sich auf moderne Prinzipien, zumindest auf ihre Vorteile. Gleichzeitig werden andere moderne Prinzipien als eine Erfindung zur Unterdrückung der Palästinenser gewertet. Auch die radikalen Palästinenser streben nicht nach dem mittelalterlichen Kalifat, sondern nach einem Staat, der sich an einem europäischen Muster orientiert. Sie optieren auch nicht für ein Wiederaufleben des ottomanischen Reiches. Sie argumentieren modern, nämlich ethnonationalistisch, d. h. sie bemühen eine Geschichtsinterpretation, einen historischen Mythos, der ihre politischen Ziele legitimieren soll, doch sie legitimieren damit ihren Machtanspruch, sie wollen nur einen Teil der Moderne ‚kaufen', einen für sie günstigen. Also sind es Krisen, Reaktionen auf die Moderne, Anzeichen der Schwäche mit der Antwort einer Art kompensatorischer Strenge gerade aus dem Bewusstsein heraus, dass die Tradition als Bindemittel von Zukunft und Gegenwart und auch die religiösen Kosmologien als an der Vorsehung orientierte Interpretation des Lebens allein nicht mehr greifen. Die Moderne ist in ihrem Wesen auf Globalisierung angelegt (Giddens, 1995), auf Interaktionen über Entfernungen hinweg, die zu *Dehnungsvorgängen* zwischen gesellschaftlichen Kontexten und Regionen führen.[19] Hegels Prinzip der Moderne

---

18 Mark Juergensmeyer (1993), The New Cold War? religious Nationalism Confronts the Secular State. Berkeley.

19 Anthony Giddens (1995), Konsequenzen der Moderne. Frankfurt/Main. S. 84 ff. Giddens definiert Globalisierung auf folgende Weise: *Definieren läßt sich der Begriff der Globalisierung demnach im Sinne einer Intensivierung weltweiter sozialer Beziehungen, durch die entfernte Orte in solcher Weise miteinander verbunden werden, dass Ereignisse an einem Ort durch Vorgänge geprägt werden, die sich an einem viele Kilometer entfernten Ort abspielen, und umgekehrt. Dies ist ein dialektischer Prozeß, denn solche lokalen Ereignisse können in eine Richtung gehen, die der Richtung der sie prägenden weit entfernten Beziehungen entgegengesetzt verläuft.*

zeigt sich im modernen Staat, wo der Einzelne Rechte und Pflichten übernimmt, nämlich letztlich Verantwortung auch für die Nebeneffekte dieser Vergesellschaftung. Kennzeichen der Moderne ist es, ihre Mitglieder als Individuen zu betrachten, aber diese Individualisierung besteht in einer ständigen Transformation der Identität, die jedoch keine willkürliche ist und eine gewisse Flexibilität der Identitäten voraussetzt.[20] Erst daraus ergeben sich Chancen und Pflichten zur Selbstbestimmung.

Auch hier muss der Diskurs weitergeführt werden. Die neuen Gewaltformen können auch als Verkrampfungen auf die Moderne verstanden werden, als lokale Erscheinungen globaler Interdependenzkrisen. Die Formen sogenannter *,privatisierter'* Gewalt, die man heute beobachtet, sind oft eine Reaktion auf Schutzdefizite zerfallender Staaten, insgesamt aber als Reaktion auf die Moderne und ihre als unerwünscht empfundenen Nebenwirkungen und können auch als Unreife, mit der Freiheit umzugehen, interpretiert werden und weniger als ein Rückfall in die Prämoderne, die ganz anders organisiert war und sich im Wesentlichen durch tatsächliche *Einbettungen* der Menschen in Gemeinschaften, Strukturen und Hierarchien charakterisierte. Mit der modernen Subjektivität geht auch die Einsamkeit, die Zerrissenheit, die Atomisierung – die gesamte Palette moderner Ängste – einher. Eben diese *Einbettungen*, zusammen mit fehlenden *Rückbettungen* durch andere Vertrauensbindungen in abstrakte funktionierende moderne Systeme, verstärken die Bindungsbereitschaft an sinnstiftende und Angst reduzierende Ideologien, deren Widersprüchlichkeit und Destruktivität nicht entsprechend wahrgenommen werden. Unter den Bedingungen der Moderne entstehen andere Arten von sozialen und psychischen Bindungen, Vertrauenskontexte in abstrakte (Experten-)Systeme, die

---

20   Siehe dazu auch Zygmunt Baumann (2000), Flüchtige Moderne. Frankfurt/Main.

institutionell abgestützt sind und ihre Funktionen erfüllen müssen. Als fehlgeleitete und unreife moderne Antworten entstanden auch die modernen ideologischen Erzählungen des europäischen Nationalismus bzw. des Ethno-Nationalismus und Kommunismus, die den isolierten Individuen Gemeinschaft auf kompensatorische Weise suggerierten, eine Art Familie, Zugehörigkeit und menschliche Wärme[21] – im Sinne Rousseaus, der diese Dialektik des Fortschritts als Illusion eines Ausbruchs aus den Mängeln der Moderne erkannte. Aber gerade deshalb sind sie modern und keine Form der Prämoderne.

Es gehört zu den grundlegenden Charakteristiken der *neuen Kriege*, dass Kriegsschauplätze mit Absicht unter Zivilisten verlegt werden, Hunger- und Flüchtlingskatastrophen als Gewaltstrategie eingesetzt und auch internationale Hilfsgruppen zur direkten Zielscheibe der Kämpfe werden. Daher stellen sich auch Fragen der Interventionsstrategien in anderer Weise. Auch für die Überwindung irregulärer Gewalt bleibt die Politik zuständig, sowohl in den einzelnen Staaten, den Regionen als auch in den internationalen Organisationen. Mit den neuen Gewaltstrategien ändern sich die Aufgabenstellungen der Internationalen Eingreiftruppen, die sich heute zumeist nicht mehr vordringlich im Bereich des militärischen *Peace Keeping* bewegen, sondern in fremden Staaten beim *Nation Building* Polizei- und Justizfunktionen übernehmen. Tendenziell kündigt sich dadurch auch ein struktureller Wandel des Internationalen Systems als Staatenordnung an, der nicht zuletzt die Prinzipien dieses Systems herausfordert.[22] Auch von Seiten der Internationalen Beziehungen, hier etwa Reinhard Meyers, wird die Notwendigkeit

---

21   Ernest Gellner (1999), Nationalismus. Kultur und Macht. Berlin.
22   Siehe dazu Christopher Daase (2006). In: Anna Geis (Hg.) (2006), Den Krieg überdenken. Kriegsbegriffe und Kriegstheorien in der Kontroverse. Baden-Baden. S.151/152. Christopher Daase (2006), Die Theorie des Kleinen Krieges *revisited* Baden-Baden.

einer neuen prinzipiellen Diskussion erkannt: *Der neue Krieg ist mit den herkömmlichen Kategorien der Sicherheitspolitik nicht zu erfassen: der Versuch, es doch zu tun, endet in der Sackgasse der Fehlperzeptionen (,ethnonationaler-fundamentalistischer Konflikt') oder des schlichten Unverständnisses (,Anarchie'). Wir brauchen ein neues begriffliches Instrumentarium, das uns weiterhelfen kann, die genannten Phänomene zu klassifizieren, historisch zu verorten und zumindest einer Erklärung zugänglich zu machen.*[23] Für eine großteils an Form und Struktur orientierte Kriegsforschung stellen diese neuen Konfliktkonstellationen eine Herausforderung ihres begrifflichen Instrumentariums dar.

Völkerrechtliche Dimension

Jenseits der Selbstrechtfertigungen der Gewaltakteure, die für eine theoretische Bestimmung des Krieges nie das maßgebliche Moment sein können, stellen die konfusen Konfliktlagen durch die Involvierung fremder Truppen mit ungeklärter Beauftragung oder einem hohen Anteil an Söldnertruppen auch das Völkerrecht vor neue Problemlagen, die unter anderem die Frage nach dem geeigneten Einsatz humanitärer Interventionen umfassen. In den *neuen Kriegen*, die keine rechtliche oder völkerrechtliche Kategorie darstellen, handelt es sich meist um *nichtinternationale bewaffnete Konflikte* beziehungsweise im Falle der Intervention eines fremden Staates um *gemischte Konflikte*. Es agieren verschiedene Kriegsakteure in unterschiedlichen Rechtspositionen, sie sind Krieger, aber nicht immer Soldaten. Da das Militär nicht länger Monopolist der Kriegführung

---

23 Reinhard Meyers (2005), Entstaatlichung des Krieges, Reprivatisierung der Gewalt: der Wandel des Kriegsbildes im Zeitalter post-nationalistischer Konflikte. In: Studia Europea. Vol. 2–3. Cluj-Napoca. p. 18/19.

ist, das Kriegsziel nicht mehr die Niederringung des Gegners in einer Entscheidungsschlacht, werden nicht mehr militärische Objekte, sondern Zivilisten und zivile Infrastruktur – also *weiche Ziele* – zu den Zielscheiben der Kriegführung. Dies führt u. a. zur Auflösung einer der wichtigsten Unterscheidungen des Kriegsvölkerrechts, der Unterscheidung zwischen Kombattanten und Nichtkombattanten. Der Niedergang regulärer Streitkräfte ist tatsächlich eine häufige Begleiterscheinung der neuen Konfliktformen, sei es, dass Teile der Armee Kriegsverbrechen verüben, Kommandeure selbst zu Warlords mutieren oder einst reguläre Soldaten ins Kriminelle abdriften. Eine weitere typische Erscheinung stellen paramilitärische Verbände dar, die als autonome Gruppen sich um eine Führergestalt scharen und Krieg auf eigene Rechnung führen, aber nur selten als Uniformierte in Erscheinung treten; erinnert sei an Georgien in den 1990er-Jahren, wo fast jede Partei über eine eigene Miliz verfügte. Oft werden sie von den maroden Regierungen selbst aufgestellt, um später die Verantwortung für Manifestationen der Gewalt leugnen zu können. Das jüngste Urteil des Internationalen Gerichtshofes bezüglich des Srebrenica-Genozids sprach den serbischen Staat vom Vorwurf des Völkermords frei und beschuldigte Belgrad lediglich, seinen internationalen Verpflichtungen zur Verfolgung der Schuldigen nicht nachgekommen zu sein; das Massaker selbst sei jedoch nicht durch staatliche Organe ausgeführt worden, es hätte dazu keine nachweislichen Befehle von staatlicher Seite gegeben, die Erschießung der Muslime aus Srebrenica erfolgte durch Mitglieder der paramilitärischen Einheit ‚*Scorpione*', die Belgrad nicht angelastet werden könnten, obwohl die Chefanklägerin des UNO-Tribunals, Carla del Ponte, überzeugt bleibt, dass der verstorbene Präsident Milošević wegen Genozids verurteilt worden wäre.[24]

---

24 Neue Zürcher Zeitung vom 27. Februar 2007.

Zu den Konfliktparteien zählen alle Völkerrechtssubjekte, die rechtlich zur Kriegsführung in der Lage sind, d. h. im Besitze der *facultas bellandi,* der tatsächlichen Möglichkeit der Setzung von Gewaltakten imstande und tatsächlich in Feindseligkeiten, die im völkerrechtlichen Sinne als Krieg zu qualifizieren sind, verwickelt sind. Neben dem souveränen Staat sind dies auch solche sozialen Gruppen, welche mit dem Ziel, einer anderen Gemeinschaft ihren Willen aufzuzwingen, die tatsächliche Fähigkeit entwickeln, einen Krieg im völkerrechtlichen Sinne zu beginnen und damit die Anwendung des Kriegsrechtes herbeiführen.[25] Da die These von der zunehmenden *Entmilitarisierung des Krieges* ein wichtiges Argument in der Bestimmung der *neuen Kriege* darstellt, muss sie auch auf ihre völkerrechtlichen Implikationen erörtert werden: Jeder, der an kämpferischen Aktionen teilnimmt, ist grundsätzlich als Kombattant zu betrachten, doch eine Stellung als faktischer Kriegsteilnehmer bestimmt noch nicht den Status als legitimer oder illegitimer bzw. unprivilegierter Kombattant; das Völkerrecht verleiht nur den Angehörigen des aktiven Kriegsstandes den aktiven Kombattantenstatus. Wem innerhalb der Streitmacht Kombattantenstatus zukommt, wird vom jeweiligen Landesrecht geregelt. Das Kriegsvölkerrecht legitimiert nur bestimmte Personen für die aktive Teilnahme an Kampfhandlungen, denen bestimmte Privilegien zuteil werden, auch wenn sie als legitime Kombattanten ausscheiden, sei es bei Verwundungen, Krankheit oder Niederlegung der Waffen. Als reguläre Streitkräfte gelten die *Streitkräfte einer am Konflikt beteiligten Partei bestehen(d) aus der Gesamtheit der organisierten bewaffneten Verbände, Gruppen und Einheiten, die einer Führung unterstehen, welche dieser Partei für das Verhalten ihrer Untergebenen ver-*

---

25 Siehe dazu Martin Hess (1985), Die Anwendbarkeit des humanitären Völkerrechts, insbesondere in gemischten Konflikten. Zürich.

antwortlich ist; dies gilt auch dann, wenn diese Partei durch eine Regierung oder ein Organ vertreten ist, die von einer gegnerischen Partei nicht anerkannt werden. Diese Streitkräfte unterliegen einem internen Disziplinarsystem, das unter anderem die Einhaltung der Regeln des in bewaffneten Konflikten anwendbaren Völkerrechts gewährleistet. Jenseits des aktiven Kriegsstandes an Kriegshandlungen Beteiligte gelten als Unprivilegierte beziehungsweise als illegitime Kombattanten. Im Kriegsvölkerrecht wird jedoch auch beabsichtigt, nicht nur die regulären Streitkräfte einer anerkannten Konfliktpartei zu schützen, sondern auch jene einer nichtanerkannten Konfliktpartei. Bei Nichtkombattanten wird eine Unterscheidung zwischen Nichtkombattanten innerhalb und außerhalb der Streitmacht getroffen. Innerhalb der Streitmacht umfasst sie den passiven Kriegsstand, das sind Ärzte, Sanitäter, Geistliche plus Wehrmachtsgefolge, Angehörige der Streitmacht, die nichtmilitärische Tätigkeit ausüben und nicht Objekt direkter Kampfhandlungen sind; auch Fernmeldebedienstete, Kriegsberichterstatter, weibliches Personal etc. zählen dazu. Sie alle haben Anspruch auf eine Behandlung als Kriegsgefangene, wenn sie in die Hände einer anderen Konfliktpartei geraten. Außerhalb der Streitmacht stehende Nichtkombattanten sind der Zivilbevölkerung zuzurechnen. Wenn sie Kampfhandlungen setzen, zählen sie unter keinen Umständen zu den legitimen Kombattanten. Im Fall, dass sie illegitim kämpfen, müssen sie eine Entrechtung gegenüber der Behandlung der Zivilbevölkerung in Kauf nehmen. In die regulären Streitkräfte sind allerdings nicht selten Milizen und Freiwilligenkorps eingegliedert, welchen zwar ein gesetzlicher Verteidigungsauftrag fehlt, die aber mit dem Ziel kämpfen, die regulären Wehrverbände zu unterstützen, und sich im Kriegsfall meist einer regulären Autorität mit Befehlsgewalt unterwerfen. Diese enge Bindung an eine Krieg führende Partei, die Einbindung in reguläre staatliche Verbände fehlt den privaten Milizen. Auch Widerstandsbewegungen sind von den Bestimmungen der Haager Landkriegsordnung und der Genfer Konvention über die Behandlung der Kriegsgefangenen aus 1949 erfasst, nicht zuletzt deshalb, um möglichst viel Kriegsakteure in den Schutz des humanitären Völkerrechts einzubeziehen und rechtsleere Räume zu vermeiden. Da an den *neuen Kriegen* überproportional viele *Söldner* teilnehmen, diese zum Teil über eigene Unternehmen vermittelt werden, ist ihre Rechtsstellung von besonderer Relevanz. Ihre verstärkte Präsenz bildet ein weiteres Argument, das die Vergleichbarkeit der *neuen Kriege* mit den vorstaatlichen Kriegführungen etwa im Dreißigjährigen Krieg stützt. *Ein Indiz für diesen Trend zu einer Privatisierung der Kriegführung besteht in dem vermehrten Auftreten von Söldnern bzw. ‚private military companies', die im Auftrag von Konfliktparteien, aber auch zum Schutz von privaten Wirtschaftsinteressen, etwa im Rohstoffbereich, aktiv werden.*[26] Söldner sind Kriegsteilnehmer, die für Geld kämpfen, ganz gleich, ob eine Prämie für die Anzahl der Getöteten ausbezahlt wird oder ein Sold. Artikel 47 des Zusatzprotokolls I der Genfer Protokolle aus 1977 enthält erstmals eine Bestimmung, die sich explizit mit der Söldnerfrage beschäftigt. Sie werden im Namen einer Konfliktpartei für den Kampfeinsatz in einem bestimmten Konflikt rekrutiert, dürfen aber nicht die Staatsbürgerschaft einer Konfliktpartei besitzen oder Bewohner eines von den Konfliktparteien beherrschten Gebietes sein, denn hier könnten neben dem Verdienst auch andere Motivationen wie Patriotismus oder Besitzstandwahrung ins Spiel kommen. Da Söldner meist in den Uniformen einer Konfliktpartei kämpfen, sogar von Regierungsorganen

---

26 Wolf-Christian Paes (2003), Die neue Ökonomie des Krieges. In: Werner Ruf (2003) (Hg.), Politische Ökonomie der Gewalt. Staatszerfall und die Ökonomisierung von Gewalt und Krieg. Opladen. S. 171, 172.

angeworben werden, treten sie zwar als Zugehörige dieser Konfliktpartei auf, gehören ihr aber rechtlich nicht an. Dadurch unterscheiden sich Söldner auch von Freiwilligenverbänden, die aus idealistischen, politischen und religiösen Gründen kämpfen und sich den
regulären Streitkräften anschließen. Afghanistan-Veteranen aus unterschiedlichen Ländern, die im Sudan oder in Somalia einen Dschihad führen, zählen weder zu den Söldnern, noch zu den Freikorps-
verbänden, während die verschiedenen Nationen angehörenden
Mitglieder der Fremdenlegion deswegen nicht zu den Söldnern zählen, weil sie als eingegliederter Freiwilligenverband zu den regulären
Streitkräften der französischen Armee gerechnet werden. Mitglieder
fremder Streitkräfte, die eine Konfliktpartei beraten oder sich am
Kampf beteiligen – etwa Kubas *Söldner der Revolution'* im angola-
nischen Befreiungskrieg 1975/76 oder die *Volksbewegung für die
Befreiung Angolas'* (MPLA) des Dr. Agostinho Neto –, galten nicht
als Söldner, auch wenn sie andere Söldner-Kriterien erfüllten, für
Geld kämpften und im Ausland angeworben wurden, da die Voraussetzungen für die Einstufung als Söldner kumulativ bestehen
müssen.[27] Zweifellos sind Söldner als Kriegsteilnehmer zu betrachten, allerdings stellen sie keine legitimen Kombattanten dar und
werden daher auch nicht als Kriegsgefangene behandelt. Es wird
ihnen im Falle von Verwundung und Gefangenschaft lediglich ein
minimaler Standard einer humanen Behandlung zuteil, wie ihn Artikel 65 des Zusatzprotokolls I aus 1949 vorsieht. Sie sind faktisch
Kombattanten ohne einen legitimen Kombattantenstatus, daher in
ihrem Rechtsstatus noch immer Nichtkombattanten, gegenüber
den Nichtkombattanten wie etwa der Zivilbevölkerung bleiben sie
aber weitgehend entrechtet. Obwohl in Konflikten mit höherer Be-

---

27   Siehe dazu weiterführend Werner Friedrich (1978), Die völkerrechtliche Stellung
      von Söldnertruppen im Kriege. Bad Honnef.

teiligung irregulärer Streitkräfte traditionell Söldnertruppen teilnehmen, ist ihr Anteil in den neuen Kriegsformen beständig im Steigen, zumal sie heute professionell in Unternehmen organisiert sind, teilweise ihre Aktien global an der Börse vermarkten.[28] Sie sind ein weiterer Ausdruck einer sich privatisierenden Kriegführung. UNO-Vertreter schätzen, dass sich zwischen 30 000 und 50 000 Söldner im Irak befinden, und erklären sie zur *zweitgrößten Streitkraft nach den US-amerikanischen Truppen*, wobei die Mehrzahl der rekrutierten Personen private Sicherheitsleistungen anbieten, die wohl früher durch Armeeangehörige durchgeführt wurden, aber nur eine Minderheit in das aktive Kampfgeschehen involviert ist.[29] So bietet etwa die US-amerikanische Firma *Triple Canopy* Sicherheitsdienste für amerikanische Einrichtungen und Personen im Irak an, in anderen Fällen wird die Anwerbung von Scheinfirmen übernommen, die als private Militär- und Sicherheitsfirmen kurzfristig Büros im Irak eröffnen. *Rekrutiert wird mittels direkter oder indirekter Anwerbung. Nur wenige Zivilisten oder Reservisten werden verpflichtet, das Personal wird vor allem von regulären Armeen abgeworben, insbesondere von Spezialeinheiten. Die Hauptmotivation ist der hohe Sold (Anfangsgehalt bis zu 100 000 Euro pro Jahr). Dessen Höhe richtet sich dabei nach der ‚Gefahrenklasse' der Tätigkeit. Das globale Marketing erfolgt professionell, Aktien privater Militärfirmen werden an der Börse gehandelt, und die Geschäfte scheinen glänzend zu laufen. Private Militärfirmen schließen bereits Verträge mit Staaten, Regierungen und Hilfsorganisationen sowie mit internationalen Organisationen einschließlich der UNO. (...) Österreichische Soldaten wurden mit diesen privaten Sicherheitsdienstleis-*

---

28 Österreichisches Bundesministerium für Landesverteidigung. Truppendienst. Ausgabe 6/2006.
29 Zeit-Fragen, Nr.15 vom 17. April 2007. Zürich.

tern erstmals in größerem Umfang zu Beginn der seit 2004 in Bosnien und Herzegowina laufenden Auslandsoperation EUFOR konfrontiert. Österreichische Kräfte lösten nämlich die zur Bewachung des Camps ,Eaglebase' vertraglich von der US-Armee eingesetzten zivilen Angestellten einer amerikanischen Sicherheitsfirma ab, die in ihrer khakifarbenen Dienstkleidung (keine Militäruniform) in der bosnischen Landschaft besonders auffielen.[30]

---

30 Österreichisches Bundesministerium für Landesverteidigung. Truppendienst. Ausgabe 6/2006.

Teil 2: Kriegslegitimationen

Gerechter Krieg

Das Bemühen um eine Art gerechter Kriegführung ist vielen Kulturen eigen, solange man darunter allgemeine Überlegungen zur Behandlung von Frauen, Kindern, Alten und Kriegsgefangenen versteht. Die meisten Kulturen über dem militärischen Niveau haben Kriegslegitimationen aufgestellt, die mit ihren juridischen, moralischen und religiösen Überzeugungen im Einklang standen. Da vor allem das Verhältnis Religion und Politik ein traditionell enges ist, Recht, Moral und auch Religion bis zur Entwicklung moderner Standpunkte nicht getrennt waren, sind die Grenzen zwischen ‚heiligem' und ‚gerechtem' Krieg häufig verschwommen. So etwa ist bekannt, dass das klassische Indien Regeln der Kriegführung kannte, die sich durchaus mit einem *ius ad bellum* als auch mit einem *ius in bello* vergleichen lassen, während die theoretische Verankerung in das dharma-Modell eine kulturspezifische Ausprägung darstellt und sich überhaupt nicht mit europäischen Konzeptionen vergleichen lässt.[1] Es wäre daher verfehlt, eine Reflexion über ‚*gerechte'* Kriegsgründe nur dem jüdisch-christlichen Weltbild zuzuschreiben oder ausschließlich mit Spätantike und Mittelalter in Verbindung zu setzen, wenngleich es zutrifft, dass sich jene ausgearbeiteten ‚*Theorien gerechter Kriege'*, auf die heute noch Bezug genommen wird,

---

1 Frank Köhler (2003), Kriegsregeln im klassischen Indien. In: Dieter Janssen/Michael Quante (Hrsg.), Gerechter Krieg. Ideengeschichtliche, rechtsphilosophische und ethische Beiträge. Paderborn. S. 136.

erst auf die – durchaus widersprüchliche – Bibelexegese sowie spätere theologische Elemente, vor allem aber auf das römische Recht, gründen. Innerhalb des westlichen Denkens beschrieb schon Aristoteles in der ‚Politik' den *poleimos dikaios,* den gerechten Krieg, freilich im Hinblick auf die damaligen hellenistischen Gerechtigkeitsvorstellungen; ein solcher Krieg kann sich nur gegen Nichthellenen, also Barbaren, richten, die aufgrund ihrer weniger vernünftigen Natur, ihres Unvermögens, die politischen Tugenden der griechischen Polis zu entwickeln, zum Beherrschtwerden bestimmt waren.[2] Diesen Ideen einer Gerechtigkeit im Krieg lagen moralische und weit weniger rechtliche Gesichtspunkte zugrunde; der gerechte Krieg durfte niemals Selbstzweck, sondern nur Mittel zum höheren Ziel des Friedens, Ruhmes und der Stärke werden.[3] Allerdings ist es wichtig, die historische Lehre des ‚*gerechten Krieges',* wie sie im römischen Imperium und dem europäischen Mittelalter unter den Kirchenvätern diskutiert wurde, von Formen absoluter religiöser Ideen oder moderner Ideologien abzugrenzen. Gerade wegen seiner rechtlichen Rückbindung soll und muss der ‚*gerechte'* vom ‚*heiligen'* Krieg unterschieden werden. Dennoch bleibt unbestreitbar, dass die Thesen vom ‚*gerechten Krieg',* wann immer sie historisch zum Tragen kamen, im Dienst der jeweils Herrschenden instrumentalisiert wurden. Es war zuerst der Friede des römischen Imperiums, den die kirchliche Obrigkeit aufnahm und ihre pazifistischen Schäfchen allmählich darauf einzuschwören suchte; auch war es ohne Weiteres möglich, sie so umzuformulieren, dass sie später auch zur Rechtfertigung der Kreuzzüge taugte. Gleichzeitig setzte sie sich als säkulare Lehre durch, und gerade in der Festsetzung weltlicher

---

2   Barbara Merker (2003), Die Theorie des gerechten Krieges. In: Dieter Janssen/ Michael Quante (2003) (Hrsg.), Gerechter Krieg. Ideengeschichte, rechtsphilosophische und ethische Beiträge. Paderborn. S. 30.

3   Frederick H. Russell (1975), The Just War in the Middle Ages. Cambridge. p. 4.

Gründe für den Kriegseinritt liegt ihre Innovation gegenüber früheren Kriegslegitimationen. Der große Beitrag Roms zu den bereits vorhandenen Ansätzen über gerechte Kriegführung war die Festlegung von Kriegsgründen zur Durchsetzung eines gerechten Friedens.[4] Schon im römischen Rechtsdenken findet sich die Auffassung angelegt, dass der Krieg als rechtliche Institution zu begründen sei, wobei sich die Regeln des *‚gerechten Krieges'* nur auf Kriege zwischen der Zentralmacht und den bereits unterworfenen Völkern im Inneren des Imperiums bezogen.[5] Den Unterlegenen wurde ein imperialer Ordnungsfrieden in der Rechtsform der *pax romana* angeboten, ein vom Sieger diktierter Rechtsfrieden, der eine vertragsrechtliche Beziehung zwischen Gewalt und Recht herstellte – *leges pacis imponere*.[6] Den Besiegten stand die Option einer Unterwerfung offen, wobei diese dem römischen Recht und nicht dem Volk galt, somit einem Recht, das über Römer und Nichtrömer gleichermaßen herrschte. Gerade fremden Völkern wurde dadurch die Möglichkeit eröffnet, durch Anerkennung der römischen Herrschaft in einen *status civilis* einzutreten. Nur gegenüber den als barbarisch eingestuften Gegnern und gegenüber Kriminellen war eine härtere Kriegführung gestattet als gegen ‚Kulturvölker', denn sie galten als Feinde der gesamten Menschheit, daher blieben sie aus dem damaligen Fairnessverständnis ausgeklammert. Einen Krieg zu beginnen war nur dann gerechtfertigt, wenn ein Gebot des Naturrechtes verletzt wurde, wenn es galt, Verlorenes wiederzuerringen oder Feinde abzuwehren. Nur formal erklärte Kriege

---

4   Ulrike Kleemeier (2003), Krieg, Recht, Gerechtigkeit. In: Dieter Janssen/Michael Quante (2003) (Hrsg.), Gerechter Krieg. Ideengeschichte, rechtsphilosophische und ethische Beiträge. Paderborn. S.12ff.

5   Johannes Schwerdtfeger (2001), Begriffsbildung und Theoriestatus in der Friedensforschung. Opladen. S. 56.

6   Edgar Wolfrum (2003), Krieg und Frieden in der Neuzeit. Vom Westfälischen Frieden bis zum Zweiten Weltkrieg. Darmstadt. S. 11.

mit einem Kriegsgrund – hauptsächlich zur Wiedergutmachung eines Schadens – galten seit Cicero als Gründe, einen ‚gerechten Krieg' zu führen. Diese zunehmende Differenzierung der Kriegsgründe hatte auch weitere Auswirkungen auf die Kriegführung – nämlich eine zunehmende Verrechtlichung des Verhaltens im Kriege selbst, eben des *ius in bello*, etwa die Nichtbeteiligung von Zivilisten, darüber hinaus trug es zu einer Differenzierung des Feindbildes bei. Beendet wird der *bellum iustum* mit einem gerechten Frieden, der dem Krieg noch einmal nachträglich Legitimität verleiht und im Austausch gegen Gehorsam den Eroberten Schutz garantiert. Aus der Position des ‚*gerechten Krieges*' entwickelt sich der pflichtbewusste Offizier, aber kein Heldentypus wie Achilles oder Siegfried, kein von der Aura des Charismatischen umgebener Heros. Eine Berufung auf abstrakte Prinzipien widerspricht theoretisch jedem subjektiv empfundenen Fanatismus oder Rachedurst; Gesetz und Befehl disziplinieren die Truppe ebenso wie den Feldherrn, der dem politischen Willen untersteht, und sie bedingen einen ebenso prinzipiengetreuen Friedensschluss – selbstverständlich als normativer Richtwert. Innerhalb des pazifistisch orientierten Christentums entstand zunächst ein neues, ein transzendentes Friedenspostulat, das die Ordnung des diesseitigen politischen Gemeinwesens als prinzipiell unvollständig und von geringerer Bedeutung als die jenseitige Welt für das menschliche Schicksal entwertete. Noch der Kirchenvater Tertullian lehnte den Militärdienst für Christen kategorisch ab; mit der konstantinischen Wende trat eine Lockerung des pazifistischen Standpunktes ein, sodass bereits vor den Thesen des Kirchenvaters Augustinus, der das Konzept des ‚*gerechten Krieges*' philosophisch-theologisch ausformulierte, Eusebius von Caesarea, der Biograf Konstantins des Großen, und Bischof Ambrosius von Mailand den Krieg gegen Barbaren und innere Feinde zu einer Christenpflicht erklärten. Seit Kaiser Konstantin das Christentum im Jahre 380 zur Staatsreligion erhoben hatte, wurden Ketzer oder Ungläubige als Feinde gesehen, deren Bekämpfung zur heiligen Pflicht erhoben wurde. Auf der Ebene der praktischen Philosophie sollte die christliche Gemeinde auf die Verteidigung des Römischen Reiches gegen barbarische Völker eingeschworen werden – im Sinne einer bewaffneten Selbstbehauptung einer Zivilisation gegen als Barbaren eingestufte fremde Eroberungsversuche.[7] Im Austausch versprachen weltliche Herrscher den Schutz der Christen vor den als unzivilisiert geltenden Heiden. Aurelius Augustinus (354 – 430) suchte nach einem umfassenden Friedensbegriff, der sowohl den Frieden zwischen Menschen und Gott als auch den Frieden zwischen den Menschen und dem Staat berücksichtigte. Ausgangspunkt seiner Geschichtsphilosophie ist die radikale Abwertung der diesseitigen Welt, die trotz der Einstimmung auf die Lehre vom '*gerechten Krieg*' auf einer grundlegenden Skepsis gegen jede Art von Krieg basiert. In seiner philosophischen Anthropologie setzt Augustinus eine natürliche Hinordnung des Menschen auf den Frieden voraus, die er mit einer immanenten, die Glücklichkeit einschließenden Vergesellschaftungstendenz des Menschen begründete. Krieg könne nur auf die Wiederherstellung von Ordnung zielen, daher bestenfalls als Mittel, nie aber als Zweck bestimmt werden. Stets bleibe der innerweltliche Friede dem jenseitigen unterlegen, daher gab es für ihn jene Probleme noch nicht, mit welchen die neuzeitliche Theorie des '*gerechten Krieges*' zu kämpfen hatte. Obwohl zur Unvollkommenheit verdammt, habe die Politik die heilige Pflicht, Frieden herzustellen – Gedanken, die später von Thomas von Aquin für die mittelalterliche Scholastik weiterentwickelt wurden. *Fortan durften fromme Christen für die irdische Stadt kämpfen, für den Frieden des Imperiums – in diesem Fall ganz wörtlich*

---

7   Herfried Münkler (2002), Die neuen Kriege. Hamburg. S. 111.

für die pax romana –, aber sie mussten für eine gerechte Sache kämpfen, für den Frieden und stets, wie Augustin betont, mit Zurückhaltung, ohne Zorn und Begierde.[8] Augustins Kriterien sind nur verstreut in diversen Schriften zu finden und wurden erst 1140 in die kirchliche Gesetzessammlung *Decretum Gratiani* aufgenommen. Seine Lehre erklärte den aktiven Kriegsdienst für Christen unter folgenden Bedingungen für moralisch und religiös akzeptabel:

1. Der Krieg muss von einer legitimen Autorität angeordnet sein;
2. er muss um einer gerechten Sache willen geführt werden und den Frieden zum Ziel haben;
3. er muss sich gegen begangenes Unrecht richten, daher darf er niemals ein Präventivkrieg sein;
4. er muss mit angemessenen Mitteln und
5. mit Aussicht auf Erfolg geführt werden.

Nach der traditionellen Auffassung des ,*gerechten Krieges*' mussten die Ziele gerecht sein, und das konnte nur die Verteidigung gegen einen Angriff bedeuten, das Recht auf Verteidigung des Territoriums und Volkes sowie seiner Rechte oder ganz allgemein die Sicherung des Überlebens. Sofern die legitime politische Gewalt den Krieg aus einem solchen, freilich nur einseitig bestimmten ,gerechten' Grund führte, den Frieden zum Ziel hatte und legitime Mittel zum Einsatz kamen, stand ab nun der Teilnahme von Christen nicht nur nichts mehr im Wege, sondern sie wurde sogar verpflichtend.[9] Schon im selben Jahr, als Augustinus an seinem Hauptwerk ,*De civitate Dei*' zu schreiben begann, verpflichtete die Synode von Arles 413 Christen zum Kriegsdienst und bestrafte fortan die Weigerung mit Ex-

---

8   Michael Walzer (2003), Erklärte Kriege – Kriegserklärungen. Hamburg. S. 31.
9   a.a.O. S. 10.

kommunikation.[10] In der Spätantike, als Kaisertum und Staatsreligion zu einer Autorität verschmolzen, war der ‚heilige' Krieg nicht mehr vom ‚gerechten' Krieg zu trennen. Vor allem im oströmischen Reich wurde jeder Krieg vom und für das Volk Christi als dem von Gott auserwählten, heiligen Volk und für die christliche Oikumene ausgefochten. Sich selbst schrieben die Byzantiner die Rolle der ‚Friedensbringer' zu, mit Byzanz als neues Israel und Konstantinopel als neues Jerusalem. In der Idee von der *Pax Byzantina* erschien der Krieg nicht nur legitim, sondern auch zwingend, um das heilsgeschichtlich determinierte Reich aufrechtzuerhalten, gelegentlich auch zu erweitern. Als Stellvertreter Gottes auf Erden, als Feldherr und Friedensbringer, als Retter und Wohltäter hatte der Kaiser mit Hilfe der Armee im Sinne der christlichen Weltherrschaft für Frieden zu sorgen. Bei der Differenzierung von ‚*gerechtem Krieg*' und ‚*heiligem Krieg*' hilft der unterschiedliche Feindbegriff. Die Lehre *vom ‚gerechten Krieg*' basiert auf einer Rechtsdurchsetzung mit Gewalt zur Wiederherstellung eines früheren Zustandes, wobei im römischen Recht der Feind wegen seiner Taten, aber nicht wegen seiner Ideen, d. h. auch nicht aufgrund einer anderen Kultur oder Religion, verurteilt wurde. Die römische Lehre vom ‚*gerechten Krieg*' benennt immer weltliche Gründe und beschränkt diese gleichzeitig auf einige wenige, wobei Raub, Habgier, Gebietsvergrößerung, also sogenannte Ressourcenkriege, nicht dazuzählten. Mit der von den Kirchenvätern eröffneten Perspektive wurde trotz aller Bemühungen, Stigmatisierungen von Schuldigen und Unschuldigen zu vermeiden, die Perspektive verschwommen, indem auch wegen einer Verletzung der göttlichen Ordnung, einer Sünde gegen Gott, von der ein vermeintlicher ‚Sünder' aber ahnungslos sein konnte,

---

10   Johannes Schwerdtfeger (2001), Begriffsbildung und Theoriestatus in der Friedensforschung. Opladen. S. 58.

der ‚*gerechte*' Krieg im Namen der göttlich moralischen Ordnung begonnen werden konnte, und zwar auch dann, wenn keine eigentlichen Rechtsverletzungen vorlagen. Durch die Integration transzendenter Begründungen wurden die Grenzen zwischen ‚*gerechten*' und ‚*heiligen*' Kriegen porös, wobei sich letztere dann auch aus der Angriffsposition rechtfertigen und ausführen ließen – etwa die Befreiung des ‚Heiligen Landes' aus den Händen der ‚Ungläubigen' in den Kreuzzügen.[11] Trotz des im Kern universalistischen Anspruches des Christentums, standen Ungläubige außerhalb der christlichen Moral, zählten daher nicht zum organisch gedachten Gemeinwesen, zur Pyramide unter Gottes Herrschaft. Erst für den mittelalterlichen Theologen Thomas von Aquin stellte 800 Jahrhunderte nach Augustinus die Tatsache, dass es sich bei den Bewohnern eines Landes um Ungläubige handelte, keine Legitimation für einen ‚*gerechten Krieg*' mehr dar, obwohl diese außerhalb der Gesetze standen. Thomas von Aquin systematisierte Augustinus' Lehre und verband sie mit der politischen Theorie von Aristoteles, dessen Gedankengut über die maurischen Eroberungen in Spanien wieder an Popularität gewann. Zur innovativen Seite seiner Gedanken über den Krieg zählte die Fokussierung der Kriegführung auf die fürstliche Autorität, die ‚auctoritas principis', die Beschränkung auf eine ‚iusta causa' im Sinne einer gerechten Ursache und der ‚recta intentio', der rechten Absicht. Durch die Übernahme der aristotelischen Denkart wird gleichsam das Gemeinwohl christlich vergöttlicht; diese Sorge um das Gemeinwohl avanciert auch zur stärksten Kraft der Kriegführung – seiner Verteidigung wegen werden Kriege geführt. Im Unterschied zu Augustinus trat für Aquin (1224–1274) anstelle

---

11   Ulrike Kleemeier (2003), Krieg, Recht, Gerechtigkeit. In: Dieter Janssen/Michael Quante (2003) (Hrsg.), Gerechter Krieg. Ideengeschichte, rechtsphilosophische und ethische Beiträge. Paderborn. S. 14.

des Römischen Reiches die politische und weltliche Einheit der ganzen Christenheit. Wenn die gerechte Ordnung durch eine Sünde gegen den Glauben in Gefahr war, konnte auch Krieg gegen Ungläubige geführt werden. Dieser Krieg unterlag den bekannten Regeln, es durften keine Unschuldigen geopfert werden, wenn man der wirklichen Unrechtsetzer nicht habhaft werden konnte. Abzulehnen war der Krieg jedoch selbst unter gerechtfertigten Gründen, wenn Autoritäten ihn aus schlechten Beweggründen wie Rache, Habgier oder persönlichem Ehrgeiz führten. Thomas von Aquins Einfluss als führender scholastischer Theologe blieb noch für Jahrhunderte bestehen und wirkte fort, als am Ausgang des Mittelalters Spanier und Portugiesen die Neue Welt eroberten. Sein Ordensbruder Francisco de Vitoria (Francisco de Arcaya y Compludo 1483–1546) und andere Gelehrte der ‚Schule von Salamanca' widersetzten sich anlässlich der äußerst gewalttätig durchgeführten Eroberungen der bisherigen christlich-theologischen Lehre, indem sie bestritten, dass die Religion selbst den Grund für einen ‚gerechten Krieg' abgeben könnte, und wollten nur mehr tatsächlich erlittenes Unrecht als Kriegsgrund anerkennen. Im Jahre 1520 verurteilten Professoren der Universität Salamanca die spanische Eroberung Mexikos als ungerechten Krieg mit der Begründung, dass er eine Verletzung des Naturrechts darstelle. Michael Walzer (2003) gilt dieses Verhalten als Beweis für den grundsätzlich kritischen Gehalt der gerechten Kriegsthese: *Gewiss waren Augenblicke wie diese selten, doch was damals in Salamanca geschah, beweist, dass die Lehre vom gerechten Krieg nie ihre kritische Stoßrichtung eingebüßt hat. Die Lehre lieferte irdische Gründe, in den Krieg zu ziehen, doch die Gründe waren eingeschränkt, und sie hatten irdisch zu sein. Die Bekehrung der Azteken zum Christentum war kein gerechter Grund und auch nicht der Raub des amerikanischen Goldes oder die Ver-*

sklavung der Bewohner.[12] Besonders der Dominikanermönch Vitoria wandte das aristotelisch-thomistische Gedankengut in der Beurteilung des ‚*gerechten Krieges*‘ auf die Behandlung von Kolonialvölkern der Conquista an. Mit seiner Unterscheidung von schuldhaftem und schuldlosem Unrecht differenzierte er im ‚*gerechten Krieg*‘ zwischen einem Gegner, der zwar objektiv das Recht verletzt, über die Rechtswidrigkeit aber in Unkenntnis ist und der daher niedergerungen, aber nicht bestraft werden dürfe. Ähnlich dem ersten Bischof von Chiapas in Mexiko, Bartholomé des Las Casas, setzte sich Vitoria in seinen Schriften, den ‚relectiones‘, ‚De Indis et de jure belli‘ 1539 mit der kolonialethischen Diskussion auseinander – und gilt deswegen manchen heute als Begründer des Völkerrechts, von dem Hugo Grotius seine prägenden Gedanken übernommen hat.[13] Die Schrift ‚De Indis‘ untersucht das Recht zum Kriege wegen naturrechtswidriger Vergehen der ‚Inder‘ – z. B. wegen ihrer Menschenopfer – und kommt zum Schluss, dass Völker jeweils freie, naturgegebene und vollkommene Gesellschaften bilden, dass daher weder Papst noch Kaiser die Herren der Welt sind. So, wie der Kaiser nicht der Herr der ganzen Welt, ist auch der Papst weder der bürgerliche noch der zeitliche Herrscher der ganzen Welt, er hat nur zeitliche Macht in Rücksicht auf das Ganze. Auch wenn Barbaren die Herrschaft des Papstes nicht anerkennen wollen, dürfe man ihnen deswegen nicht den Krieg erklären und ihre Güter konfiszieren. Wohl konnten sie unter die Herrschaft der Spanier kommen, da ein Gutteil von ihnen zum Christentum konvertiert und somit der Papst

---

12   Michael Walzer (2003), Erklärte Kriege – Kriegserklärungen. Hamburg. S. 33.

13   Dies ist jedenfalls die Ansicht von Paul Hadrossek in Walter Schätzel, der Vitoria 1952 herausgab und kommentierte. Franciscus de Victoria (1539), De Indis Recenter Inventis et de Jure Belli Hispanorium in Barbados. Relectiones. Vorlesungen über die kürzlich entdeckten Inder und das Recht der Spanier zum Kriege gegen die Barbaren. Tübingen. Vorwort von Paul Hadrossek, S. XIV.

berechtigt war, ihnen nach der Vertreibung der heidnischen Fürsten einen christlichen Fürsten zu geben – z. B. den König von Spanien. Vitoria kommt, wie seine Kollegen von der Universität von Salamanca, zum Schluss, dass eine Verschiedenheit der Religion keinen gerechten Kriegsgrund darstelle, ebenso wenig wie die Ausdehnung der Herrschaft. Im ausgehenden Mittelalter wurde die prinzipielle Inkonsistenz der ‚gerechten Kriegsidee' durch die zunehmende Konkurrenz mehrerer Fürstenhäuser untereinander immer sichtbarer, denn im Grunde oblag die Beurteilung der ‚causa iusta' dem Fürsten selbst, sodass objektiv beidseitig gerechte Kriege prinzipiell möglich gewesen wären; eine solche Akzeptanz hob das Konzept des ‚gerechten Krieges' aus den Angeln, da nur eine Seite sich gegen erlittenes Unrecht zur Wehr setzen kann. Das Konzept des ‚gerechten Krieges' steht und fällt mit der Sanktion gegen einen Aggressor, beidseitig gerechtfertigte Kriege würden zwangsläufig in den Relativismus führen und fallen daher aus diesem Referenzrahmen heraus. Mit der Entstehung frühmoderner Staaten traten bereits mehrere rivalisierende ‚christliche' Kriegsakteure auf, die sich weigerten, die päpstliche Macht über ihnen anzuerkennen, sodass keine der Seiten den ‚gerechten Krieg' mehr für sich in Anspruch nehmen konnte – man denke etwa an die politischen Wirrnisse Italiens zur Zeit von Niccolò Machiavelli (siehe Kapitel Machiavelli). Daher wurden die noch anwendbaren Teile der gerechten Kriegskonzeption im Zuge aufkommender Souveränitätsideen schrittweise einer Formalisierung zugeführt, bis sie schließlich mit dem Westfälischen Frieden 1648 und der zunehmenden Rechtsbindung der Staaten an das Kriegsrecht in das Völkerrecht einflossen – allerdings unter der Prämisse eines grundsätzlichen *ius ad bellum*. Vorbereitet und begleitet wurde der allmähliche Schwund der ‚gerechten Kriegsthese' auch von den Pionieren des Völkerrechtes wie Alberico Gentili (1552–1608), der den Krieg bereits als Kampf zweier gleichberechtigter und moralisch gleichwertiger Gegner betrachtete, einschließlich der Möglichkeit, dass beide Seiten einem Irrtum über den gerechten Grund des geführten Krieges unterliegen. Mit dem *iustum ex utraque parte* näherte sich die gerechte Kriegsthese ihrem Ende, und der Weg zum klassischen Völkerrecht war geebnet. Hugo Grotius' (1583–1645) große Leistungen liegen auf der Unterscheidung von materialer und formaler Gerechtigkeit.[14] In formaler Hinsicht ist eine objektive Gerechtigkeit beider Seiten möglich, wenn eine souveräne Gewalt ihn führt und in materialer Hinsicht eine Kriegserklärung vorliegt. Gerechtigkeit eines Krieges ist nicht an seinen Ursachen zu messen, sondern nur daran, ob es sich um einen *bellum solenne*, einen förmlichen Krieg, handelt. Emer de Vattel (1714–1767) schließlich schrieb als Schüler von Christian Wolff und dessen Naturrechtslehre längst im Geiste des Westfälischen Friedens, ohne theologische Begründung auf dem Boden einer formalisierten Kriegslegitimation. Da über den souveränen Staaten kein irdischer Richter existiert, ist eine materiale Gerechtigkeit nur in Bezug auf das Naturrecht überhaupt festzumachen. Diese aber wird zur Gewissensinstanz des Souveräns, womit der ‚gerechte Grund' endgültig abgedankt hatte: *Die Frage nach der Gerechtigkeit des Krieges war obsolet geworden. Aus dem theologischen und philosophischen Konzept des ‚gerechten Krieges' war das völkerrechtliche ius ad bellum geworden, das jedem Staate innewohnende und keiner weiteren Begründung bedürfende Recht zum Kriege.*[15] Spätestens mit der Entwicklung des modernen Staates und der Akzeptanz der Souveränität waren die Lehren vom ‚gerechten Krieg' sowohl philosophisch wie auch politisch überholt,

---

14   Hugo Grotius (1625), De Iure ac Pacis. Paris (Ausgabe Tübingen 1950)
15   Ulrich K. Preuß (2002), Krieg, Verbrechen, Blasphemie. Zum Wandel bewaffneter Gewalt. Berlin. S. 83.

doch floss nicht wenig davon in das moderne Verständnis des internationalen Rechts – hier vor allem in das *ius in bello.*

Aktuelle Debatte

Mit den internationalen Kriseneinsätzen und *humanitären Interventionen* wird eine moderne Diskussion um die Gerechtigkeit der Kriegführung wiederbelebt, welche über lange Zeit in die Theologie verbannt war. Obwohl sie über die Jahrhunderte gegenüber anderen Kriegsbegründungen in den Hintergrund getreten ist, war sie jedoch nie ganz verschwunden, da jedes organisierte Töten das Gewissen zu einer moralischen Erklärung nötigt. Dass sie nie ganz in Vergessenheit geriet, sondern immer wieder in den Vordergrund rücken kann, liegt, so Michael Walzer heute aus der US-amerikanischen Perspektive, vor allem am ‚irdischen' Gehalt ihrer Lehre, der auch in ihren besten Zeiten überwog. *Es gibt nun Gründe der Staatsräson, einen gerechten Kampf auszutragen. Man könnte gerade sagen, Gerechtigkeit ist zu einer militärischen Notwendigkeit geworden.*[16] Seit dem Gewaltverbot durch das moderne Völkerrecht ist jeder völkerrechtlich legale Krieg auch ein gerechter Krieg im Sinne des Rechtspazifismus; was den moraltheologischen Gehalt der gerechten Kriegskonzeptionen betrifft, ist es die Position, die nach den notwendigen und hinreichenden Bedingungen legitimer Gewaltausübung fragt.[17] Ein supranationales Gewaltmonopol, das einer neutralen Institution wie der UNO zukommt, ist noch ausstän-

---

16 Michael Walzer (2003), Erklärte Kriege – Kriegserklärungen. Hamburg. S. 37.
17 Barbara Merker (2003), Die Theorie des gerechten Krieges und das Problem der Rechtfertigung von Gewalt. In: Dieter Janssen/Michael Quante(2003) (Hrsg.), Gerechter Krieg. Ideengeschichte, rechtsphilosophische und ethische Beiträge. Paderborn. S. 37 ff.

dig. Walzer erinnert daran, dass auch humanitäre Aktionen und Friedensmissionen militärische Operationen gegen Friedensbrecher sind, heute freilich mit wenig Bereitschaft, Risiken in Kauf zu nehmen. Menschenrechtsverletzungen sind ein solcher gerechter Grund für den Einsatz militärischer Gewalt. Doch auch wenn humanitäre Interventionen ethisch gerechtfertigt sein mögen, so ist die Durchführung selbst mit kriegerischen Mitteln, auch wenn sie euphemistisch verbrämt als ‚chirurgische Eingriffe' oder ‚smart bombs' dargestellt werden, zu leisten. Das Grunddilemma humanitärer Interventionen bleibt die nahezu unvermeidbare Gewalt gegenüber Unschuldigen und Nichtkombattanten; eine wertrationale Position argumentiert, dass der Zweck der Gewaltverhinderung und die Wiederherstellung der Achtung grundlegender Menschenrechte, wie jenes auf Leben und physische Unversehrtheit, derart zentrale und dominante moralische Werte sind, dass fast jedes Mittel legitim ist, diesen Zweck zu erreichen. Von einem deontologischen Standpunkt aus betrachtet, hat die Gewaltvermeidung gegenüber Unschuldigen allerdings Vorrang gegenüber der Gewaltverhinderung gegenüber Unschuldigen – hier geht es um den moralisch relevanten Gegensatz zwischen einer Gewalthandlung gegenüber nicht Beteiligten und unterlassenen Verhinderungen von Gewalt. Wenn man den Blutzoll der feindlichen Zivilbevölkerung nicht gegen Null zu halten vermag, so das angeführte Argument, hat man in materieller Weise gegen das Kriegsführungsrecht verstoßen und den Anspruch verloren, eine humanitäre militärische Intervention durchzuführen. *Es ist somit auch nicht jeder, der mit unangemessen schwachen Mitteln militärisch-technischer Art zur Interventions-Tat schreitet, berufen, dies zu tun, denn es gilt: ohne Legalität des Vorgehens verwirkt man das Recht zu diesem Vorgehen, verliert man die Legitimität.*[18] Doch endet selbst jeder Pazifismus bei den Schutzbefohlenen, Gegengewalt und Nothilfe eingeschlossen. Wer Nothilfe unterlässt, macht sich schuldig. O. Höffe führt zu Recht an, dass Gleiches auch für die internationale Ebene gelte: Unterlassene Nothilfe ist *entweder das Eingeständnis fehlenden Könnens ... oder aber Ausdruck fehlenden Willens.*[19] Da einschlägige Menschenrechte auch interkulturell anerkannt sind und das Recht auf Leib und Leben, der Schutz von Eigentum, Brandstiftung, Vergewaltigung, vorsätzliche Tötung aus verwerflicher Gesinnung oder gar Mord nicht bloß in Europa strafbar sind, ist ihr Unrechtscharakter zwischen den Kulturen anerkannt, sogar mehr noch: *Überall gelten die Plünderung und Brandstiftung, die Vertreibung von Zivilisten, die Exekution unbewaffneter Menschen und die Vergewaltigung von Frauen als massives Unrecht.*[20] Selbst das jugoslawische Strafgesetzbuch hatte einen engen und strengen Begriff von Völkermord. Wie O. Höffe optimistisch behauptet, sind Menschenrechte zur interkulturellen Anerkennung geeignet. Mit dieser Selbstverpflichtung wird auch den Individuen ein Rechtsstatus eingeräumt, den niemand, auch der Staat nicht, verletzen darf. Auch der Vorrang der Individuen vor dem Staat ist weltweit anerkannt. Eine legitime humanitäre Intervention halte demnach dem Staat, gegen den sie sich richtet, lediglich die Rechtsprinzipien vor, auf die er sich selbst schon längst verpflichtet hat, oft sogar mit strafrechtlichem Nachdruck. *Alle Staaten, die die Charta der Vereinten Nationen anerkennen, erkennen zugleich die Menschenrechte in ihrer interkulturellen*

---

18 Christian Stadler (2001), Völkerrecht und humanitäre Intervention. In: Edwin R. Micewski/Brigitte Sob/Wolfgang Schober (Hrsg.), Ethik und Internationale Politik. Wien. S. 31.

19 Otfried Höffe (2003), Humanitäre Intervention? Rechtstheoretische Überlegungen. Paderborn. S. 140.

20 Otfried Höffe (2003), Humanitäre Intervention? Rechtstheoretische Überlegungen. Paderborn. S. 143.

Gültigkeit an. Mit der Ratifizierung der genannten Menschen-rechtspakete bekräftigen die Staaten die Selbstverpflichtung. Mit ihrem Strafrecht zeigen sie, dass sie den hier einschlägigen Kern der Menschenrechte schon seit langem anerkennen, sie überdies für so elementar halten, dass sie sie der Ultima ratio staatlicher Gewalt, eben dem Strafrecht, unterwerfen.[21]

---

21   Otfried Höffe (2003), Humanitäre Intervention? Rechtstheoretische Überlegun-
     gen. Paderborn. S.145.

Revolutionärer Krieg

Beim *revolutionären Krieg'* handelt es sich um eine totale Kriegsform, die eine Kontinuität zwischen einem innergesellschaftlichen Krieg und einem über diesen hinausführenden internationalen Krieg herstellt. Jedoch wird er nicht im Namen eines Staates gegen einen anderen, sondern im Namen einer Ideologie geführt, die von einer politischen Avantgarde festgesetzt und exekutiert wird, während der Staat nur eine untergeordnete Entität darstellt. Die Ideologien sprengen die traditionellen Rahmen und Vorstellungswelten des Nationalstaates und greifen nach der Weltherrschaft, wobei Klassengegensätze oder Rassengegensätze als weltumspannender Kampf begriffen werden, als Krieg in Permanenz, der mit der Machtergreifung in einem Staat nicht endet, sondern erst zu einer Intensivierung des Kampfes führt. Wenn es gelingt, die Macht in einem Staat zu erobern, dann kann sich dieser Krieg auch als zwischenstaatlicher der Form nach äußern, seine bestimmenden Prinzipien bleiben aber andere. Aus diesem Grund findet sich der ,totale Krieg' auch unter dem Kapitel ,Staatenkriege' erörtert. Trotz ihrer ideologischen Gegensätzlichkeit weisen der marxistische Klassenkrieg und der nationalsozialistische Rassenkrieg gemeinsame Merkmale auf, indem ein an sich unpolitisches Kriterium zu einem politischen erhoben wird. Ziel ist die Ausrottung eines willkürlich abgesonderten Teils des sozialen Körpers, gegen den mit allen Mitteln ein totaler Krieg geführt wird – im Falle des Klassenkrieges unter der Berufung auf eine schon als Naturgesetz gedachte historische Notwendigkeit, im Falle des Rassenkrieges auf ein darwinistisch inspiriertes Naturgesetz.[1] Es ist die Antithese des gehegten

---

1   Hannah Arendt (1951, 2001), Elemente und Ursprung der totalitären Herrschaft. München.

Krieges, weil dieser Krieg eben als notwendiges Gesetz ausgegeben wird, er wird mit allen Mitteln geführt – dies umfasst auch die in bestimmten Momenten geeignetsten Gewaltstrategien wie den Bürgerkrieg, den Aufstand, den Guerillakrieg oder auch den Terrorismus. Für Marxisten wird das Besitzverhältnis – ein ökonomisches – das entscheidende politische Kriterium. Es ist die Umkehrung der historischen Verhältnisse, aus denen der Marxismus hervorgeht, sie übernehmen das Organisationsprinzip des Staates, gegen den sie Krieg führen. Für den Nationalsozialismus ist es die Rasse, die zu einem politischen Kriterium erhoben wird.

Friedrich Engels, kapitalistischer Geschäftsmann und Revolutionär, gilt als der Militarist des Marxismus. Mit dem Militär verband den geborenen Rheinländer gerade einmal ein einjähriges Freiwilligenjahr in der königlich-preußischen Garde. Doch seine Erfahrungen mit dem Scheitern der 1848er-Revolution und ihre Folgen, für die Engels auch das katastrophale militärische Verhalten der aktiven Offiziere unter den Aufständischen verantwortlich machte, waren unmittelbarer Anlass für seine und Marxens Überlegungen zur Kriegstheorie. Wie er in einem Brief an Marx schrieb, enttäuschte und erschütterte ihn das *unbegreiflich schmutzige esprit des corps des Soldatenpacks*, dem man künftige Revolutionen nicht überlassen könne.[2] Karl Marx selbst war während der 48er-Revolution in Berlin und Wien erschienen, um die bürgerliche Revolution in eine proletarische zu transformieren, doch die proletarischen Kräfte erwiesen sich als zu schwach, wie überhaupt die gesamte Revolution wesentlich rascher zusammenbrach, als Marx und Engels dies erwartet hatten. Es zeigte sich, dass die Arbeiterklasse für ihren Klassenkrieg auch eine militärische Vorbereitung

---

2   Jehuda L. Wallach (1972), Kriegstheorien. Ihre Entwicklung im 19. und 20. Jahrhundert. Frankfurt/Main. S. 252.

benötigte und die Vorstellung von der spontanen Kampfkraft des Zornes eine Illusion gewesen war, die in Chaos und Niederlage endete. Mit den Rebellionen ‚alten Stils', dem Straßenkampf mit Barrikaden, war wegen der starken Asymmetrie der Gegner kein Sieg der Insurgenten zu erwarten. Sie könnten sich nur in Zermürbungstaktik üben, die letztlich zur Passivität verurteile und höchstens einen kleinen moralischen Effekt nach sich zöge. Vor allem durch die moderne Urbanisierung müsse die proletarische Kampfform selbst erneuert werden, der bewaffnete Aufstand gegen das Militär bedürfe einer neuen Taktik und neuer Methoden. Friedrich Engels widmete seine Studien vor allem der subversiven Guerillataktik und studierte ihre spanischen und chinesischen Beispiele. Mit Bezug auf den italienisch-österreichischen Krieg von 1848/49 vermerkte er, ein Volk dürfe sich im Kampf um seine Unabhängigkeit nicht auf die *gewöhnlichen Kriegsmittel beschränken. Aufstand in Masse, Revolutionskrieg, Guerilla überall, das ist das einzige Mittel, wodurch ein kleines Volk mit einem großen fertig werden, wodurch eine minder starke Armee in den Stand gesetzt werden kann, der stärkeren und besser organisierten zu widerstehen. (...) Aber der Aufstand der Masse, die allgemeine Insurrektion des Volkes, das sind Mittel, vor deren Anwendung das Königtum zurückschreckt. Das sind Mittel, die nur die Republik anwendet – 1793 liefert den Beweis dafür. Das sind Mittel, deren Ausführung gewöhnlich den revolutionären Terrorismus voraussetzt, und wo ist ein Monarch gewesen, der sich dazu entschließen konnte?[3]* Engels ging, wie später auch Lenin, von einer unbedingten Allianz des Guerillakrieges mit regulären Truppen aus; als unabhängige Gewaltstrategie maß

---

3   Friedrich Engels (1849, 1958), Der Krieg in Italien. Neue Rheinische Zeitung. 1. April 1849. In: Friedrich Engels, Ausgewählte militärische Schriften, Band I. Berlin. S. 148–150.

er der Guerilla wenig Bedeutung bei, wie ihn die Erhebungen des Tirolers Andreas Hofer oder selbst der von der angloportugiesischen Armee unterstützte spanische Guerillakrieg zeigte. Dennoch unterstützten sowohl Marx wie Engels 1871 den spontanen Aufstand der Pariser Kommune, der militärisch auch wegen seiner defensiven Taktik zum Scheitern verurteilt war. In ähnlichen Situationen, so die Schlussfolgerung, müsse das Proletariat künftig zu einer offensiven Taktik übergehen. Zur Befreiung der Arbeiterklasse war daher eine Kriegslehre vonnöten. In seinem Aufsatz ‚Das Konzept des Revolutionskrieges' behandelt Engels die ‚Kunst des Aufstands', die einen zweiphasigen offensiven Überraschungskampf zur Niederwerfung des bürgerlichen Gegners propagiert. Auf den ersten ‚Emanzipationskampf' müsse der Kampf zur Abschaffung aller Klassenunterschiede folgen, der seiner Vorstellung nach von der Hälfte bis zwei Drittel der erwachsenen männlichen Bevölkerung ausgetragen werde. Dabei wären temporäre Allianzen mit der Bourgeoisie möglich, müssten aber vom Proletariat – im Bewusstsein eines baldigen Verrates der bürgerlichen Klasse – für sich selbst ausgenützt werden.[4] In weiterer Folge befürwortete Engels die Bildung einer proletarischen Miliz mit eigenem Generalstab, aufgestellt von selbstgewählten revolutionären Komitees und unabhängig von den jeweiligen Staatsregierungen. Auf diese Art und Weise sollte im proletarischen Untergrund eine schlagkräftige Geheimarmee aufgebaut werden, wobei es nicht nachteilig war, wenn militärische Kenntnisse im Rahmen des allgemeinen Volksheeres erworben werden konnten. Prinzipiell hing er der Auffassung an, dass, je höher die Teilnahme der Arbeiterschaft an der allgemeinen Wehrpflicht, desto geringer die Wahrscheinlichkeit der Niederschlagung einer

---

4   Jehuda L. Wallach (1972), Kriegstheorien. Ihre Entwicklung im 19. und 20. Jahrhundert. Frankfurt/Main. S. 253ff.

Revolution durch die eigene Armee, da diese Armee dann zum Gutteil aus Werktätigen bestanden hätte. Dessen ungeachtet verteidigte Engels seine These vom Aufstand als Kunst, der sorgfältig vorbereitet werden müsse und keinesfalls dem Dilettantismus spontaner Erhebungen überlassen werden dürfe. Engels argumentierte gegen ein Milizheer, setzte auf reguläre Armeen im Bunde mit einer proletarischen Landwehr und sprach sich militärisch für eine Beibehaltung der napoleonischen Kriegführung aus, er blieb, wie P. Kondyllis feststellt, als Militärtheoretiker den Ideen des 19. Jahrhunderts verpflichtet.[5] Allerdings kam der politische Revolutionär in seiner Erfolgsanalyse der napoleonischen Kriegführung paradoxerweise zu einer konträren Interpretation als der national-konservative Artillerieoffizier Clausewitz. Während Clausewitz nicht die militärische Innovation, sondern das effektivere politische Prinzip als wesentlich für den militärischen Erfolg erkannte, sah Engels nur im technischen Fortschritt, konkret in der industriellen Waffenproduktion, den Erfolgsgaranten. Von der politischen Genialität eines Einzelnen, jenen großen Heroenmythen des bürgerlichen Interpretationsdiskurses, wie sie durch Herbert Spencer und Emil Ludwig gerade hoch im Kurs waren, musste er sich zwangsläufig abgrenzen, doch äußerte sich bei Engels eine etwas engstirnige Sicht, die in deterministischer Weise Krieg und Militarismus als die wichtigsten geschichtsmächtigen Kräfte verstand.[6] Engels setzte auf die These von der ‚Dialektik des Militarismus', worunter er einen permanenten mutuellen Zwang der Staaten zur militärischen Aufrüstung verstand, der langfristig zum eigenen Untergang dieser Staaten führen müsste, dadurch aber ein beschleunigter Übergang zu Sozialismus und Frieden

---

5   Panajotis Kondyllis (1988), Theorie des Krieges. Clausewitz – Marx – Engels – Lenin. Stuttgart. S. 234.
6   Siehe weiterführend Herfried Münkler (2002), Über den Krieg. S. 130 ff.

erwartet werden könne – eine Haltung, die an seinem Lebensende in einen verständlichen Pessimismus überging, als er erkannte, wohin das Rüstungswettlaufen zulief. Es führte sogar zu Abrüstungsforderungen.

Am Ende eines zwischenstaatlichen Krieges aber soll die Revolution der Arbeiterklasse gegen die eigene geschwächte Regierung stehen. Karl Marx propagierte die Herbeiführung wirtschaftlicher Krisen in Permanenz, um das kapitalistische System zu erschüttern, mit dem Ziel, die proletarische Machtergreifung, die einen notwendigerweise gewaltsamen Charakter aufweisen werde, zu gewährleisten. Der Marxismus der Gründerväter blieb jedoch auf den urbanen Aufstand konzentriert, wo auch die Hauptakteure der revolutionären Politik zu Hause waren. Eine von Bauern getragene Revolution war aufgrund des noch mangelhaft ausgebildeten revolutionären Bewusstseins der Landbevölkerung noch nicht in das marxistische Klassenkampfszenario eingedrungen, sollte aber mit den Versuchen, die russische Revolution doch noch zu einer proletarischen Massenerhebung umzudeuten, bald Berücksichtigung finden. Ohne der Grundarchitektur von Engels Kriegslehre, so der Militärhistoriker J. Wallach, könne man *die weitere Entwicklung der kommunistischen Strategie nicht völlig verstehen. Die zusätzlichen Schichten dieses Baues – Lenins Theorie und Praxis, Mao Tse-tungs Lehre des revolutionären Krieges, die neuzeitliche sowjetische Kriegslehre – sind alle auf dieser Engels'schen Grundschicht aufgebaut.*[7]

Erst Lenins Theorie verwandelt den Staatenkrieg in den revolutionären Klassenkrieg. Unter der Parole ‚revolutionärer Defätismus' sollte das Proletariat in jedem Land zur Niederlage der eigenen Regierung beitragen, um den imperialistischen Ersten Weltkrieg

---

7   Jehuda L. Wallach (1972), Kriegstheorien. Ihre Entwicklung im 19. und 20. Jahrhundert. Frankfurt/Main. S. 268.

in einen Bürgerkrieg zu transformieren. Gerade der Erste Weltkrieg hatte die Kapitulation des proletarischen Internationalismus vor dem Nationalismus mit sich gebracht, sodass es nun galt, die Ziele des revolutionären Kommunismus von Neuem zu beleben. Als bekennender Anhänger sowohl der Engels'schen Kriegslehre als auch der Clausewitz'schen, radikalisierte Lenin die politischen Konsequenzen zu einem totalen Krieg, indem der Gegner nicht nur geschlagen, sondern restlos vernichtet werden musste. Revolutionäre Politik wird zum (apokalyptischen) Kampf, das Militärische ist davon nur abgeleitet, aber mit der gleichen Logik zu betrachten. Lenins Kriegs‚theorie' ist daher ein auf die politische Machteroberung zugespitzter politischer Kampf, wobei die Revolution selbst zum Krieg wird, *von allen Kriegen, die die Weltgeschichte kennt, ist dies der einzige berechtigte, rechtmäßige, gerechte, wirklich große Krieg. Dieser Krieg wird geführt nicht im eigennützigen Interesse irgendeines Häufleins von Machthabern und Ausbeutern, wie alle sonstigen Kriege, sondern im Interesse der Volksmasse gegen die Tyrannen, im Interesse der Millionen und aber Millionen Werktätiger gegen Willkür und Vergewaltigung.*[8] ‚Politik' versteht Lenin als permanenten Kampfzustand, der in deterministisch gedachter Weise Kriege produziert, wobei der Krieg nur eine Form des Kampfes darstellt. Daher zählt es zur Parteipflicht aller Kommunisten, Kriegskunst zu studieren, Waffen zu beherrschen und diese Kunst anderen zu lehren. In einer Art erklärender Selbstrechtfertigung werden ‚gerechte und ungerechte', ‚progressive und reaktionäre' Kriege, ‚Kriege der fortschrittlichen Klasse' und ‚Kriege der reaktionären Klassen', ‚Kriege, die der Festigung der Klassenunterdrückung dienen' und ‚Kriege, die ihrer Beseitigung' dienen, unterschieden.

---

8   Jehuda L. Wallach (1972), Kriegstheorien. Ihre Entwicklung im 19. und 20. Jahrhundert. Frankfurt/Main. S. 285.

Auch der Partisanenkampf ist nichts anderes als eine Spielart im Machtkampf des Proletariats gegen den inneren Feind im Lande, ist daher in erster Linie Bürgerkrieg. Es kommt ihm noch keine Autonomie zu, er ist eines von mehreren Elementen der proletarischen Revolution. In seinen historischen Beispielen bezieht sich Lenin wie Marx und Engels vornehmlich auf Bürgerkriege wie die Französische Revolution, die Pariser Kommune oder den Moskauer Dezemberaufstand von 1905, um darzulegen, dass der proletarische Streik in den bewaffneten Aufstand übergehen müsse. Lenin stand ganz hinter den Annahmen von F. Engels, den Aufstand als ‚Kunst' zu betrachten und forderte 1917 die Bildung eines ‚Aufstandsrates', der für Ergreifung der Offensive verantwortlich sein sollte.[9]

Die Kampfform des marxistischen Kämpfers ändert sich mit ‚sozialen Konjunkturen'. Je nach Stand der ökonomischen ‚Evolution' träten verschiedene Kampfformen in den Vordergrund und überlebten sich auch wieder – die Sozialdemokraten Europas hätten sich sogar für Parlamentarismus und Gewerkschaftsbewegung als ihre Kampfform entschieden. Den Partisanenkampf hätte erst die gegenwärtige historische Periode hervorgebracht, er sei auch nicht an nationale Unterdrückung gebunden, denn diese habe es schon lange ohne Partisanenkämpfe gegeben.

Erst mit Mao Tse-Tung gewinnt die Idee eines revolutionären Volkskrieges Verbreitung als eigenständige Kampfform, sodass er heute als ‚Clausewitz des modernen Partisanenkrieges gilt' (Hahlweg 1967).[10] Der lang anhaltende Massenwiderstand wird zu einem strategischen Hauptprinzip der Kriegführung und aus seiner bisherigen, auch von Clausewitz berücksichtigten Funktion als de-

---

9   W. I. Lenin (1955), Ausgewählte Werke in 2 Bänden. Bd. I. S. 149.
10 Werner Hahlweg (1967), Typologie des modernen Kleinkrieges. Wiesbaden. S. 39.

fensiver Appendix der regulären Kriegführung herausgelöst, aber gleichzeitig bleibt die militärische Tätigkeit von der politischen überlagert: Guerillaoperationen sind notwendiger Teil des revolutionären Emanzipationskampfes, sie sind in den Worten des bekannten englischen Militärhistorikers B. H. Liddell Hart (1961) *one step in the total war, one aspect of the revolutionary struggle.*[11] In der Einschätzung darüber, ob der chinesische Revolutionär die Lehren von Clausewitz selbst studierte oder nur aus schon unscharf tradierten Sekundärquellen kannte, gehen die Ansichten auseinander. Während J. Wallach behauptet, Maos Lehren wären kaum auf Clausewitz gestützt[12], sondern setzten sich mit den chinesischen Kriegstraditionen – und hier vor allem mit dem Kriegstheoretiker aus dem 5. Jahrhundert v. Chr, Sun Wu-tzu[13] – auseinander, war C. Schmitt überzeugt, in Maos Partisanentheorie *eine konsequente und systematisch-bewusste Weiterführung der Begriffe des preußischen Generalstabsoffiziers zu erkennen*, nur dass Clausewitz den *Grad der Totalität*, der dem revolutionären Krieg in China eigen werden sollte, noch nicht vorausahnen konnte.[14] Wesentlich vorsichtiger beurteilte R. Aron den Einfluss von Clausewitz auf Maos Denken: .Dort, wo die Denkweisen übereinstimmten, könnte dies auch *dem gesunden Menschenverstand* geschuldet sein, grundsätzlich wäre das Clausewitz'sche Gedankengut über die Thesen Lenins zu Mao gedrungen, er selbst hätte aber auch viel Originelles hinzugefügt.[15] Schmitt und Aron stehen exemplarisch für ein relativ einhelliges,

---

11   Mao Tse-Tung and Che Guevara (1961), Guerilla Warfare. London Foreword by Captain B. H. Liddell Hart.

12   Jehuda L. Wallach (1972), Kriegstheorien. Ihre Entwicklung im 19. und 20. Jahrhundert. Frankfurt/Main. S. 291.

13   Sun-Tzu (2004), Sun-Tzu über die Kunst des Krieges. Die älteste militärische Abhandlung der Welt. Interpretiert von Gitta Peyn. Neuenkirchen.

14   Carl Schmitt (1963), Theorie des Partisanen. Berlin. S. 60.

15   Siehe dazu Raymond Aron (1980), Den Krieg denken. Berlin. S. 429 ff.

wenn auch auf Vermutungen beruhendes Urteil der europäischen Forschung bis zur Öffnung Chinas in den 1980er-Jahren. Erst eine 1995 in Mannheim verfasste Dissertation des Chinesen Zhang Yuan-Lin meint den Beweis für Maos persönliches Studium der Werke Clausewitz' anhand von originären Aufzeichnungen Maos erbringen zu können. Anhand von Leselisten und Tagebuchaufzeichnungen ließe sich belegen, dass Mao *spätestens im Frühling 1938 eine chinesische Version des Werkes ‚Vom Kriege' las* – zumindest bis zur Seite 168 und vermutlich in einer Übersetzung aus dem Japanischen von 1934, die nicht als werkgetreu gilt.[16] Maos Wissensdurst ist bekannt, sein autodidaktisches Studium chinesischer und europäischer Klassiker in der Provinzbibliothek von Hunan wird in der chinesischen Historiografie als ausreichende Basis seiner späteren Erhebung in den Philosophenrang gewertet – immerhin soll Mao in diesem halben Jahr ein Pensum an philosophischer und weltgeschichtlicher Literatur bewältigt haben, für das andere – mit besseren Grundlagen – zehn Jahre gebraucht hätten. Die Palette reicht von Mill, Darwin, Rousseau, Spencer, Montesquieu, Lyrik, Romane, Geschichte der alten Römer, Russlands, Amerikas, Englands, Frankreichs und anderer Länder – und selbstverständlich ‚eine Weltkarte' sowie ein Buch mit dem Titel ‚Große Helden der Welt'.[17] Trotz des offensichtlichen Reizes, Mao zu einem Philosophen zu stilisieren, behält der Autor seine Urteilskraft, indem er letztlich zur Einschätzung kommt: *Maos Militärtheorie nahm zwar viele Gedanken aus der alten chinesischen Kultur und der ausländischen Kultur in sich auf, entsprang aber hauptsächlich der Praxis des Bürgerkrieges und des Widerstandskrieges in China. (...) Sie war also Produkt der*

---

16   Zhang Yuan-Lin (1995), Mao Zedong und Carl von Clausewitz. Theorien des Krieges. Beziehung, Darstellung und Vergleich. Mannheim. S. 17.

17   Zhang Yuan-Lin (1995), Mao Zedong und Carl von Clausewitz. Theorien des Krieges. Beziehung, Darstellung und Vergleich. Mannheim. S. 71.

Zeit.[18] In den Begriffswelten von Carl Schmitt ist Maos Partisanentheorie tatsächlich tellurisch und revolutionär, da sie einen national defensiven Kampf gegen die japanischen Besatzer und einen revolutionären Bürgerkrieg zusammen entwickelt, somit auch mehrere Arten der Feindschaft, die *Rassenfeindschaft gegen den weißen, kolonialen Ausbeuter* und die *Klassenfeindschaft gegen die kapitalistische Bourgeoisie*, darüber hinaus auch die *nationale Feindschaft gegen den japanischen Eindringling gleicher Rasse* und die *in langen, erbitterten Bürgerkriegen wachsende Feindschaft gegen den eigenen, nationalen, Bruder* vereine.[19] Mao schrieb seine Ideen zum Partisanenkrieg zwischen 1928 und 1938 nieder, einer Zeit, die sowohl seine Teilnahme am chinesischen Bürgerkrieg 1937 bis 1945 sowie am japanisch-chinesischen Krieg umfasste und Maos gesammelte Erfahrungen zu Papier bringt. 1937 erschien seine Schrift ‚Partisanenkrieg' erstmals gedruckt. Hier legt er seine neue Kriegslogik nieder, und Mao nimmt an, dass die Japaner noch in der ‚alten' Logik gefangen bleiben, sich in der Rolle der ‚Mongolen', in der Rolle der Konquistadoren, sehen. An vorderster Stelle der neuen Leitprinzipien steht das Bemühen, mit allen Mitteln die eigenen Kräfte zu erhalten, jene des Gegners zu vernichten und beides mit dem politischen Ziel eng zu verbinden, das lautet: Vertreibung des japanischen Imperialismus und Aufbau eines neuen Chinas. Obwohl kein Zweifel am Endziel der proletarischen Revolution bestehen könne, erforderten die speziellen Bedingungen Chinas einen Bauernaufstand – unter Führung der Kommunistischen Partei und mit Hilfe einer großen Roten Armee, die gegen einen inneren und einen äußeren Feind zu kämpfen hätte. Zum

---

18 Zhang Yuan-Lin (1995), Mao Zedong und Carl von Clausewitz. Theorien des Krieges. Beziehung, Darstellung und Vergleich. Mannheim. S. 75.
19 Carl Schmitt (1963), Theorie des Partisanen. Berlin. S. 60 ff.

Novum in der Taktik des Partisanenkampfes zählt die Dezentralisierung der Truppen, mit dem Zweck, den Gegner zu täuschen und die Massen zu mobilisieren. In seinem Text ‚Ein Funke kann die ganze Steppe in Brand setzen' (1930) findet sich das mittlerweile berühmte Diktum des revolutionären Partisanenkrieges: *Der Feind greift an, wir weichen zurück; der Feind ist zum Stehen gekommen, wir lassen ihm keine Ruhe; der Feind ist ermüdet, wir greifen an; der Feind zieht sich zurück – wir verfolgen ihn.*[20] In seiner Schrift ‚Probleme der Strategie im Partisanenkrieg gegen Japan' vom Mai 1938 schreibt Mao den Operationen der regulären Armee noch immer die entscheidende Hauptrolle zu, der Partisanenkrieg nimmt eine Hilfsrolle ein, den Schlüssel zum endgültigen Sieg bilden reguläre Truppen. Der revolutionäre Krieg ist zu neun Zehntel irregulärer Krieg und zu einem Zehntel regulärer, die Rote Armee greift erst dann entschieden ein, wenn die Situation für einen Regimewechsel reif ist. Da China ein großes, aber schwaches Land ist, ist das Ziel, den Krieg in die Länge zu ziehen, um die Zersetzung des Gegners zu beschleunigen und auf eine Veränderung der internationalen Lage zu warten. Dieser langwierige Krieg gliedert sich in drei Etappen:

1. bewegliche Operationen regulärer Truppen, Hilfsformen: Partisanenkrieg und Stellungskrieg.

2. Etappe des strategischen Gleichgewichts, an dessen Ende der Feind aus Kräftemangel gezwungen ist, bestimmte Endpunkte seines strategischen Angriffs festzulegen. Der Feind wird hier

---

20 Der Text aus 1930 entstammt der deutschen Ausgabe der ausgewählten Schriften Mao Tse-tungs, Bd. 1, 1956, S. 144, zitiert nach Werner Hahlweg (1968), Lehrmeister des Kleinen Krieges. Darmstadt. S. 106.

Territorium zu sichern suchen und Marionettenregierungen einsetzen.

3. Etappe des Gegenangriffs, Rückgewinnung verlorener Territorien.

Wenn später für die Guerillakriege der Dekolonisierungskriege die Bezeichnung ‚low intensity warfare' aufkommt (Creveld 1998) und darunter ein schwelender Kleinkrieg von langer Dauer verstanden wird, dann steht der maoistische Partisanenkrieg dafür Pate. So werden die Führer des Partisanenkrieges mit Fischern und ihren Netzen verglichen: *Mal wirft der Fischer das Netz aus, mal zieht er es wieder ein. Wenn er es auswirft, muss er die Tiefe des Wassers, die Geschwindigkeit der Strömung gut kennen, er muss wissen, ob es unter dem Wasser nicht irgendwelche Hindernisse gibt.*[21] Die Enden freilich müssten fest in Händen gehalten werden, die Stelle aber oft gewechselt werden. Somit wird die elastische Dezentralisation zur Hauptmethode der Partisanenkriegführung, neben der Konzentration und Verschiebung. Darunter fallen auch offensive Operationen im Verlauf eines grundsätzlich defensiven Krieges. Da der Gegner ein fremder Eindringling ist, leisten die Chinesen Widerstand im eigenen Land. Grundsätzlich auf den inneren Linien operierend, führen sie jedoch immer wieder Operationen auf den äußeren Linien durch, um den Gegner zu verwirren. Aber es sind sehr schnelle und zügige Überraschungsaktionen, unter kurzer maximaler Konzentration der Kräfte, um eine rein passive Verteidigung zu vermeiden. Im Hinterland des Feindes führen Partisanenaktionen zur Schwächung des Gegners, indem sie seine Kräfte binden und den Nachschub behindern. Hinzu kommt die allerdings nur vermu-

---

21 Zitiert nach Werner Hahlweg (1968), Lehrmeister des Kleinen Krieges. Darmstadt. S. 115.

tete moralische Begeisterung der ‚Nation in Waffen'. Gleichzeitig wird die taktische Verteidigung zur Ermattungsstrategie, was von einer grundsätzlich anderen Einstellung zum Angriff zeugt: der Partisanenangriff muss zügiger sein als der Angriff regulärer Truppen, weil der Gegner stark, die Partisanen aber schwach sind. Tendenziell läuft alles auf einen Bewegungskrieg zu. Mao stellt Überlegungen an, wie aus den Partisanenabteilungen reguläre Einheiten werden, die diesen Bewegungskrieg führen: Durch zahlenmäßige Vergrößerung und qualitatives Wachstum diese Begeisterung zu wecken bleibt Sache der kommunistischen Organisationen, ihrer Führer und örtlichen Machtorgane. Letztendlich – diese Problematik diskutierte auch Lenin – sollten Partisanentruppen auf das militärische und moralische Niveau regulärer Einheiten gehoben werden. Doch der Partisanenkrieg selbst lässt weder eine zentralisierte Leitung noch ein höheres Organisationsniveau zu, dies wird einer späteren Phase überlassen.

Soviel zur Theorie. Zur Wirklichkeit siehe Kapitel Mao Tse-tung.

Für Ernesto (Che) Guevara wird der Guerillakrieg zu einer ‚Methode' des revolutionären Umsturzes, zugleich eine ‚Methode' des politischen Machterwerbs. Vorbild, Vergleichsfolie und zugleich Schicksal von Che Guevaras theoretischen Überlegungen bleibt die kubanische Revolution, die jedoch eine Besonderheit darstellt. In seinen Jahren als kubanischer Nationalbankpräsident und Industrieminister fasste Che Guevara das Modell seines ‚kontinentalen' Partisanenkrieges in Südamerika zusammen – 1959 in seinem Aufsatz ‚Was ist ein Guerillero?', in seiner 1960 veröffentlichten Schrift ‚Der Partisanenkrieg', die weniger theoretisch als praktisch ausgerichtet blieb, 1963 in ‚Partisanenkrieg – eine Methode', die stärker theoretisch orientiert ist und schließlich, in seinem Todesjahr 1967 erschienen, in der politischen Aufforderung zur Internationalisierung seiner ‚Methode' in ‚Schaffen wir zwei, drei, viele Vietnams'.[22]

Anders als in der chinesischen oder vietnamesischen Revolution, wo politisch die Kommunistische Partei und militärisch die Rote Armee die Führung der Partisanen anstrebte, erfährt der Partisanenkrieg in der Version Che Guevaras mehrere Umdeutungen: Der Guerillakrieg wird zum Volkskrieg gegen die herrschende Unterdrückung und nicht gegen einen äußeren Feind, der Guerillero ist die bewaffnete Avantgarde, das Volk bildet seine Armee. Diese revolutionäre Avantgarde muss – so schon Fidel Castro – nicht notwendigerweise die marxistisch-leninistische Partei sein – auch dieser Standpunkt hat die Freundschaft zu den Kommunisten nicht gerade vertieft. Der revolutionäre Partisan agiert als Transformator der Gesellschaft, seine Kriegsmotivation speist sich aus dem *zornigen Protest des Volkes* gegen seine Ausbeuter, Hass wird zum treibenden Kampfmotiv: *Der Hass als Faktor des Kampfes, der unbeugsame Hass dem Feinde gegenüber, der den Menschen über seine physischen Grenzen hinaus antreibt und ihn in eine wirksame, gewaltsame, selektive und kalte Tötungsmaschine verwandelt.*[23] Der Dritte-Welt-Guerillero übt Aktionen in ländlichen, wenig bevölkerten Gebieten aus, er muss daher die Wünsche der bäuerlichen Masse, die Eigentümerin ihrer Produktionsmittel und des Bodens sein will, formulieren und nicht jene des Industrieproletariats, das höchstens marginalisiert in den urbanen Regionen vorhanden ist: Der Guerillero des Che Guevara ist vor allem ein Agrarrevolutionär, der den Kampf um einer ‚heiligen Sache' wegen führt, zur *Erlösung der Menschheit*.[24] Der von

22 Ernesto Che Guevara (1960), La Guerra der Guerillas. Havanna.
23 Ernesto Che Guevara (1968), Guerilla – Theorie und Methode. Hg. von Horst Kurnitzky. Berlin. S. 155.
24 Ernesto Che Guevara (1963, 1968), Partisanenkrieg – eine Methode. Mensch und Sozialismus auf Cuba. München. S. 139.

einer revolutionären Avantgarde initiierte existenzielle Kampf zielt darauf ab, das revolutionäre ‚Bewusstsein' des ausgebeuteten Volkes erst zu wecken und dadurch einen ‚neuen Menschen', frei von allen Fehlern der alten Ordnung, zu schaffen. Nicht nur das Kollektiv, sondern auch das Krieg führende Subjekt wird auf diese Weise erst durch den Konflikt konstituiert. Zwangsläufig verselbstständigt sich in Guevaras Guerillakrieg der Partisanenkampf, da er den Kampf gegen die korrupten lateinamerikanische Regime erst durch einen Funken entfachen muss, das revolutionäre Feuer erst in die lokale Bevölkerung hineintragen und daher als ‚Soldat der Revolution' zeitweilig sowohl die politische als auch die militärische Führung übernehmen muss, bis es gelingt, eine revolutionäre Massenbewegung zu schaffen. Eine solche revolutionäre Situation kann und muss stimuliert werden, auch wenn das Bewusstsein der Ausgebeuteten noch nicht revolutionär ist, man braucht darauf nicht zu warten. Gerade der von Che Guevara noch weiter ausgearbeiteten These vom aufständischen Fokus, der die Bedingungen für eine Revolution unter der ruralen Bevölkerung selbst schaffen kann und, ungleich der marxistisch-leninistischen Theorie, nicht zuwarten muss, bis diese Bedingungen gegeben sind, hatten die Kommunisten schon bei Mao misstraut. Im Verhältnis zur kubanischen Revolution und erst recht bei ihrem Export in andere lateinamerikanische Länder bildete sie einen ständigen Kritikpunkt, da der orthodoxen Theorie gemäß das revolutionäre Bewusstsein schon vorhanden sein muss, was aufgrund der kapitalistischen Ausbeutungsverhältnisse nur beim Industrieproletariat angenommen wird. Der von einer revolutionären Avantgarde initiierte existenzielle Kampf sollte die sich selbst bewusste Klasse durch Akte der Selbstschöpfung hervorbringen und unter dem Vorzeichen einer absoluten Feindschaft gegenüber Vertretern der alten Ordnung zusammenschmieden. Gemäß der für Lateinamerika adaptierten Guerillastrategie Che Guevaras bildet ein in der ländlichen Festung verschanzter revolutionärer Führungsstab den Katalysator des revolutionären Massengeistes. Es ist ein Kampf auf Leben und Tod, Kein-sich-Messen um die Macht über ein bestimmtes Territorium und nicht mehr zur Abwehr eines fremden Eindringlings.[25] Entwickelt sich eine Guerillaarmee, kann diese den Charakter einer regulären Armee annehmen. Erst ab diesem Moment können entscheidende Schläge gegen den Feind geführt werden, denn der revolutionäre Umsturz bleibt den Operationen einer regulären Armee überlassen. Der Guerillakrieg stellt selbst bei Guevara nur eine Phase des Krieges dar, die Anfangsperiode des Kampfes gegen feindliche reguläre Armeen, er unterliegt demzufolge den gleichen Bedingungen wie dieser. Darüber hinaus verfügt er aber auch über einen spezifischen Charakter und unterliegt einer Reihe eigener Gesetzmäßigkeiten. Als in einer asymmetrischen Konstellation Schwächerer, agiert der Partisan meist defensiv, indem er Schlachten vermeidet, die Versorgungswege abzuschneiden sucht, bei Nacht angreift und mit Hilfe dieser ,hit and run'-Strategie das Manko an militärischer Quantität wettzumachen sucht. Der revolutionäre Kleinkrieg trägt jedoch nicht nur den Charakter passiver Selbstverteidigung, sondern wird zum Katalysator der Volkskräfte, die eine permanente Fähigkeit zum Angriff entfalten sollen, analog der Marx'schen Empfehlung, dass das Proletariat permanent zuschlagen müsse, wenn der Klassenkampf einmal in Gang gekommen ist. *Der Kampf zwischen Partisanen und einer regulären Armee ist also immer auch ein Kampf um die in der Bevölkerung dominierende Einstellung. Während die Partisanen die Bevölkerung auf Ideale verpflichten, sucht die reguläre Armee sie davon zu überzeugen, dass ihre auf Kosten-Nutzen-Kalküle gegründeten Inter-*

---

25 Ernesto Che Guevara (1968), Partisanenkrieg – eine Methode. Mensch und Sozialismus auf Cuba. München. S. 13/14.

essen ein loyales Verhalten gegenüber der regulären Armee nahe legen. Greift diese Argumentation der regulären Armee, so sind die Partisanen gezwungen, ihrerseits zu Repressionsmaßnahmen zu greifen, um auf diese Weise das Kosten-Nutzen-Kalkül umzukehren. Greift die Argumentation der Armee jedoch nicht, so wird sie schon bald partielle Vernichtungsfeldzüge gegen die Bevölkerung unternehmen. Die Geschichte des Vietnam- wie des Afghanistankrieges bietet dafür reichliches Anschauungsmaterial.[26] Wie P. Kondyllis (1988)[27] resümiert, stellt der Guerillakrieg keine Kampfform mit universalem Überlegenheitsanspruch dar, sondern er bleibt *an eine besondere Epoche und Lage gebunden ist, die bereits großenteils der Vergangenheit angehört, so dass von ihr keine großen geschichtlichen Wirkungen mehr zu erwarten sind.*[28]

---

26 Herfried Münkler (2002), Über den Krieg. Stationen der Kriegsgeschichte im Spiegel ihrer theoretischen Reflexion. Weilerswist. S. 190/191.

27 Panajotis Kondyllis (1988), Theorie des Krieges. Clausewitz – Marx – Engels – Lenin. Stuttgart.

28 Panajotis Kondyllis (1988), Theorie des Krieges. Clausewitz – Marx – Engels – Lenin. Stuttgart. S. 229.

Heiliger Krieg

Auch der ‚heilige Krieg‘ kann, ähnlich dem ‚gerechten Krieg‘, nur für eine Seite in Anspruch genommen werden. Er wird im Zeichen eines religiösen Absolutheitsanspruches geführt, dem die Auserwähltheit einer religiösen Gruppe zugrunde liegt, setzt also eine gedachte und gefühlte Besonderheit voraus und leitet daraus ein für die Bezugsgruppe geltendes Motiv ab, einen Krieg im Namen Gottes zu führen. Die Kriegslegitimation wird aus der religiösen Sphäre, aus transzendenten Motiven bezogen und zu einer heiligen Mission im Diesseits, einem von Gott angeordneten Auftrag umformuliert, der aber nie jenseits eines auch machtpolitisch verstandenen Auftrages ausgeführt werden kann. Der Feind ist hier ein absoluter, seine Vernichtung die Vollendung des göttlichen Auftrages. Religiöse Rechtfertigungen für den ‚heiligen Krieg‘ finden sich in allen drei monotheistischen Religionen, wenn auch in unterschiedlichen Spielarten.[1] Im Alten Testament wird ein zürnender und rächender Gott als Krieger vorgestellt; den ‚heiligen Krieg‘ Milchemet Mitzvah musste ein jüdischer König in drei verschiedenen Situationen führen, zwei davon waren nur in Torah-Zeiten gegeben, die dritte Variante war als Verteidigungskrieg gedacht und war verpflichtend, er bedurfte keiner Zustimmung, während Milchemet Reshut als ein optionaler Krieg galt, der von den Gerichten bewilligt werden musste und mit Freiwilligen geführt wurde, um Israels Grenzen zu erweitern, vor allem aber um Größe und Ruhm des jeweiligen Königs zu mehren. Westliche Formen des ‚heiligen Krieges‘ entwickelten sich aus dem griechisch-römischen Gedankengut, vermischt mit christlichen Dogmen, wovon fünf bis zum 13. Jahrhun-

---

1   Peter Partner (1997), God of Battles. Holy Wars of Christianity and Islam. Princeton.

dert geführte Kreuzzüge zeugen. Psychologisch lässt sich in allen Formen der *‚heiligen Kriege'* ein narzisstisches Handlungsmotiv erkennen, eine Verabsolutierung des Eigenen, rationalisiert zur Reinhaltung der eigenen Glaubenssysteme bei gleichzeitiger Abwertung anderer. Über die Identifizierung mit den Plänen einer höheren Instanz kann das eigene Gewissen zum Schweigen gebracht werden. Auch in der säkularisierten Moderne lassen sich Formen des *‚heiligen Krieges'* erkennen, wenn man totalitäre ‚Gewissheiten' als eine Art ‚politische Religion' definieren will – wofür es gute Argumente, aber auch viele Gegenstimmen gibt. Im Wesentlichen unterscheiden sich die weltlich-politischen Religionen des Nationalismus, Kommunismus, Faschismus durch ihre Heilsversprechen: In den genuinen Religionen bleibt die Erlösung im Jenseits, bei den ‚politischen Religionen' wird die Eschatologie zu einer Geschichtsphilosophie säkularisiert, wodurch der apokalyptische Endkampf ins Diesseits verlegt wird. Aus Gründen seiner politischen Aktualität soll hier nur der islamische *‚heilige Krieg'* Berücksichtigung finden, da alle anderen Formen historisch sind.

Islamischer Djihad

Die Gleichsetzung des Djihad mit einem *‚heiligen Krieg'* gegen Ungläubige ist eine frühe Politisierung aus der Expansionszeit des Islam nach dem Tod Mohammeds (632) bis Mitte des 8. Jahrhunderts n. Chr. Von einem Wortstamm abgeleitet, der ‚sich bemühen', ‚größte Anstrengung auf sich laden', ‚größte Schmerzen auf sich nehmen' ausdrückt, kann der Djihad sowohl gegen unerwünschte innere als auch gegen äußere Objekte gerichtet sein – einen Feind, den Teufel oder auch Selbstanteile, etwa der *‚Djihad des Herzens'* gegen eigene als sündhaft empfundene Tendenzen,

oft auch als der ‚größere' Djihad bezeichnet; darüber hinaus gilt
er auch als Ausdruck des Kampfes unter Moslems um die Frage
der rechtmäßigen islamischen Autorität. Der Djihad in der Bedeutung eines religiös begründeten organisierten Krieges – ‚*Djihad
des Schwertes*' – entsteht erst mit der Verteidigung des Islam im
Zuge der Glaubensverbreitung und gründet auf der Überzeugung,
dass Allah alle Menschen in sein Haus des Friedens – Dar al-salam
– einlädt, daher das Ziel des Islam die Öffnung/Futuhat der gesamten Welt für den Islam sei. Mit Kampf/Qital wird der Djihad erst
dann verbunden, wenn Ungläubige die friedliche Konversion verweigern. Im Selbstbild wenden Muslime daher nur reaktive Gewalt
an, doch das unterscheidet den Djihad nicht von anderen Formen
des ‚*heiligen Krieges*', da das Töten nur aus der Opferperspektive
legitimiert werden kann und Umdeutungen vorgenommen werden
müssen. In einer Zeit der ‚Anspannung', wenn der Islam durch einen äußeren Feind bedroht wird, ist jeder Muslim berechtigt, sich in
einen Krieger zu verwandeln, um den Bund zwischen Mensch und
Gott zu erneuern. Djihad wird dann zugleich zum Glaubensbeweis
als auch zur Ordnungskraft, der mudschahid gibt sein Leben im
Kampf, wobei die Gewalt durch eine Gegenüberstellung von rein
– unrein, erlaubt – unerlaubt eine zusätzliche Ritualisierung erfährt.
Aus einer Position der Schwäche kann ein temporärer, taktischer
Frieden/Hudna geschlossen werden, wobei sich dann auf nichtmos-
lemischem Boden, der traditionell das Haus des Krieges/Dar al-harb
darstellt, dieses in das Haus des Vertrages/Dar al-ahd verwandeln
kann. *Ihre neue Religion, der Islam, war ein Glaube des Konflikts,
er lehrte die Notwendigkeit, sich den geoffenbarten Wahrheiten zu
unterwerfen, und propagierte das Recht seiner Anhänger, gegen
jeden Waffen zu erheben, der sich diesen Wahrheiten verweiger-*

te, analysiert der britische Militärhistoriker John Keegan.[2] Bei der
Bekämpfung von Nichtmuslimen boten sich zwei Möglichkeiten:
Den sogenannten Götzendienern stand die Wahl zwischen der
Konvertierung zum Islam oder dem Tod offen. Im Falle einer Konversion konnten sie später zu Vollbürgern werden. Den Religionen
des Buches, den sogenannten Schriftbesitzern, stand es frei, gegen
eine Kopfsteuer/ Djizya ihr Leben, ihren Besitz und ihre Religion zu
behalten, solange sie die muslimische Oberherrschaft, die sich zu
ihrem Schutz verpflichtete, anerkannten und sich gegen hohe Steu-
erleistungen mit einem Status als Bürger minderen Rechts zufrieden
gaben. Dann kam der Djihad nicht mehr in Frage, blieb aber gegen
andere Anhänger desselben Glaubens außerhalb des moslemischen
Machtbereiches aufrecht.

Bassam Tibi (1999) trennt zu Recht die religiös-doktrinäre Bedeutung, wie sie im Koran verankert ist, von den historischen Formen des Djihad-Begriffes. Im modernen Verständnis lässt sich auch
die frühe historische Praxis des Djihad, nämlich ein Krieg zur Verbreitung des Islam zu Zwecken der Welteroberung, als *‚heiliger
Krieg'* verstehen, in der ursprünglichen Bedeutung der Korantexte
findet sich davon freilich nichts. *Die Muslime haben allerdings in der
historischen Praxis ihren Djihad als ‚heiligen Krieg' – d. h. als angeblich von Gott verordnet – geführt.*[3] Erst nach der Auswanderung/
Hidjra 622 – einer Zeit intensiver Verfolgung der moslemischen Gemeinschaft – verdichtete sich im Exil in Medina die Interpretation,
dass der Krieg gegen Nichtmuslime so gut wie immer erlaubt ist,
ohne Vorwand und eigentlichen Grund.[4] Wie so oft, entwickelte

---

2   John Keegan (2003), Kultur des Krieges. Berlin. S. 287.

3   Bassam Tibi (1999), Kreuzzug und Djihad. Der Islam und die christliche Welt.
     München. S. 52.

4   Reuven Firestone (1999), Jihad. The Origin of Holy War in Islam. New York. p.
     50.

sich dieses Gedankengut unter einem akuten Bedrohungsszenario, als Mohammed seine Frau und seinen mächtigen Onkel verloren hatte und neben den aus Mekka mitgebrachten Anhängern erst wieder eine Schar von Helfern/ansars um sich scharen musste, die auch zum Kampf für den neuen Glauben bereit waren. Hier gründeten der Prophet und seine Anhänger das erste islamische Gemeinwesen, das den Krieg gegen die tribalen Beduinenstämme mit ihrer anarchischen Gewalt, die sich der Einbindung in die muslimische Welt widersetzten, unausweichlich machte. Hier scheint der Ort und die Zeit, wo auf abrupte Weise die Transformation von einem weltlichen in einen ‚*heiligen Krieg*' stattfand. Es sind dies Prozesse, über die es freilich nur eine sehr rudimentäre historische Rekonstruktion gibt, die aber von grundsätzlichem sozialwissenschaftlichem Interesse sind, da sie auf einer abstrahierten Ebene auch in anderen Kontexten der Gemeinschaftsbildung zu finden sind: Wer sich der moslemischen Gemeinschaft anschloss, musste sich zuerst aus den alten Verwandtschafts-Clans lösen und eine abstraktere religiöse Bindung entwickeln. In diesem Prozess der Transzendierung von Blutsbanden war die Neu-Definition der Beziehungen zu den Mitmenschen zwingend – und sie war geistig und psychologisch am leichtesten unter ‚ideologischen' Vorzeichen herstellbar. Die Idee des ‚*heiligen Krieges*' entsteht im Prozess dieser Gemeinschaftsbildung der umma, wo partikularistische Tendenzen der Blutsbanden, Sub-Gruppen, Ungläubigen sowie andere Religionen überwunden werden müssen.[5] Es ist der Entstehungsprozess einer soziopolitischen Masse mit den typischen psychischen Begleiterscheinungen, wie sie auch S. Freud in seinem grundlegenden Text ‚Massenpsychologie und Ich-Analyse' (1921) – allerdings für die katholische

---

5 Firestone hat eine sozial-psychologische Sichtweise auf diesen Gemeinschaftsbildungsprozess.

Kirche und das Heer – beschrieben hat. Die Masse wird durch Gefühlsbindungen zusammengehalten, die vertikale Bindung an den geistigen oder weltlichen Führer ist auch Ursache des horizontalen Bindungskittes. Suggeriert wird, dass es einen Führer gibt, der alle mit der gleichen Liebe liebt. Im Falle der Zersetzung einer solchen Masse wird ungeheure Angst frei, gleichzeitig werden jene rücksichtslosen und feindseligen Impulse frei, die sie gegen Gott oder seine Emanationen oder auch gegen die geliebten Brüder nicht entfalten können.[6] Da ein Gläubiger immer auch der Bruder eines Gläubigen ist, gebührt ihm Solidarität. Jene in den Stammeskämpfen unbändig zum Ausdruck kommende Energie musste sich daher in Solidarität unter Moslems transformieren – und mit ihnen die Neidimpulse in eine libidinöse Gefühlsbindung wandeln. Wie B. Lewis (1993) beschreibt, hatte die umma von Anbeginn an den Doppelcharakter als politischer Organismus, *eine Art neuer Stamm mit Muhammad als Scheich und mit Muslimen und anderen als Untertanen* und als religiöse Gemeinschaft, als Theokratie. Die Religion musste in der ursprünglichen arabischen Gemeinschaft politisch ausgedrückt werden, andererseits konnte nur die Religion die Kohäsion für einen Staat leisten, zumal vor allem der Widerstand der autonomen Beduinen gegen eine politische Führung enorm war.[7] Sowohl an der raschen Verbreitung als auch an der Nachhaltigkeit der islamischen Ideen nach dem Tode des Religionsstifters lässt sich ablesen, wie sehr er als erfolgreicher Religions- und Staatsgründer eine bereits latente Wunschpalette seiner Umgebung aufgriff,

---

6   Sigmund Freud (1921), Massenpsychologie und Ich-Analyse. In: Studienausgabe. Band IX. S. 93 ... *darum muss eine Religion, auch wenn sie sich die Religion der Liebe heißt, hart und lieblos gegen diejenigen sein, die ihr nicht angehören. Im Grunde ist ja jede Religion eine solche Religion der Liebe für alle, die sie umfasst.*

7   Bernard Lewis (1993), Die Araber. Aufstieg und Niedergang eines Weltreichs. Wien. S. 55.

wenngleich die charismatische Übertragung nach seinem Tod mit der Institution eines Kalifats als politische und militärische Autorität in eine bürokratische Herrschaft überging. Erst unter den Omaiyyaden, der ersten islamischen Kriegsdynastie, wurde der Krieg zum Selbstzweck, damit die Expansion eine Säule der Staatsideologie gegen Nichtmuslime, in der Folge zu einer universellen politischen Doktrin zur Welteroberung.[8] Es stellt sich die Frage, wie innerhalb von einigen Jahrhunderten eine unbekannte Stammesgruppe aus dem Inneren der arabischen Halbinsel zu Herrschern nahezu des gesamten Orients, Nordafrikas und Spaniens, aufsteigen konnte. Für den Militärhistoriker J. Keegan liegt das Geheimnis des Kriegserfolgs in der von den Arabern übernommenen Reiterkultur, ihrer Kenntnis der Wüste und ihrer nomadischen Rücksichtslosigkeit, die zu einem Militarismus in reinster Form führte. Erst nachdem sie in ihren Eroberungen erfolgreich waren, konsolidierte sich die Gesellschaft nach innen und überließ die Kriegführung neu hinzukommenden, fremden Militärkasten, die zwar den Islam übernahmen, aber gleichzeitig auch die politische Führung in den von ihnen eroberten Gebieten beanspruchten. Genuin von den Arabern stammt jene Innovation in der Kriegführung, die sie anderen Völkern überlegen machte. Es ist das neue religiöspolitische Prinzip, das sich als das effizientere herausstelle – und es bestand nicht in den militärisch-technischen Neuerungen, sondern in einem neuen Elan, der sich aus den geistigen Prinzipien ihrer Gemeinschaft/umma schöpfte, nämlich der Kraft einer Idee. Ihr Prophet lehrte sie, Krieger zu werden, er predigte den Krieg und führte ihn im Namen des einzigen Gottes Allah.[9] Sogar hier, in einer gänzlich anderen Welt, lässt sich die oft verkannte, dem Diktum vom Krieg als der Fortset-

---

8   John Keegan (2003), Kultur des Krieges. Berlin. S. 282.
9   John Keegan (2003), Kultur des Krieges. Berlin. S. 286.

zung der Politik mit anderen Mitteln zugrunde liegende Einsicht von Clausewitz finden: Auch das Djihad-Erfolgsgeheimnis lag zu seiner Zeit im effizienteren Prinzip, das sich durchsetzte, aber dieses Prinzip war nicht in äußeren Neuerungen begründet, sondern es war ein inneres, aus der Gesellschaft kommendes Prinzip, das zu einer anderen, von den Gegnern nicht erwarteten Kriegslogik führte. So rechneten z. B. die Byzantiner mit den gewohnten korrupten Söldnerheeren, die sie mit der herkömmlichen Mischung aus Intrigen, Bestechung und lokaler Gewalt in Zaum zu halten wussten. Sie unterschätzten die neue Kampfkraft des Glaubens der muslimischen Truppen, die mit erstaunlich geringer Heeresqualität ihre Eroberungsfeldzüge gewannen. Obwohl sich arabische Stämme seit Jahrhunderten befehdeten, hatten sie keine Erfahrung mit dem organisierten Kriegswesen. Ihre Kriegführung blieb primitiv, taktisch bevorzugten sie Guerillamethoden, erschienen überfallsartig, und Rückzug war nicht mit Schande belegt. Ihre Kamele konnte Gelände durchqueren, das für andere unpassierbar blieb, was noch Lawrence von Arabien im 20. Jahrhundert auszunutzen wusste. Erst im Moment der Feindberührung stiegen sie auf Pferde um. Auch Bassam Tibi teilt die Annahme, dass der Erfolg der arabischen Expansion nicht in einer militärischen Innovation, sondern in der geistig-religiösen Kraft begründet liegt. *Diese militärische Leistung wurde von arabischen, auf Kamelen reitenden, nur spärlich und einfach bewaffneten Beduinen vollbracht. Es trifft zu, dass diese Beduinen der islamischen Djihad-Disziplin untergeordnet und nach ihren Prinzipien organisiert waren, d. h. nicht länger die ungeordneten Banden der vorislamischen Ghazu/Raubüberfälle waren. Dennoch waren sie im Vergleich zu den professionellen Truppen von Byzanz primitiv. (...) Europäische Historiker, die, auch wenn sie keine Marxisten sind, oft dazu neigen, alles mit strukturellen und materiellen Begründungen zu erklären, unterschätzen hierbei spirituelle Motive*

*und handlungsbezogene Zusammenhänge.(...) Die arabischen Be-
duinen, deren Gewaltpotenzial (d.h. Angriffe auf Handelskarawa-
nen) der Islam von der arabischen Halbinsel in Richtung der fremden ‚ungläubigen' Umwelt Arabiens kanalisiert hat, erlangten durch
den islamischen Glauben einen Elan, der den Söldner-Soldaten der
Reiche, die sie bekämpft haben, fehlte.[10]* Für diese durch *nichts be-
grenzte Begeisterung* der moslemischen Glaubenshaltung, die zu
einem *das Konkrete verwüstenden Fanatismus* führe, der zugleich
aber auch aller Erhabenheit fähig wäre, hat Hegel den hohen Abs-
traktionsgrad, der keine Ablenkungen zulässt, verantwortlich gemacht. Er würde den Menschen nur Wert als Glaubender zuschrei-
ben, das leibliche Gefühl der Besonderheit abtun, den partikularen
Besitz zurückweisen, doch dies wären nur die einfachen Gebote,
das *höchste Verdienst aber ist, für den Glauben zu sterben, und
wer in der Schlacht dafür umkommt, ist des Paradieses gewiss.*[11]

Moderner politisierter Djihad

Die unterschiedlichen Djihad-Formen der Gegenwart sind als moderne Phänomene zu begreifen und nicht als Rückgriff in die Prämoderne, auch wenn sie mit einer Ablehnung der modernen westlichen Welt einhergehen. In den Neuformulierungen des Islam wird
eine Ideologisierung der Tradition vorgenommen, eine Politisierung
der Religion nach modernen Prinzipien und kein Rückzug von der
Welt in religiös quietistische Welten. Von den modernen Islamisten wird die Verbreitung westlicher Einflüsse als moderne Form des

---

10   Bassam Tibi (1999), Kreuzzug und Djihad. Der Islam und die christliche Welt.
     München. S. 66.
11   G. W. F. Hegel (1919, 1988), Vorlesungen über die Philosophie der Weltgeschich-
     te. Band II–IV. Hamburg. S. 792.

Kreuzzugs gedeutet, dem nur der Djihad Einhalt gebieten könne, um die islamische Welt zu ‚entwestlichen'. Gerade weil die westlichen Werte mit universalistischen Begründungen eindrangen, wird auch die islamistische Gegenoffensive zu einer universalistischen. Anfänglich richtete sich die Opposition gegen den säkularen Nationalismus der einheimischen Eliten, der im Zeichen von Selbstbestimmung den Kolonialisten entgegengesetzt wurde, freilich als Kopie des westlichen Nationalismus. Die unterschiedlichen Spielarten der Nationalismen hatten in den Augen der islamischen Opposition zur Zersplitterung der islamischen Welt geführt, ebenso zur Übernahme westlicher Begriffe und vor allem Lebensgewohnheiten, wie die Kommunikation über Fernsehen und Rundfunk. In den Augen der islamistischen Opposition galt jeder Nationalismus als gottlos/kufr, allemal dann, wenn auch die Staatskonzeption europäische Wurzeln aufwies, was so gut wie überall der Fall war. Während in einigen Ländern die Elite der ulema als nunmehr Staatsbeamte in ihren spirituellen Welten verharrte, formierte sich unter den Strömungen des Volksislam eine radikale Opposition gegen die Modernisten in den eigenen Gesellschaften – eine Opposition im Namen eines politisierten Islam, die es verstand, sich die nötigen Instrumente der Moderne anzueignen und tatsächlich dort einzugreifen, wo die Moderne ihre negativen Spuren hinterlassen hatte – in Spitälern für das Volk, Schulen, Werkstätten für Arbeitslose und anderen wohltätigen Einrichtungen. Dieser politisierte Islam, *der Islam der Muslimbrüder, beschränkte sich nicht auf Frömmigkeit und Gottesdienst, sondern setzte der europäischen Moderne eine ‚islamische' Moderne entgegen.*[12] Angestrebt wird eine Islamisierung von oben, ein Staat, der die Scharia anwendet und Souveränität nur im Namen

---

12   Gilles Kepel (2002), Das Schwarzbuch des Dschihad. Aufstieg und Niedergang des Islamismus. München. S. 45.

Allahs ausübt. Diese islamistischen Gegenprojekte zur Moderne, die ab den 1960er-Jahren Zulauf erhielten, waren seit den 1920er-Jahren vorgedacht worden, im Wesentlichen von drei Ideologen aus verschiedenen Kulturen, dem Pakistani Maududi (1903–1979), dem Ägypter Sayyid Qutb (1905–1966), der 1966 vom Nasser-Regime gehängt wurde, und dem Iraner Ayatollah Khomeni. Aus den Reihen der 1928 gegründeten und 1955 verbotenen ägyptischen Muslimbrüderschaft kam die kompromisslose Forderung nach einem radikalen Bruch mit der bestehenden Ordnung, die als Abgleiten in die Ungläubigkeit interpretiert und mit dem Bösen und Unreinen schlechthin gleichgesetzt wurde. In ihren grundsätzlichen Ideen fanden sunnitischer und schiitischer Islam gut zueinander, vor allem deswegen, weil es eben nicht um theologische Auslegungen des Islam, sondern um ein politisches Aktionsprogramm ging, in das sich einmal mehr, einmal weniger starke Dritte-Welt-Marxismen mischten. Adressaten waren bereits die durch die Säkularisierungsprozesse gefährdeten BürgerInnen der dekolonisierten Staaten, die der Ausdrucksweise der abgehobenen vergeistigten ulema-Gelehrten schon differenziert gegenüberstanden, vor allem aber schon mit Unverständnis begegneten. *Maududi machte die Religion zu einer Ideologie des politischen Kampfes. Um diesen Dschihad zu führen, organisierte er ‚die Avantgarde der islamischen Revolution' in einer 1941 gegründeten Partei, der* jama'at-i islami, *die zahlreiche Übereinstimmungen mit dem leninistischen Modell aufwies.*[13] In der Radikalität wurde Maududi, dem es nie gelang, eine große Anhängerschaft zu mobilisieren und der sozialpsychologisch doch aus einer bis zum Verfolgungswahn gesteigerten Melancholie der entmachteten und zur Minorität gewordenen indischen Musli-

---

13   Gilles Kepel (2002), Das Schwarzbuch des Dschihad. Aufstieg und Niedergang des Islamismus. München. S. 53.

me – dem sogenannten Andalusiensyndrom – heraus schreibt, von Sayyid Qutb übertroffen: Qutb rief zur Vernichtung des gottlosen Staates auf, für eine revolutionäre Machtergreifung der Islamisten, ohne speziellen sozialen Inhalt. Der Djihad, schreibt der algerische Politologe Fouad Allam (2004), *verbindet in der Moderne den historischen, politischen und mystischen Bereich.*[14]

Erst die schiitische Revolution – ebenfalls noch inspiriert vom marxistischen Inhalt der Dritten-Welt-Bewegung – verband die schiitische Lehre mit einem von islamistischen Intellektuellen mit moderner Ausbildung ausgearbeiteten revolutionären Programm, das die Zustimmung der Rechtsgelehrten erhielt und explizit im Namen der Entrechteten auftrat. Anders als die früheren Kolonialeliten, die angetreten waren, das für rückständig betrachtete Eigene den aufgeklärten westlichen Idealen zu opfern, versuchten sie, sozialrevolutionäre Inhalte mit einer religiösen Deutung zu verbinden; dies führte nicht zuletzt deshalb in den politischen Aktivismus, weil die Anhängerschaft es so verstanden wissen wollte. Unterstützung erhielten die radikalen islamistischen Strömungen von einem neuen Intellektuellen-Typus, wie ihn etwa der Iraner Ali Shariati (1933–1977) verkörperte, der zwar aus einer religiösen Familie stammte, später aber in Paris studierte und dort mit der algerischen Freiheitsbewegung und dem revolutionären Denken von Jean-Paul Sartre und Frantz Fanon in Kontakt kam und aus all diesen Einflüssen ein volkstümliches Amalgam für eine neue islamische Identität schuf. Für den entgrenzten Djihad-Terrorismus hatten diese Strömungen der 1960er-Jahre noch nicht plädiert, doch konnten diese populär-philosophischen Konzepte, auch versatzstückartig zusammengemischt, zur Grundlage einer Radikalisierung genommen werden. Schon im algerischen Befreiungskrieg 1954–1962 war der moderne

---

14 Fouad Allam (2004), Der Islam in einer globalen Welt. Berlin. S. 137.

Djihad, hier allerdings in sunnitischer Interpretation, die Parole der islamistischen Kampftruppen. Einen weiteren politischen Auftrieb erhielt die Idee einer islamischen Revolution erst durch den Umsturz im Iran und später durch den Sieg der Mudschahedins über die sowjetische Armee. Die Befreiung Afghanistans stärkte die Größenphantasie einer muslimischen Unbesiegbarkeit, die Phantasien über die Errichtung einer muslimischen Herrschaft über weite Gebiete nährte, bis die Khilafa, die Gottesherrschaft auf Erden, errichtet sein werde.[15]

Diese Universalisierung des Djihad, die darauf zielte, alte politische Begrenzungen in der islamischen Welt wieder aufzuheben, bildete die Basis für die neue Globalisierung terroristischer Aktivitäten im Konzept des Djihad, der von verschiedenen, politisch und religiös durchaus unterschiedlichen Gruppierungen, die sich in den 1970er- und 1980er-Jahren herausgebildet hatten, getragen war. Walter Laqueur deutet dieses Phänomen aus dem Kriegstrauma in Analogie zur Situation in Europa nach dem Ersten Weltkrieg: Traumatisierte Kriegsveteranen kehrten – allerdings siegreich – aus dem Afghanistankrieg zurück, waren entwurzelt, psychisch zerrüttet und nicht mehr imstande, sich in die Zivilgesellschaften einzugliedern. Labile junge Männer mit psychischen Problemen gerieten unter die Indoktrination fanatischer Prediger, die ihnen kompensatorisch Halt und Gemeinschaft suggerierten, mit dem Ziel, abrufbereite Berufskrieger aus ihnen zu machen. Aus einer ähnlichen posttraumatischen Nachkriegsstimmung leitet auch Bassam Tibi seine These vom neuen djihadistischen Totalitarismus ab, der zu den Erscheinungsformen des terroristischen Djihad führte. Gerade diese Parallelführung mit den Erste-Weltkriegsveteranen, die einer

---

15 Walter Laqueur (2004), Krieg dem Westen. Terrorismus im 21. Jahrhundert. Berlin.

näheren Analyse zugeführt werden müsste, verweist einmal mehr auf die Modernisierungskrise, die allen diesen Bewegungen einst und jetzt eigen war und ist. Wer, wie H. Münkler dies mit seiner *‚Neuen Kriege'*-Konzeption versucht, im Clausewitz'schen Schema bleibt und auch den Terrorismus als Abnützungs- und Ermüdungsstrategie einbezieht, kann zwar Unterschiede zum klassischen Djihad, der kriegerisch, aber nicht terroristisch ist, feststellen, diese beziehen sich aber nur auf Fragen der Kriegführung, nicht jedoch auf den Willen zum Krieg selbst. Diese neuen transnationalen Formen des Terrorismus zielen nicht mehr auf bestimmte Personen, die den Staatsapparat repräsentieren, schon gar nicht auf die Streitkräfte des Gegners, sondern auf die wirtschaftliche Schwächung der – meist auch islamischen – Länder, in denen die Anschläge verübt werden, im Falle der westlichen Ziele auf das psychische Inventar von Gesellschaften, die zu einer Änderung ihrer Haltung gezwungen werden sollen. An vorderster Front steht eine Schädigung der Wirtschaft, etwa des Tourismus als Ausdruck moderner Mobilität, tatsächlich soll ein politischer Regimewechsel über die wirtschaftliche Schädigung erzielt werden, wie die Anschläge auf der Insel Djerba, in Bali, Mombasa und in Ägypten, allerdings erfolglos, gezeigt haben. Was die Strategie betrifft, so verfolgen diese Formen des Terrorismus eine von Symmetrievorstellungen entkoppelte autonome Asymmetrierung, die auf die geringe Opferbereitschaft post-heroischer Gesellschaften, das heißt ihre psychische Verwundbarkeit, zielt. Diese Strategien, so sehr sie in den Augen der Islamisten aufgehen mögen, können nicht darüber hinwegtäuschen, dass der Islamismus jenseits seiner Gewaltstrategien *keine Antwort auf die politischen, sozialen und wirtschaftlichen Probleme der muslimischen Welt – nicht mehr als der Sozialismus, der Nationalismus und andere ‚westliche' Ideologien, die ausprobiert worden sind, versagt haben und ausrangiert wurden – besitzt. In den Ländern,* *in denen der Islamismus an die Macht gelangte oder politisch besonders aktiv war, in Afghanistan und im Iran, im Sudan und in Algerien, hat sich sein Einfluss als katastrophal herausgestellt. Und doch hat er gegenüber den anderen Ideologien den Vorteil, dass er historisch tief verwurzelt ist, da er ein integraler Bestandteil der gesamten kulturellen Tradition der islamischen Welt und ihrer Lebensweise ist.*[16]

---

16 Walter Laqueur (2004), Krieg dem Westen. Terrorismus im 21. Jahrhundert. Berlin.S. 313/314.

Ethnopolitischer Krieg

In der Geschichte bewaffneter Konflikte lässt sich ein Anwachsen ethnisch begründeter Konflikte seit 1945 feststellen. Sie stellen seither eine der bedeutendsten Kategorien politischer Gewalt dar. In den ersten Nachkriegsjahrzehnten hatten fast alle europäisch beherrschten Kolonialgebiete die Unabhängigkeit erreicht und waren Mitglieder des internationalen Staatensystems geworden, doch haben Formen partikularer Stammes- oder Claninteressen, nun artikuliert als moderne Form eines ethnischen Gruppenbewusstseins die Ausbildung eines tragfähigen Staatsbürgerbewusstseins verhindert, wobei dies eine verhängnisvolle Interdependenz darstellte: Wo der Staat in seinen Verpflichtungen versagt, bleibt der Bevölkerung wenig anderes als der Rückzug in verlässlichere alte Strukturen, gleichzeitig verhindern diese Strukturen eine Identifikation mit der abstrakten Idee eines Staates. Was in Befreiungsideologien, Nationalismen oder pannationalistischen Bewegungen noch oberflächlich in gemeinsames Handeln vereint werden konnte, solange ein gemeinsamer Außenfeind existierte, zerfiel oft später in ethnisch motivierten Konflikten – wozu die internationale Krise des Kalten Krieges wesentlich beitrug. Ob Afghanistan, Algerien, Angola, Burundi, Georgien, Guatemala, Indien, Kolumbien, Nordirland, Ruanda, Somalia, Sri Lanka, Sudan, Türkei oder Zypern – um nur einige Krisenherde anzuführen: In ihrer überwiegenden Mehrheit handelt es sich dabei um innerstaatliche Gewaltausbrüche, die im Zeichen einer Rivalität von Großgruppenfeindschaften ausgetragen wird – und zwar oft jenseits ‚rational' nachvollziehbarer Begründungen. Unter der Bezeichnung ‚ethnische Gewalt' firmieren allerdings ganz unterschiedliche Erscheinungsformen, die sich je nach Mitteln, Organisationsform und Arten der Gewaltakteure als ethnische Säuberungen, als Pogrome, als Ausschreitungen, Massaker bis zum Extremfall als Ethnozide äußern können.

In den letzten Jahrzehnten überboten sich sozialwissenschaftliche Definitionen im Versuch, den Begriff ‚Ethnie' zu fassen, nicht zuletzt, um der besonderen Hartnäckigkeit und Grausamkeit ‚ethnischer' Konflikte auf die Spur zu kommen. Den kleinsten gemeinsamen Nenner unter schier unendlichen Bemühungen, den Begriff eher der religiösen oder allgemeiner oder kulturellen Sphäre zuzuordnen, bildet das Verständnis von ‚Ethnie' als einer Volksgruppe mit Gemeinschaftsbewusstsein, die durch gemeinsame Merkmale verbunden ist. Daran knüpften sich nicht weniger zahlreiche Debatten darüber, ob diese Merkmale nun ‚objektiv' feststellbar sein oder ‚nur subjektiv' begriffen werden müssen, um ein solches Gemeinschaftsbewusstsein aufzuweisen, ob die Sprache dabei einen unerlässlichen Gemeinschaftsfaktor darstelle oder ob sich die gemeinsamen Eigenschaften ‚nur' auf Religion und Traditionen beziehen und durch eine gemeinsam erlebte Geschichte, eine Art ‚Schicksalsgemeinschaft', zusammengewachsen sind. Alle diese interessanten Kontroversen haben eines gemeinsam: Sie vermögen *keinen positiven Begriff* des Ethnos oder der Ethnie zu geben, denn der Begriff bezieht sich in seinem Wesen auf das Pochen von Unterschieden, die sich zwar feststellen, aber nicht begründen lassen. Denn ‚ethnisch' bezeichnet gerade all jenes, was den Menschen *nicht gemeinsam* ist und sich nicht auf einen gemeinsamen Nenner bringen lässt. Es ist die Berufung auf eine Besonderheit, die den jeweils ‚anderen' mangelt; allerdings bedarf es genau dieser ‚anderen', um die Unterschiede überhaupt festzustellen. Wie die Nation oder Klasse, muss auch die ‚Ethnie' erfunden werden. Sie existiert nur als psychisches Konzept, als Phantasma, das sich in Gruppenidentitäten manifestiert, die inhaltlich gänzlich unterschiedlich bestimmt sind, in ihren psychischen Strukturen aber weltweit ähnliche, wenn nicht gleiche Züge zeigen. Umso unverständlicher ist es, wenn der Begriff der ethnischen Identität nur als soziales, nicht aber als psychosoziales Phänomen begriffen wird. Selbst in Definitionen, die sich um eine möglichst breite Bestimmung bemühen, wird die Bestimmung an Äußerlichkeiten und nicht am Geistigen festgemacht. Auf diese Art ist nicht zu erklären, warum und unter welchen Umständen, Möglichkeiten und Bedingungen Menschen kategoriale Unterschiede in ihren ethnischen Selbst- und Fremddefinitionen machen und diese Unterscheidung soweit hierarchisch zu eskalieren bereit sind, dass die Zugehörigkeit zur einen Gruppe eine Ablehnung und krasse Abwertung der anderen bedingt. Mit reinen ‚Interessenkonflikten' lässt sich weder die Entstehung noch die Proeminenz dieses Bedürfnisses erklären. B. Anderson (2003) ist ein wesentlicher Beitrag zur Bildung ethnischen Bewusstseins zu verdanken, das sich durch die Imagination, durch Hören, Erzählen und Lesen in den Köpfen und Seelen bilde, mit der Zeit aber zu *seelischgeistigen Konstrukten* verdichte und politisch wirkmächtig werde – die Imagination verwandelt sich auf diese Weise in eine Kreation.[1] Ein ethnisches Kollektiv mit einer zunächst nur rudimentären und diffusen ethnischen Identität und einem oft untergeordneten ökonomischen und politischen Status vermag nun Unzufriedenheit und sozialen Protest mit der jeweilig kreierten Ethnizität in Verbindung zu bringen, ebenso wie ethnisch dominante Gruppen den Wunsch nach einem eigenen Territorium erheben und einen Ethno-Nationalismus mit Sezessionsforderungen entwickeln können. Im Sinne M. Webers entspricht die ethnische Gruppe im Selbstbild einem ausgeweiteten Verwandtschaftsverband, gruppiert um gemeinsame Herkunft

---

1   Benedict Anderson (2003), Imagined Communities. Reflections on the Origin and Spread of Nationalism. London. Siehe dazu auch: Cornelius Castoriadis (1990), Gesellschaft als imaginäre Institution. Frankfurt/Main.

und geteilte kulturelle Traditionen. Ethnische Gruppen bilden gleichermaßen das abstraktere Bindeglied zwischen Clans, Verwandtschaftsgruppen und politischen Nationen. Ethno-politisch wird dieser Sippenverband erst dort, wo im Namen einer partikularistischen ethnischen Gruppe Ziele auch politisch als Gruppe verfolgt werden, was nicht zwangsläufig zu einer gewalttätig konfliktiven Entwicklung führen muss – wohl aber auf dem Ausschlussgedanken einer ‚Wir-Bildung' gegenüber nicht zugehörigen ‚anderen' basiert. T. R. Gurr (1993) etwa unterscheidet zwischen ‚ethnopolitischen' Konflikten als einem Oberbegriff und ‚ethnonationalen' Konflikten als einer speziellen Ausprägung, bei der von einer ethnischen Gruppe Sezession bzw. territoriale Autonomie gefordert wird. In einer deskriptiven Erklärung treten ethnische Identitäten in vier verschiedenen Typen auf:

1. Ethnonationalisten – sind meist auch regional konzentrierte Volksgruppen, wie Kurden, Griechisch-Zyprioten, Tamilen, die sich als politische Nation konstituieren wollen und Sezessionsforderungen stellen.

2. Nationale Minderheiten – sind meist verstreut in verschiedenen Staaten, bilden aber im Staat, in dem sie leben und in dem sie Ansprüche stellen, eine Minderheit.

3. Indigene Völker – Nachfahren der von der Eroberung betroffenen Ursprungsbevölkerung, die sich in der Lebensweise und im Modernisierungsgrad von der dominanten Gruppe unterscheiden und um ihre politische Integration in die staatlichen Entscheidungsprozesse kämpfen, und

4. kommunale ethnische Unzufriedenheit, die nach stärkerer politischer Repräsentation in meist regionalen Bezügen strebt.[2]

---

2   Ted R. Gurr/Anne Pitsch (2002), Ethnopolitische Konflikte und separatistische Gewalt. In: Wilhelm Heitmeyer/John Hagan (2002) (Hg.), Internationales Handbuch der Gewaltforschung. Wiesbaden. S. 288 f.

Obwohl in der Forschung die Gründe für den Ausbruch ethnischer Gewalt umstritten sind, gilt die populär verbreitete Ansicht, es würden nach dem Ende eines diktatorischen Regimes ‚uralte Hassgefühle' wieder aufleben, als wissenschaftlich nicht haltbar, da die überwiegende Mehrzahl der heute ethnisch radikalisierten Gruppen, soweit bekannt, lange Perioden von mehr oder weniger erfolgreichen Kooperationen kennt, wie überhaupt das Phänomen der politischen Radikalisierung ein modernes ist. Dies bedeutet auch, dass *für die meisten Menschen ... ihre aktuelle Situation wichtiger* ist als historische Traumata, die jedoch in bestimmten Bedrohungsszenarien neu konstruiert werden. *Auch die Führung einer Gruppe ist wichtig, um die Erinnerung von Menschen an ihre gemeinsame Identität und kollektiven Interessen wachzuhalten und sie zum Handeln zu organisieren, aber sie genügt nicht. Nationale Gruppen benötigen irgendein vorgängiges Identitätsgefühl und ein reges Bewusstsein erlittenen Unrechts, wenn sie begeistert auf Führer reagieren sollen, die Autonomie oder Unabhängigkeit propagieren. Kurz gesagt: Erklärungen, die das Hauptgewicht auf überkommene Hassgefühle legen, richten ihren Blick in der Kausalkette zu weit nach hinten. Erklärungen, die sagen, die Führung der Gruppe sei ausschlaggebend, schauen nicht weit genug zurück.*[3]

Im Versuch, zu tieferen Motivationen vorzudringen, lassen sich ethnische Konflikte mehr als andere Konfliktarten als *Identitätskonflikte deuten*. Diese sind schwer verhandelbar. Sie sind von einer emotionalen Dynamik bestimmt, auch wenn diese emotionellen Faktoren in Selbstbegründungen – wie auch in sogenannten objektiven sozialwissenschaftlichen Verfahren – mit Kämpfen um Res-

---

3   Ted R. Gurr/Anne Pitsch (2002), Ethnopolitische Konflikte und separatistische Gewalt. In: Wilhelm Heitmeyer/John Hagan (2002) (Hg.), Internationales Handbuch der Gewaltforschung. Wiesbaden. S. 292.

sourcen, Territorien, Rechte etc. rationalisiert werden. Dies bedeutet nicht, dass den ‚rational' angeführten Gründen für die ethnische Rivalität keine Bedeutung zukommt, sondern es liegt an der Art und Weise des Umgangs mit Interessenkonflikten, einer Rigidität im Verhalten, den verzerrten Wahrnehmungsmustern, selbstreferenziellen Bezugssystemen, insgesamt dem Unwillen, eine Verhandlungslösung zu erzielen, die zu den Annahmen einer tiefer liegenden, psychomentalen Konfliktstruktur berechtigen. Von Donald Horowitz, einem der besten Kenner ethnischer Konflikte, stammt die Formulierung, in ethnischen Konflikten würde eine *Leidenschaft zum Ausdruck* kommen, die *nach einer Erklärung ruft, die dem Bereich der Gefühle gerecht wird*.[4] Die Griechisch-Zypriotin *wusste und fühlte* zu einer Zeit, dass sie zur griechischen Nation gehörte und dies bedingte für sie einen essenziellen Unterschied zu ihren lebenslangen unmittelbaren Nachbarn, der sich für sie in einer Rangordnung ausdrückte und eine Überlegenheit über Türkisch-Zyprioten meinte, die sie für alles das hielt, was ihre Bezugsgruppe als ‚orientalisch' brandmarkte – faul, schmutzig, ungebildet, barbarisch und gefährlich. Auch wenn sie selbst kaum lesen und schreiben konnte, wusste und fühlte sie sich als Nachkomme eines europäischen Volkes, das gegenüber den Türken etwas ‚Besonderes' darstellte, sie identifizierte sich mit Errungenschaften, an welchen sie selbst keinen Anteil hatte und die ihr persönlich völlig fremd waren – weder besaß sie historisches Wissen noch interessierte sie sich für die Welt der griechischen Antike. Doch für ihre Zugehörigkeit zur großen griechischen Nation, die Zypern als Territorium mit umfasste, gab sie sich kampfbereit, ja todesmutig. Diese Identifikation mit Größe – in ihrem Fall der griechisch-nationalistischen *megali idea* – hatte letztlich ihr eigenes Ego so vergrößert, dass ihre eigene kleine und viel-

---

4   Donald Horowitz (1985), Ethnic Groups in Conflict. Berkeley. p. 140.

fach auch miserable Realität dahinter verschwamm. Dem parallelen ‚Besonderheits'-Bewusstsein ihrer türkisch-zypriotischen Nachbarn, das aus dem gleichen Stoff gewebt ist, nur andere Zuschreibungen enthält, steht sie absolut feindlich gegenüber, dem ‚Besonderheits'-Anspruch anderer Ethnien mit Indifferenz. Sie besitzt eine starke ‚ethnische Identität', die psychologisch den gleichen Mechanismen unterliegt wie alle anderen ethnischen Identitäten, welchen sie feindlich, bewundernd oder beziehungslos gegenübersteht. Freud sah im Phänomen, dass gerade benachbarte und einander auch sonst nahestehende Gemeinschaften sich gegenseitig befehden und verspotten, eine *relativ harmlose Befriedigung der Aggressionsneigung, durch die den Mitgliedern der Gemeinschaft das Zusammenhalten erleichtert wird*, und nannte es den *Narzissmus der kleinen Differenzen*.[5] Indem die Fremdgruppe zur Projektionsfläche für verdrängte aggressive Wünsche wird, erfolgt eine Externalisierung schlechter Anteile auf die antagonistische Gruppe, wodurch den Mitgliedern der In-Group ein stabiles, von Ambivalenzen freies Ich ermöglicht wird, das mit der ethnischen Gruppe verschmelzen kann. Tiefenpsychologisch lassen sich die Nationalismen als Glaubenssystem und die ‚Liebe' zur Nation/Ethnie als narzisstische Verschmelzungswünsche analysieren, die zu einer Erweiterung des – oft schwachen – Selbstgefühls führen.[6]

---

5   Sigmund Freud (1927), Das Unbehagen in der Kultur. In: Ders. (1974), Studienausgabe. Band IX. S. 243.

6   Alfred Krovoza (1996) (Hg.), Politische Psychologie. Ein Arbeitsfeld der Psychoanalyse. Stuttgart. S. 159. In einer narzisstischen Dualunion ist die unvermeidliche Ambivalenz aufgehoben, zum Objekt wird eine regressive vorambivalente Beziehung aufgenommen. Dies macht auch die Attribute der Idealität verstehbar, die der Nation zugeschrieben werden: die Reinheit der Liebe zur Nation und die Nation als höchstes Gut. Die Idealisierung bedingt andererseits die Abspaltung des ‚Bösen' und dessen Projektion auf die Feinde.

Ein Stadium der Präambivalenz wird gesucht, in dem der Wunsch nach Auslöschung aller Unterschiede, nach Regression auf konfliktfreie, d. h. eben präambivalente, Beziehungen dominiert. Je nach Fanatismusgrad kann die Regression in eine konfliktfreie prä-ödipale Welt zugelassen oder sogar öffentlich stimuliert werden. Ein Drang nach Begrenzungen leugnender Allmacht begleitet den Wunsch nach einer ethnisch homogenen und ‚reinen' Gesellschaft, wobei der Kern dieser Reinheitsvorstellungen nach psychoanalytischer Lesart die Abwehr von Ängsten ist, die mit dem Kastrationskomplex in Zusammenhang stehen. Dass dieser Homogenität auch eine gute Portion Destruktivität innewohnt, kann – vor sich selbst unbemerkt – auf Kosten anderer, Unpassender, ausgelebt werden. Tatsächlich lässt sich aus der Freud'schen Annahme einer prinzipiellen Gefühlsambivalenz, die auch die Aggressionsneigung mit umfasst, noch kein ethnischer Konflikt erklären, bedenkt man zudem, dass drei Viertel aller ethnischen Konflikte ohne Gewalt gelöst werden und nur etwa ein Drittel der ethnischen Gruppen mit politischen Zielen auch zu gewaltsamen Mitteln greift.[7] Es werden hier jedoch psychische Dispositionen, Tendenzen für ethnische Radikali-

---

7   Basis der empirischen Untersuchung, die immer wieder aktualisiert wurde, bildet die Studie von Ted R. Gurr (1993), Minorities at Risk. A Global View of Ethnopolitical Conflicts. Washington. In einer Folgestudie schreiben Ted Robert Gurr/Barbara Harff (2004), Ethnic Conflict in World Politics. Second Edition. Boulder. p. 3: *Ethnic groups like the Curds, Miskitos of Central America, and the Turks in Germany are 'psychological communities' whose members share a persisting sense of common interest and identity that is based on some combination of shared historical experience and valued cultural traits – believes, language, ways of life, a common homeland. There are often called identity groups. (…) Some religious groups resemble ethnic groups insofar as they have a strong sense of identity based on culture, belief, and a shared history of discrimination. (…) Many ethnic groups coexist amicably with others within of boundaries of established states. (…) The ethnic groups whose status is of greatest concern in international politics today are those that are the targets of discrimination and that have organised to take political action to promote or defend their interests.*

sierungen analysiert, die politischen Instrumentalisierungen zugänglich sind. V. Volkan (1999) hat für die ethnische Gruppenbildung die einprägsame Metapher vom ethnischen Zelt geprägt.[8] Die Zeltwand stellt dabei die zweite ethnische Stoffschicht neben der Kleidung – der individuellen Identität – dar. Sie bildet gleichsam einen Schutz für alle Gruppenmitglieder, die sich im Zelt befinden. In der Mitte hält der Zeltpfosten – ein ethnischer Führer – das Zelt stabil, indem er sowohl die Wünsche der Gruppe artikuliert und in Forderungen transformiert als auch durch seine eigene Identität den Gruppenzusammenhalt stärkt. Untereinander identifizieren sich die Zeltinsassen über ihre Liebe zum Führer, der ihnen die Illusion vermittelt, alle mit der gleichen Liebe zu lieben; es ist dies ein räumliches Bild der von S. Freud (1931) in seinem Essay ‚Massenpsychologie und Ich-Analyse' entwickelten horizontalen und vertikalen Gefühlsbindungen einer stabilen Masse. Obwohl über die ethnische Gemeinsamkeit konstruierte Gefühlsbindungen grundsätzlich die Tendenz in sich tragen, unter Bedrohung zu regredieren, sind Gruppenidentitäten an sich noch nicht zwingend pathogene Konstruktionen. Sie tragen jedoch eine Tendenz dazu in sich, die sich in Krisensituationen mobilisieren lässt bzw. ein Mobilisierungspotenzial, das auch imstande ist, eine solche Krise herbeizuführen. Dies ist die Stunde der ethnischen Unternehmer und jener politischen Führer, die die diffusen, auch aus der neurotischen Konfliktverarbeitung stammenden Bedürfnisse nach Orientierung, ‚Größe' und/oder Verschmelzung mit dem idealisierten Objekt aufgreifen. Dies geschieht auf zweifache Weise, indem sie eine unbewusste Wunschpalette ihrer Anhänger ausagieren, als auch dadurch, dass sie entspre-

---

8   Vamik Volkan (1999), Blutsgrenzen. Die historischen Wurzeln und die psychologischen Mechanismen ethnischer Konflikte und ihre Bedeutung bei Friedensverhandlungen. Bern. S. 29 ff.

chende emotionelle Stimmungen erst generieren und die Labilitäten
der Gruppe dafür missbrauchen. Gerade politische Führer zeigen
ein besonderes Interesse an ethnischen Feindbildern als Mechanismus, der die Einheit der eigenen Bezugsgruppe stärkt, daher neigen
sie zur Betonung und Überakzentuierung bereits existierender Konflikte gerade in Situationen, wo der Korpsgeist ins Wanken gerät
und ihre ‚Leadership' geschwächt zu werden droht.[9] Da böse Anteile von der Psyche abgespalten werden, wenn sie nicht integriert
werden können und nicht zur Kernidentität gehören, bilden sie das
geeignete Material für ‚Externalisierungen' und ‚Projektionen' auf
jeweils ‚andere', während die eigene ethnische Gruppenidentität
über gemeinsame Ersatzobjekte wie kulturelle und nationale Sym-
bole, Bräuche, Speisen gestärkt wird: *Durch die gemeinsamen Ersatzobjekte werden Ethnizität oder Großgruppenidentität auf der
präödipalen Ebene mit der persönlichen Identität verwoben. Die
abstrakteren Konzepte des Kubanertums, des Finnentums, des
Deutschtums oder der Jüdischkeit werden langsam mit diesen Er-
satzobjekten verbunden, die in der Tat die Grundlage von Groß-
gruppenidentitäten darstellen.*[10] Mehr als Tendenzen lassen sich
dabei nicht feststellen, es sei denn, man hängt einem deterministi-
schen Geschichtsbild an. In der einen oder anderen Weise besitzen
alle Individuen eine Bindung an eine ethnische Gruppenidentität als
gleichsam erweiterte Identität. Entscheidend ist, wie prominent diese ethnische Identität in den Vordergrund rückt, wie wichtig sie neben anderen Identitätselementen – etwa Geschlecht, sozialer Status, Beruf – wird, d. h. wie sehr sie das soziale und politische Dasein
zu bestimmen beginnt und wie sehr sie letztlich auch die innere

---

9   Lewis A. Coser (1965), Theorie Sozialer Konflikte. Berlin. S.124/125.
10   Vamik Volkan (1997), Blutsgrenzen. Die historischen Wurzeln und die psycholo-
     gischen Mechanismen ethnischer Konflikte und ihre Bedeutung bei Friedensver-
     handlungen. Bern. S. 128.

Freiheit im Denken und Fühlen einzuschränken beginnt. Allerdings kann diese innere Freiheit bereits durch persönliche intrapsychische Konflikte eingeschränkt sein. Wenn jedoch die Möglichkeit besteht, diese Konflikte auf ethnische, ganz allgemein auf Gruppenzusammenhänge zu verlagern, führt dies sogar zu einer Entlastung der individuellen Psyche, die nationale oder ethnische Bewegung hat ein besonders rigides Mitglied hinzugewonnen. In der Freud'schen Terminologie gilt dieses Phänomen als *Schiefheilung*, er hatte dabei den Nationalismus vor Augen.[11] Eine zweifellos krankhafte Steigerung findet dieses Phänomen im ethnischen Terrorismus, wo sich der Terrorist *der absoluten Macht* seiner *Gemeinschaft* unterwirft und sich selbst suggeriert, *dass die Terror-Organisation ihn für einen Selbstmord-Anschlag auswählt.* Dies stellt eine solche *narzisstische Gratifikation, eine ungeheure Erhöhung seines Grandiositätsgefühls* dar. *Das grandiose Selbst des Terroristen, der für die Aufgabe auserwählt wird, die Rolle des heiligen Kriegers zu übernehmen, empfindet dies wie eine Seligsprechung. Es kommt zu einer Verschmelzung von Ich und Ich-Ideal, zu einem Aufgehen des Selbst im grandiosen Selbst, das als unsterblich phantasiert wird, weshalb der eigene reale Tod nicht als Bedrohung, sondern sogar als Erlösung erlebt werden kann. Das mit Hass erfüllte Ressentiment gegen den Feind bildet das psychische Gerüst der paranoid-narzisstischen Charakter-Abwehr, die sich gegen humanitäre Ideale, gegen libidinöse Regungen, gegen Gefühle der Trauer und gegen die Wahrnehmung des Seelenlebens an sich richtet.*[12] Wenn die ethnisch homogene

---

11 Sigmund Freud hat den Begriff der ‚Schiefheilung' für die Verarbeitung von neurotischen Konflikten eingeführt, die, weil sie auf einer kollektiven politischen Bühne ausagiert werden können – beispielsweise in einem kruden Nationalismus –, dem Individuum – zumindest zeitweise – den Ausbruch einer individuellen Neurose und den damit verbundenen Leidensdruck ersparen.

12 Hans-Jürgen Wirth (2002), Narzissmus und Macht. Zur Psychoanalyse seelischer Störungen in der Politik. Gießen. S. 373.

Gruppe in ihrer abstrakten Form zu einem holistischen Konzept erhoben wird, zu einer überindividuellen Entität, dann wird hier eine grundsätzliche Potenz ins Pathologische gesteigert, nämlich dass die politische Existenz das Individuum über seine Privatexistenz erhebt, und zwar nicht nur in der Weise, in der es dann im fanatischen Nationalismus verkommt, sondern in prinzipieller Weise.

Damit sich ethnische Identitäten radikalisieren, muss eine auf die Gruppenzugehörigkeit zurückgeführte Deprivation erfahren worden sein, wobei das eigene Erleben durch ethnische ‚Interpreten‘, die diese Deprivation verbalisieren und kanalisieren, auch erst ‚erdeutet‘ werden kann, indem etwa zwingende Zusammenhänge zwischen wirtschaftlicher und sozialer Benachteiligung und ethnischer Zugehörigkeit hergestellt werden.[13] Was immer unter dem Zeichen ‚rationaler‘ Politik und Handlungen geschehen mag, es wird auf der individuellen Ebene dieser ‚Schiefheilung‘ zum Opfer fallen, d. h. dem Individuum in seiner Verarbeitung Anlass zur Bestätigung seiner derealisierten Zerrbilder bieten. Solange die ethnische Gruppenidentität nicht bedroht ist, bleibt auch sie flexibel und wandelbar, da sie historisch gewachsen ist, und so mentale und emotionelle Repräsentationen religiöser Elemente, vergangener Traumen, tradierter Siege oder Niederlagen bzw. in Siege transformierte Niederlagen, zusammensetzt. Die Identifikation mit diesen Elementen des historischen Speichers einer Gruppe bedingt noch keine starre Identität, wie sie für ethnische ‚Kampfidentitäten‘ typisch ist. Erst Bedrohungsszenarien lassen ethnische Identitäten ‚verkrusten‘, das Festhalten an einer rigiden ethnischen ‚Kampf‘-

---

13 Damit ist NICHT behauptet, dass im Falle bi- oder multiethnischer Gesellschaften dominante ethnische Gruppen andere nicht mit Absicht benachteiligen wollen und oft damit erfolgreich sind. Es geht aber um die für die eigene Bezugsgruppe konstruierte kausale Verknüpfung jeglichen Missstandes mit dem als ein zwingend von den ‚anderen‘ herbeigeführter.

Identität wird unter psychischem Stress zu einer psychologischen Notwendigkeit. Es stellt sich daher die Frage, unter welchen Umständen ethnische Rivalitäten zu gewalttätigen Strategien ausarten. Ernest Gellner (1991) vertritt die These, dass ethnische Gewalt eine Etappe auf dem Weg zum homogenen modernen Staat darstellt, ein Transitionsphänomen also, das sich durch die Bildung des Nationalstaates gleichsam von selbst löst. Mary Kaldor und andere neuere Studien (etwa Brubaker)[14] halten ethnische Gewaltausbrüche für auf Identitätspolitiken gestützte Lückenbüßer, wenn Delegitimierungen klassenkämpferischer Konfliktinterpretationen in einem globalisierten Rahmen nicht mehr greifen, eine dritte These hält die Nationalstaatenbildung und Demokratisierungsprozesse erst für die notwendige Voraussetzung für die Artikulation ethnischer Konfliktszenarien. Ironischerweise, so Marko Heinz, hätte erst der Nationalismus die ideologische Basis kreiert, um aus kulturell und sprachlich heterogenen Einheiten homogene Staaten zu bilden und darüber hinaus auch territoriale Ansprüche zu stellen. Das hat erst dazu geführt, dass Separatistenbewegungen zur Durchsetzung *diametral entgegengesetzter Interessen* sich auf eben diese Ideologie beriefen.[15]

Ethnische Gewalt, wenn sie einmal in einen destruktiven Zirkel eingetreten ist, neigt zur Routinisierung und Ritualisierung, zu einer weiteren Verfestigung ethnischer Stereotypen, die – wie in zahlreichen ethnischen Konfliktherden zu beobachten ist – zu einem chronischen *institutionalized riot system* führen kann. In den oft auch durch Drittparteien vermittelten Versuchen, diese Konflikte einer Lösung zuzuführen, scheinen ethnische Separierungen auf-

---

14   Rogers Brubaker (2006), Ethnicity without Groups. Cambridge.
15   Marco Heinz (1993), Ethnizität und ethnische Identität. Eine Begriffsgeschichte. Bonn 1993. Univ. Diss. Holos Reihe. Band 72. S. 236.

grund der Dringlichkeit oft das erste Mittel der Wahl, etwa die Bildung UN-geschützter Enklaven. Dies birgt jedoch die Gefahr einer Isolierung und Entfremdung ethnischer Gruppen, Bevölkerungstransfers mit allen negativen Begleiterscheinungen anstelle von Anreizen zur Reintegration in ein ethnisch gemischtes, aber politisch neutrales Umfeld. Eine längerfristige Lösung ethnischer Konflikte innerhalb staatlicher Territorien kann aber nur über die Förderung interethnischer Kooperation, die Vermeidung ethnischer Parteien und ethnischer Institutionen erwartet werden.

Teil 3: Kriegstheoretiker

Niccolò Machiavelli

Zu einer radikalen Umwälzung im politischen Denken der Renaissance führten die Entwürfe des Florentiner Beamten Niccolò Machiavelli. *Auch in der philosophischen Reflexion,* schreibt W. Euchner, *trat der Mensch aus der Einbettung in den Ordo, der von der anorganischen Natur über die gleichfalls hierarchisch strukturierte politische Ordnung bis hinauf zu Gott reichte, heraus und erschien als isoliertes, von einem prekären Gleichgewicht zwischen seiner Vernunft und seinen Affekten bestimmtes Wesen, das nicht länger vom der göttlichen Vernunft verwandten Streben nach dem Guten bestimmt, sondern als Besitzer natürlicher, aus den Affekten resultierender Rechte gedacht wurde; dem kapitalistischen Konkurrenzprinzip entsprechend wurde der Einzelne häufig als mit seinen Nebenmenschen im Wettstreit liegender Egoist beschrieben.*[1] Anstelle der Vorstellung einer selbst regulierenden Vernunft in grundsätzlich sozialen Menschen traten jene neuzeitlichen Ordnungsmuster, die den Staat auf der Basis autonomer Individuen und Wirtschaftssubjekte dachten und die ihre egoistischen Ziele gegen die Interessen ihrer Mitbürger verfolgten. ‚Politik' wird nicht mehr als Handeln unter normativen Orientierungen auf ein ‚Gemeinwohl', das gleichzeitig das absolut Gute repräsentiert, dargestellt, sondern als ein Gewaltverhältnis charakterisiert, als nützliches pro-

---

1   Walter Euchner (1973), Egoismus und Gemeinwohl. Studien zur Geschichte der bürgerlichen Philosophie. Frankfurt/Main. S. 25.

fanes Utensil der Machterlangung und Machtbewahrung, ein Verhältnis, das man seither als politischen Realismus bezeichnet. Durch die Schriften Machiavellis zieht sich ein radikaler Bruch mit nahezu allen Denktraditionen seiner Zeit; stilistisch gab er sich als typischer Schriftsteller der Renaissance, der die Traditionen der scholastischen Geschichtsmetaphysik ignorierte, gleichzeitig aber wenig Bezug zur platonischen oder aristotelischen Philosophie erkennen ließ. Das umfassende politische Denken Niccolò Machiavellis lief immer wieder Gefahr, ausschließlich mit dem Porträt des erfolgreichen ‚Il Principe' (1532) gleichgesetzt zu werden, ein Werk, das als Synonym für eine Verbindung von gewissenloser Brutalität und Verschlagenheit in der Durchsetzung politischer Ziele und als Legitimationsgrundlage diktatorischer Herrschaft interpretiert wurde. Ergiebiger scheinen Neudeutungen, Machiavelli als einen politischen Denker zu werten, der eine vom sozioökonomischen Verfall und Niedergang bedrohte Übergangsgesellschaft, mit der auch der Zerfall der Wert- und Sinnstruktur einherging (wovon die ‚Über-Ich'- und je nach Schwere der Krise auch die ‚Ich-Funktionen' der Individuen betroffen sind), durch eine Neubestimmung politischen Handelns zu lösen suchte. Der von Machiavelli bewusst reflektierte Paradigmenwechsel schöpft sich, wie sich in der Geistesgeschichte oft beobachten lässt, aus diesem Krisenbewusstsein einer zerfallenden Welt. Das *große Thema der Zeit*, so F. Deppe (1987), *konzentrierte sich also in der Frage, wie eine Welt, die auseinanderzubrechen drohte, wieder zusammengehalten und neu stabilisiert werden konnte.*[2] Dem Vorwurf, Machiavelli habe ein von jeglicher Ethik gelöstes Politikverständnis propagiert, widersprach auch I. Berlin (1987). Nicht nur erkennt der britische Ideengeschichtler in Machia-

---

2   Frank Deppe (1987), Niccolò Machiavelli. Zur Kritik der reinen Politik. Köln. S. 196.

vellis Werken eine ethische Fundierung politischen Handelns, die keineswegs als Negation einer moralischen Basis von Politik gelten kann, sondern er macht ihn sogar für eine versteckt platzierte These verantwortlich, *die eine tief verwurzelte idée recue in Frage stellt, ohne dass diejenigen, die an der alten Überzeugung hängen, sie zurückweisen oder widerlegen können.*[3] Machiavelli würde nur als Verteidiger eines anderen *moralischen Universum(s)* verständlich, das *der heidnischen Welt* verpflichtet ist und der Überzeugung entstammt, dass die Ideale des Christentums (die Machiavelli für prinzipiell gut hält) keine starke, sich selbst behauptende Gesellschaft tragen könnten, da ihre Lebenssicht nicht auf Wahrheit, sondern auf einem *falschen* Menschenbild gegründet wären. Wer sich von christlichen Tugenden wie Demut oder der Suche nach geistiger Erlösung leiten lasse, so Machiavelli, wer zu politischer Unterwerfung im Sinne der thomistischen Forderung, auch harten Herren ‚geziement untertan' zu sein, neige, weil es eine Gnade sei und weil Gott wolle, das Traurige ungerecht zu erleiden, sei in Krisenzeiten zu politischer Ohnmacht verurteilt. Vor allem in den ‚*Discorsi'* artikuliert Machiavelli seine Ansicht von der Schwächung des bürgerlichen Geistes durch die – allerdings relativierend eingeschränkt – *dekadent* christliche Lehre der römischen Kirche, die dazu geführt habe, dass die Menschen Despoten und Tyrannen ohne Widerstand klaglos zu akzeptieren bereit wären, während die römisch-heidnische Religion die Menschen *wagemutiger*, kampfesbereiter und heldenhafter gemacht hätte. I. Berlin opponiert daher auch der gängigen Annahme, ... *Machiavelli habe die Politik von der Moral getrennt und Verfahren als politisch notwendig empfohlen, die moralisch allgemein verdammt werden, zum Beispiel zum Nutzen des Staats*

---

3   Isaiah Berlin (1987), Wider das Geläufige. Aufsätze zur Ideengeschichte. Frankfurt/Main. S. 146.

über Leichen zu gehen [4] und erkennt bei ihm wohl eine Unterscheidung zwischen zwei unvereinbaren Lebensidealen, aber auch diese Unterscheidung bliebe einem mit höchsten moralischen Werten ausgestatteten ethischen System verpflichtet. Somit würde Machiavelli Politik keineswegs ohne ethische Verankerung denken, sondern sie aus der Perspektive einer vorchristlichen *politischen* Ethik formulieren, die jener als zu *weich* und daher *ineffizient* empfundenen christlichen Ethik als die bessere und erfolgreichere entgegengehalten wird: *Machiavellis Werte sind nicht die christlichen, doch es sind moralische Werte. Machiavelli denkt gesellschaftlich und nicht politisch. Deshalb ist die traditionelle Auffassung nicht richtig, die in ihm lediglich einen Spezialisten für die Frage sieht, wie man mächtiger als andere werden könne, einen gewöhnlichen Zyniker, dessen ganze Lehre sich darin erschöpfe, dass Sonntagsschulregeln ganz gut sein mögen, dass man aber in einer Welt voller böser Menschen selbst lügen, töten und Ähnliches tun müsse, wenn man Erfolg haben wollte.* [5] Auf diese Weise gedacht, stellen Machiavellis Werte in I. Berlins Interpretation keine rein zweckrational-instrumentellen dar, sondern bleiben ethische Ideale. Machiavelli formulierte aus der Perspektive eines erfahrenen, aber enttäuschten Diplomaten, der sich, bedingt durch seine Entlassung aus dem Staatsdienst, in einer persönlichen Lebenskrise zum philosophierenden Publizisten wandelte und im – wie ihm R. König unterstellt – *schwärmerischen* Rückgriff auf die Antike einen Ausweg aus der Krise Italiens finden wollte.[6] Diese Haltung drückte sich auch in Machiavellis 1521 erstmals publiziertem siebenbändigen Werk über

---

4   Isaiah Berlin (1987), Wider das Geläufige. Aufsätze zur Ideengeschichte. Frankfurt/Main. S. 146.

5   Isaiah Berlin (1987), Wider das Geläufige. S. 128.

6   René König (1941), Niccolò Machiavelli. Zur Krisenanalyse einer Zeitwende. Zürich.

die Kriegskunst aus. In seiner Verfallsanalyse spielt das Heereswesen eine wesentliche Rolle, war doch der Grund für den Niedergang Italiens auch in seiner militärischen Organisation zu suchen. 1402 von allen Verbündeten im Stich gelassen, am Höhepunkt der Bedrohung durch die Mailänder, vertrauten die Florentiner auf den finanziellen Ruin der Visconti bzw. auf Insurrektion. Die Stadt Florenz befand sich seit fast hundert Jahren ständig im Kriegszustand, doch die Florentiner Oligarchie suchte den Kriegszustand auch zu nutzen, um Einschränkungen der Freiheit im Inneren zu legitimieren, *die zu verteidigen ihre Propaganda nach außen vorgab.*[7] Machiavelli kannte diese Welt von innen, er selbst fungierte vor seiner Entlassung als Sekretär des Rates der Zehn ('Dieci di Guerra'), eine Art Florentiner Kriegsministerium mit eigenen Gesandten im Ausland.[8] Als Gesandter erlebte er, wie der Entscheidungsspielraum der Florentiner Bürger immer geringer wurde, wie sie zu Bittstellern am französischen Königshof geworden waren, wo man die Florentiner Regierung für schlecht und die Behörden für unfähig hielt, dies nicht unwesentlich auch wegen der Uneinigkeit und Pflichtvergessenheit des Heeres. An der gescheiterten Verteidigung der Florentiner Unabhängigkeit wuchsen Machiavellis Gedanken zur Wiederentdeckung der republikanischen Periode des antiken Rom. Solange eine Krisensituation anhält, so seine Schlussfolgerung, könne die staatliche Auflösung politisch nur durch einen besonders initiativen *uomo virtuoso* als überbrückende Ordnungsfigur verhindert werden. Nur ein solcher verfüge über jene Tatkraft, den Mut und die Initiative, an der es der regressiven Masse in der Krise mangle. Er verfüge daher auch über eine andere moralische Verfasstheit als das übrige Volk, orientiere

---

7   Herfried Münkler (1984), Machiavelli. Die Begründung des politischen Denkens der Neuzeit aus der Krise der Republik Florenz. Frankfurt/Main. S. 195.

8   Piero Pieri (1960), Klassiker der Kriegskunst. Darmstadt. S. 103.

sich aber nicht an deren Werten. Über die Reorganisation des Militärwesens strebte er die Reorganisation des Staates an. Über die Wiedergewinnung der militärischen *virtù* hoffte er die politische *virtù* restituieren zu können. Vor allem soll der Geist der Freiheit zurückgewonnen werden. Allerdings setzt er nur im ‚Principe' auf die *virtù* eines einzelnen überragenden Mannes, in der ‚Arte della guerra' erwartet er den Umschwung von der *virtù* der vielen. Die Masse der Bevölkerung porträtiert Machiavelli in einem durch die ökonomischen, mentalen und sozialen Umwälzungen verursachten regressiven Zustand, der einerseits die Strukturen der Gemeinschaft zerstört, während andererseits aber die Entstehung einer stabilen gesellschaftlichen Ordnung noch nicht möglich ist. Aus diesem Zustand der Regression ‚herausgehoben' werden können die Menschen in der Vorstellung Machiavellis nur über die Anpassung an ein den neuen sozioökonomischen Bedingungen entsprechendes ethisches Wertesystem, das eine neue staatsbürgerliche Gesinnung (virtù) hervorzubringen imstande ist – und letztlich zur Freiheit führt. Auch die militärischen Reformen *stehen eindeutig unter politischen Imperativen.*[9]

Machiavelli war ein vehementer Gegner des Söldnerwesens. So wie der souveräne Staat angedacht und als Lösung der mittelalterlichen Defizite verstanden wird, so klar erkennt Machiavelli in den Söldnerhaufen der *condotta* eine nur mehr wenig effiziente Kriegführung, deren Prinzipien überholt sind. Immerhin hatte auch Aristoteles die Entwaffnung der Bürger und ihre Ersetzung durch Söldner als Indiz, wenn nicht Ursache für den Verfall der Monarchie zur Tyrannis gewertet. In den rein ökonomischen Interessen dieser Kriegführung sah er neben den veralteten gepanzerten Reiterfor-

---

9   Herfried Münkler (1984), Machiavelli. Die Begründung des politischen Denkens der Neuzeit aus der Krise der Republik Florenz. Frankfurt/Main. S. 385.

mationen, die er durch Infanterie mit starker Belagerungsartillerie ersetzen wollte, den Grund für ihre mangelnde Schlagkraft und war der Meinung, ein *Herrscher, der sich auf Söldner stützt, wird niemals auf festem Boden stehen und sicher sein; denn Söldner sind uneins, machtgierig, ohne Disziplin und treulos, überheblich gegenüber den Freunden, feig vor dem Feind, ohne Furcht vor Gott, ohne Redlichkeit gegen die Menschen. Man schiebt seinen Untergang nur solange hinaus, als man den Angriff hinausschiebt. Im Frieden wird das Land <u>von ihnen</u> ausgeplündert, im Krieg vom Feind. Der Grund hierfür ist der, dass sie sich durch nichts gebunden fühlen und kein anderes Motiv sie im Feld hält als das bisschen Sold, der nicht ausreicht, um sie gerne für dich sterben zu lassen. Sie wollen wohl deine Soldaten sein, solange du keinen Krieg führst; doch wenn wirklich Krieg kommt, so werden sie fahnenflüchtig oder ziehen ab.* [10] Machiavelli plädiert für die Aufstellung einer Florentiner Bürgermiliz, die allerdings – auch das nach antikem römischem Vorbild – nicht vom *Geist der Städte* korrumpiert, sondern sich zum Gutteil aus der ländlichen Bevölkerung rekrutieren sollte, wie weiland Rom seine Bauern rekrutiert hatte. In Machiavellis Welt war eine Bürgerinfanterie das Ideal einer Heeresverfassung und allein imstande, Florenz vor den unzuverlässigen Mietsoldaten zu retten.[11] In weiser Voraussicht auf die modernen Volksheere erkannte Machiavelli im Berufssoldaten eines stehenden Heeres mit regulärem Sold die Zukunft. Da Florenz als Staatsstadt dazu noch nicht imstande war, musste ein schlagkräftiges Heer aus eigenen Untertanen bestehen, die keine Berufssoldaten sind. Ganz besonders die Infanterie – der Nerv der Armee – müsse *aus Liebe* zum König freiwillig kämp-

---

10 Niccolò Machiavelli (1978), Der Fürst. Übersetzt und herausgegeben von Ulrich Zorn. Stuttgart. S. 49/50.
11 Hans Delbrück (1962, 2000), Geschichte der Kriegskunst im Rahmen der politischen Geschichte. Berlin. S. 132/133.

fen, danach aber noch lieber in ihr Berufsleben zurückkehren, wie überhaupt die Infanterie aus der Landbevölkerung, die Kavallerie aus der Stadtbevölkerung rekrutiert gehörte. Nur der Staat kann überleben und Bestand haben, der von seinen Bürgern so geliebt wird, dass er sie bewaffnet, ohne fürchten zu müssen, dass diese Waffen in die Hand des Volkes gegen den Staat selbst gerichtet werden.[12] Er sah jedoch auch die Janusköpfigkeit einer Bürgerwehr, die noch immer eine Untertanenmiliz gewesen wäre. Solange Rom makellos lebte, existierte kein Söldnertum. *Ein Heer also, das weder aus Freiwilligen noch aus Wehrpflichtigen bestand, in dem der Dienst zu nicht geringem Teil von älteren Jahrgängen versehen wurde, und das nur wenige, nach den Gesichtspunkten der Regierung ausgewählte Offiziere hatte.*[13] Machiavellis Reformpläne orientierten sich am römischen Modell.[14] Er schrieb den politischen Verfall Italiens auch der Unfähigkeit zu, sich neuen Formen anzupassen, vor allem dem Versäumnis, eine Infanterie aufzustellen, die er gerne nach makedonischem, teilweise nach römischem Muster gereiht sehen wollte. Um zu verhindern, dass Offiziere zu Parteiführern werden, sollten sie jedes Jahr die Stellung wechseln. War eine Erhöhung der Kampfkraft nötig, sollten 17-Jährige rekrutiert werden, da sie noch nicht von der Politik kontaminiert wären.[15] Durch sein Interesse für die römische Welt verfügte Machiavelli über genaue Kenntnisse des römischen Kriegswesens, aber, wie Hans Delbrück (2000) behauptet, hatte er die römische Disziplin übersehen, die aufgrund struktureller Verschiedenheiten effektiver war als jene

---

12 Frank Deppe (1987), Niccolò Machiavelli. Zur Kritik der reinen Politik. Köln. S. 276/277.
13 Piero Pieri (1960), Klassiker der Kriegskunst. Darmstadt. S. 105.
14 René König (1941), Niccolo Machiavelli. Zur Krisenanalyse einer Zeitwende. Zürich. S. 311 ff..
15 Piero Pieri (1960), Klassiker der Kriegskunst. Darmstadt. S. 105.

der Florentiner, der Schweizer, aber auch der Landsknechte. Machiavelli vermochte seinen Florentiner Milizen, die etwa sieben Jahre bestanden, weder diese Disziplin noch das Vertrauen zu geben. Die Bewaffnung der Bürger im Kriegsfall war auch ein politisches Problem. Doch die *entscheidende Pointe*, so H. Münkler (1984), vielfach übersehen in den Diskussionen ob der nun schwärmerischen oder realistischen Orientierung am römischen Modell, war Machiavellis Grundidee, über die Reform des Militärwesens eine Reform des Staates anzustreben.[16] Wie nur wenige, habe Machiavelli die innere Beziehung zwischen militärischen Institutionen und der allgemeinen politischen Organisation erkannt. In diesem Gedanken besteht die innere Beziehung zwischen Clausewitz und Machiavelli und der tiefere Grund für Clausewitz' Beschäftigung mit dem Florentiner. Über Münklers Interpretation hinaus kann man diese Gedanken auch noch bis zu Hegel weiterverfolgen und mit ihm darauf verweisen, dass damit auch demonstriert werde, wie sehr Wehrpflicht und Freiheit zusammenhängen. Auch in Preußen sollten Neuerungen eingeführt werden, ohne dass die Revolution selbst stattgefunden hätte. Die Einführung der allgemeinen Wehrpflicht und Volksbewaffnung stieß auf heftigsten Widerstand des Königs, der seine dynastische Legitimität gefährdet sah, wurde aber letztlich durchgesetzt. In Frankreich ist die politische Veränderung der *levée en masse* vorangegangen, bei Machiavelli wäre sie erst als Ergebnis vorgesehen gewesen, doch waren zu seiner Zeit einige notwendige politische Voraussetzungen nicht gegeben – die Klassenherrschaft des Florentiner Großbürgertums und die politische Entrechtung der Landbevölkerung waren mit der von ihm anvisierten Militärreform nicht vereinbar; ein grundsätzliches gesellschaftliches Vertrauens-

---

16 Herfried Münkler (1984), Machiavelli. Die Begründung des politischen Denkens der Neuzeit aus der Krise der Republik Florenz. Frankfurt/Main. S. 388/389.

problem, weil genau diese deprivierte Landbevölkerung unter Waffen gestellt hätten werden müssen.

Carl Philipp Gottlieb von Clausewitz

Seine Person bleibt ein Rätsel für uns.
Er hat diesen Zug von Brutalität, der für einen großen Befehlshaber
vielleicht unabdingbar ist, augenscheinlich selbst nicht besessen.[1]
Martin van Creveld

1870 bei Magdeburg geboren, wuchs Carl von Clausewitz in jenen Konflikt hinein, den er in seinem späteren Leben analysieren und auf den Krieg bezogen theoretisieren wird, er verkörperte ihn geradezu in seiner eigenen Person. Einer (eigentlich bürgerlichen) Theologen- und Beamtenfamilie entstammend, erlebte er den sozialen Abstieg seines Vaters aufgrund seines angezweifelten Adelspatentes, das ihm die Offizierslaufbahn in der nur Aristokraten zugänglichen preußischen Armee verunmöglichte. Dennoch ließ derselbe Vater nach der endgültigen Anerkennung seines Adelsstandes drei seiner vier Söhne wieder in die Dienste jener Armee eintreten, die ihm seine ‚niedere' bürgerliche Herkunft zum Verhängnis gemacht hatte – wohl auch, um ihnen jene schulische Bildung und berufliche Ausbildung zuteil werden zu lassen, die er selbst in der bürgerlichen Welt aus finanziellen Gründen nicht mehr zu leisten vermochte.[2] Doch seine unvollständige Integration in die alte preußische Adelswelt ermöglichte Clausewitz letztlich die innere Freiheit im Denken, die ihn zu einem der Reformer des preußischen Heereswesens werde ließen – mit den fast zwingenden negativen Konsequenzen für seine berufliche Laufbahn.

---

1   Martin van Creveld (1998), Die Zukunft des Krieges. München. S. 103.
2   Werner Hahlweg (1960), Carl von Clausewitz. In: Werner Hahlweg (1969) (Hg.), Klassiker der Kriegskunst. Darmstadt. S. 244 ff.

Schon bald nach seinem Eintritt in das Infanterie-Regiment Prinz Ferdinand Nr. 34, in dem schon sein älterer Bruder diente, nahm er am Ersten Koalitionskrieg gegen die französischen Revolutionstruppen teil. In der Kriegsschule zu Berlin fiel der begabte Kadett seinem künftigen Mentor und Förderer Johann Gerhard David Scharnhorst auf, der wie Clausewitz aus kleinen Verhältnissen stammte und selbst um die Anerkennung seines Adelsprivilegs zu kämpfen hatte. Früh entstand eine persönliche Freundschaft, die bis zum Tode des um 25 Jahre Älteren anhielt. *Die Bedeutung Scharnhorsts für die Entwicklung von Clausewitz kann kaum hoch genug angeschlagen werden*, schreibt Ulrich von Marwedel (1978) in seiner biografischen Skizze.[3]

Unter dem Einfluss von Scharnhorst, einem der führenden Personen unter den preußischen Heeresreformern, stieß Clausewitz bereits in seinen geistig formierenden Jugendjahren zum Kreis der Befürworter einer Heeresreform, darunter Stein, Boyen, Gneisenau und Grolmann. Es war dies eine Personengruppe, die längst im versteinerten Ancien Régime einen der Hauptfaktoren für die Niederlage gegen Napoleons Armeen erkannt hatte und daher Ideen, die Clausewitz später konsequent zu einer Theorie des modernen Krieges weiterentwickelte, bereits vordachte. So veröffentlichte etwa Scharnhorst 1797 im ‚Neuen militairischen Journal' einen richtungsweisenden Aufsatz über die ‚Entwickelung der allgemeinen Ursachen des Glückes der Franzosen in dem Revolutions-Kriege und insbesondere in dem Feldzuge von 1794'. Darin bestimmte er *die inneren Verhältnisse (physische wie moralische)* der französischen Nation zum entscheidenden Moment ihres militärischen Siegeszuges; sie würden *mit den Hülfsquellen der ganzen Nation Krieg*

---

3   Ulrich Marwedel (1978), Carl von Clausewitz. Persönlichkeit und Wirkungsgeschichte seines Werkes bis 1918. Boppart/Rhein. S .11.

führen und *alles ... der Fortsetzung des Krieges im strengsten* Verstande aufopfern.[4]

Jene von Frankreich ausgehenden sozialrevolutionären Umwälzungen, die zu einer leidenschaftlichen revolutionär-patriotischen Gesinnung führten, die eine weit effizientere Kriegsmotivation darstellte, als jene der auf Drill und Zwang basierenden preußischen Söldnerarmee, zählten zu den prägenden Lebenseinflüssen des jungen Offiziers, der zunächst instinktiv, dann intellektuell und theoretisch begriff, dass sich in Frankreich nicht nur die äußeren Umstände, wie etwa die Kriegführung, geändert hatten – und dies nicht nur an der überlegenen Führung von Napoleon und seinen Generälen gelegen war –, sondern dass *ein überlegenes Prinzip der politischen Organisation* zu dieser veränderten Erscheinungsform des Krieges geführt hatte. Clausewitz verstand, dass in diesem neuen Verhältnis der Politik zum Krieg der Schlüssel zum Verständnis der neuen französischen Kriegführung, darüber hinaus aber der Schlüssel zum Wesen jedes Krieges lag: *Clausewitz hatte nun bewusst den Krieg in seinen durch Napoleons Genie bestimmten Formen, den Triumph der neuen Kriegskunst gegenüber dem alten System am Beispiel des schnellen preußischen Zusammenbruches erlebt. Er begriff die Tatsache, dass hier nicht nur veraltete Denkformen, überholte Vorstellungen überwunden worden waren, sondern dass sich auch eine ganze Armee – selbst wenn sie stellenweise noch so tapfer kämpfte, eine noch so große Tradition vertrat – geschlagen geben musste, weil der Krieg auf der in Wahrheit entscheidenden politischen Ebene bereits verloren war, bevor die Kampfhandlungen begonnen hatten.*[5] Von den napoleonischen Kriegen ging eine bisher unbekannte Mobilisierungswelle aus, die Republik hatte 1794

---

4   Zitiert nach Herfried Münkler (2002), Über den Krieg. Weilerswist S. 119.
5   Werner Hahlweg (1957), Carl von Clausewitz. Berlin. S. 57.

mehr als eine Million Männer unter Waffen, darüber hinaus schlossen sich Emigrantenverbände, Adelsregimenter, Söldner, Wehrbauern, Leibgarden, also Reguläre und Irreguläre, an, um mit einem bisher unbekannten Elan für den Sieg der Französischen Revolution in ganz Europa zu kämpfen. Jeder Bürger war aufgerufen, die Revolution mit der Waffe zu verteidigen, vice versa erhielt jeder dienende Soldat das Bürgerrecht, ein Umstand, der die Wechselbeziehung zwischen Militär und Gesellschaftsform verstärkte.[6] Carl von Clausewitz erkannte, dass die Französische Revolution und ihre Deklaration der *levée en masse* mit den instrumentellen Vorstellungen aristokratischer Kabinettskriege gebrochen und den Krieg durch den revolutionären Fervor ,enthegt' und gleichsam ,demokratisiert' hatte, indem sie die Volksmassen zu Kriegern für ihre eigene Sache radikalisierte; doch wie so oft, haben spätere Interpretationen den Blick auf seine hegelianisch anmutenden Gedanken der existenziellen Kriegsdefinition, wo Krieg nicht Mittel der Politik, sondern Medium der Konstitution einer politischen Größe ist, ein Mittel der Selbststeigerung, das Identität erst bewusst macht, verstellt. *So war also das kriegerische Element, von allen konventionellen Schranken befreit, mit seiner ganzen natürlichen Kraft losgebrochen. Die Ursache war die Teilnahme welche den Völkern an dieser großen Staatsangelegenheit wurde; und diese Teilnahme entsprang teils aus den Verhältnissen, welche die französische Revolution in dem Inneren der Länder herbeigeführt hatte, teils aus der Gefahr womit alle Völker von dem französischen bedroht waren.*[7]

Clausewitz, zunächst seit 1804 Adjutant des Prinzen August, kämpfte bei Auerstädt und Jena an dessen Seite, wo sie auch gemeinsam die Niederlage erlebten und 1807 in Gefangenschaft ge-

6   John Keegan (2003), Kultur des Krieges. Berlin. S. 322.
7   Carl von Clausewitz (1832/33, 2005), Vom Kriege. Frankfurt/Main. S. 404.

rieten, in der sie dank der damals geltenden Freiheiten für gefangene Offiziere sich frei bewegen, d. h. auch Bekanntschaft mit der französischen Gesellschaft schließen konnten. Nach seiner Rückkehr 1808 drängte es ihn, an der Restrukturierung – verbunden mit dem Versuch eines nationalen Wiederaufstieges – Preußens mitzuwirken. Aus der schreibenden Reflexion entwickelte Clausewitz seine Analyse über die Ursachen des katastrophalen Zusammenbruchs, kritisierte nicht nur die *elende Politik*, sondern hellsichtig auch den überlebten Offiziersstand der altpreußischen Adelsfamilien. Mit Vehemenz vertrat er seine Ansichten in Artikeln, Denkschriften sowie als Lehrer an der ‚Allgemeinen Kriegsschule zu Berlin', darüber hinaus auch als Lehrer für die preußischen Königssöhne für Militärwissenschaften.[8] *Damit äußerte sich bei Clausewitz eine Einstellung zu den Ereignissen, die ihn folgerichtig zur Partei der Patrioten, d. h. der Ideenwelt der großen preußischen Staats- und Heeresreformer hinführte. Jetzt erst vollzog er die allerdings bereits seit Jahren sich in ihm anbahnende Wandlung von den Überlieferungen des 18. Jahrhunderts zu den Bedingtheiten und dem Geist des neuen Zeitalters.*[9] Obwohl als Reformer stigmatisiert, schien der berufliche Aufstieg in politischen und militärischen Führungskreisen zunächst nicht gefährdet. Zum Adjutanten Scharnhorsts ernannt und nach Ostpreußen gesandt, beteiligte sich Clausewitz in Königsberg an den Reformprogrammen, die auch das Königreich Preußen zu einer neuen Kriegführung mit allgemeiner Wehrpflicht führen sollten. *So erhielt Clausewitz Einblick in die tragenden Zusammenhänge auf jener höchsten Ebene, wo Politik und Krieg sich berühren und wechselseitig durchdringen, über das Schicksal von Ländern und Völ-*

---

8 Es sind vor allem die Vorlesungen über den ‚Kleinen Krieg', die zusammen mit den Überlegungen zum ‚Großen Krieg' in das Gesamtkonzept ‚Vom Kriege' einfließen, ohne später in die Publikation integriert zu werden.

9 Werner Hahlweg (1957), Carl von Clausewitz. Berlin. S. 17.

kern entschieden wird.[10] Was dieses verspätete Reformprogramm betrifft, so werden nicht zufällig gewisse Parallelen zu Machiavellis Reformstrategie gezogen, zumal sich auch Clausewitz mit dem Florentiner Beamten auseinandergesetzt hatte. Herfried Münkler (1984), Machiavelli- und Clausewitz-Kenner gleichermaßen, stellt die Frage, *ob nicht ein Teil der Reformen Preußens nach der militärischen Katastrophe des friderizianischen Staates im Jahre 1806 bei Jena und Auerstädt ihre politischen Ziele mit einer Reformstrategie durchzusetzen versuchten, die der Machiavellis ähnlich war.*[11] Tatsächlich lassen sich in einigen wesentlichen Grundgedanken Parallelen zwischen den Vorschlägen Machiavellis zur Bewältigung der Florentiner Krisen und der von Preußen beabsichtigten Reformstrategie ausmachen. Wie wenige andere zu seiner Zeit erkannte Machiavelli den inneren Zusammenhang zwischen militärischen und politischen Institutionen, daher suchte und erwartete er auch eine grundlegende Reform des Staates über die Reform des Militärwesens zu erreichen. In jedem Fall war ihm bewusst, wie sehr allgemeine Wehrpflicht und Freiheit zusammenhängen, daher allein militärorganisatorische Reformen wenig bewirken würden, da die Wehrfähigkeit einer Republik nur mit der Kampfbereitschaft der eigenen Bürger zu steigern war, dies aber mit entrechteten Unterta-

---

10 Werner Hahlweg (1957), Carl von Clausewitz. Berlin. S. 22.

11 Herfried Münkler (1984), Machiavelli. Die Begründung des politischen Denkens der Neuzeit aus der Krise der Republik Florenz. Frankfurt/Main. S. 388/389. Dass dessen Gedanken in den Kreisen der preußischen Reformer diskutiert wurden, zeigen der Machiavelli Aufsatz Fichtes, der sich eingehend mit militärischen Fragen beschäftigt, die sich mehrfach auf diese Arbeit Fichtes beziehende Denkschrift Altenstein aus dem Jahre 1807 sowie der von Clausewitz stammende ,Brief eines ungenannten Militärs an Fichte als den Verfasser des Aufsatzes über Machiavel'. Insbesondere Clausewitz hat sich mit den militärtheoretischen Schriften Machiavellis auseinandergesetzt, jedoch dessen Lösung, den Geist der römischen Heere durch die Einführung der römischen Heeresorganisation wiederzugewinnen, verworfen.

nen nicht zu bewerkstelligen war. Preußen suchte seine Reformen von oben ohne vorhergegangene blutige Revolution durchzuführen, ein Prozess, der nur so lange von Elan getragen war, als die Gefahr anhielt. In Frankreich war die politische Veränderung bereits *vor* den Militärreformen erfolgt, während Preußen seine Reformen auf unblutigem Wege durchzusetzen suchte, was die stete Gefahr eines Steckenbleibens mit sich brachte, obwohl allgemeine Wehrpflicht und Volksbewaffnung, die Bauernbefreiung, ja selbst die Landwehr 1813 gegen den Widerstand des Königs durchgesetzt werden konnten.[12] Zur Befreiung Preußens befürwortete Clausewitz das Milizprinzip, ja sogar die Aufstellung einer nationalen Landwehr mit Jäger- und Freischützverbänden, Einheiten, in welchen er den nötigen Enthusiasmus für einen irregulären Krieg gegen die Franzosen vermutete. Gerade Clausewitz' Ausführungen zum *Kleinen Krieg*, über den er auch als Lehrer in der Allgemeinen Kriegsschule zu Berlin vortrug, bilden einen integralen Bestandteil seines Gesamtwerkes, wurden aber nicht in die Endfassung seines Hauptwerkes *Vom Kriege* aufgenommen, was sich auf die Beurteilung seines gesamten Denkens sehr ungünstig auswirkte. Wie H. Münkler treffend feststellt, hat nur *eine selektive und verkürzte Lektüre von Vom Kriege zu dem Ergebnis kommen können, Clausewitz' Theorie des Krieges sei auf die Operationen großer Truppenmassen beschränkt. Tatsächlich hat er sich über weite Strecken seines Werkes, vor allem aber auch in den zwischen 1808 und 1813 entstandenen kleineren Texten, immer wieder Gedanken über die Entfesselung eines Volkskrieges und die Führung des Kleinen Krieges gemacht. Wenn dies in der Rezeption der Clausewitz'schen Theorie nicht wahrgenommen und über der Konzentration auf den Großen Krieg in Vergessenheit*

---

12   Herfried Münkler (1984), Machiavelli. Die Begründung des politischen Denkens der Neuzeit aus der Krise der Republik Florenz. Frankfurt/Main. S. 394.

geraten ist, so ist dies nicht der Clausewitz'schen Theorie anzulasten,
sondern vielmehr einer Schlachten zentrierten Kriegsgeschichte.[13]

1812, zwei Jahre nach seiner Ernennung zum Major des Generalstabes und seiner Heirat mit Marie von Brühl, der feinsinnigen
und hoch gebildeten Enkelin eines früheren Ministerpräsidenten,
erzwang das Bündnis Preußens mit Frankreich von Clausewitz die
schwerste Lebensentscheidung: Gemeinsam mit anderen gleichge-
sinnten Offizieren schied er aus der preußischen Armee aus, um
als Oberst des russischen Generalstabes gegen Napoleon zu kämpfen. Er selbst rechtfertigte diese Entscheidung mit der Zwangslage,
in die er geraten war: Er hätte als Offizier weder untätig zusehen
können, wie sein König die Truppen für Frankreich kämpfen ließ,
noch gegen sein eigenes Land kämpfen können. Obwohl beim Za-
ren empfohlen und auch nicht der einzige preußische Offizier, der
diese Entscheidung traf, blieb die Integration in den Stab des III.
Kavalleriekorps der 1. russischen Westarmee unter Barclay de Tolly
und unter dem Grafen Pahlen ein Zweckbündnis. Wie fast allerorts
in seinem Leben, fühlte sich Clausewitz deplatziert und litt darunter,
selbst kein eigenes Kommando zu führen.[14] Wohl beteiligte er sich
1812 an den Kämpfen bei Witebs, Smolensk, Borodino, 1813 bei
Groß-Görschen und Bautzen und agierte als Vermittler beim Zu-
standekommen des Waffenstillstandes von Tauroggen (30.12.1812)
– eine Konvention, die ohne Konsultation mit dem König zwischen
dem Königlich-Preußischen General-Leutnant und Kommandieren-
den General des Preußischen Hilfskorps zur französischen Armee,
Graf Yorck von Wartenburg, der sich von der französischen Armee
lossagte, und dem Russisch-Kaiserlichen General-Major und Gene-

---

13   Herfried Münkler (2002), Über den Krieg. Stationen der Kriegsgeschichte im Spiegel ihrer theoretischen Reflexion. Weilerswist. S. 90.

14   Werner Hahlweg (1957), Carl von Clausewitz. Berlin. S. 34.

ral-Quartier-Meister der Gräflich Wittgenstein'schen Armee, Karl von Diebitsch zustande kam und den Beginn der Freiheitskriege einleitete. Geradezu paradox und dennoch ein beredtes Zeugnis der damaligen Situation ist der Umstand, dass bei Tauroggen, als die russische Armee auf die französischen Truppen stieß, zwei Einheiten unter miteinander bekannten preußischen Feldherren zusammentrafen. *Die Mitwirkungen bei der Konvention von Tauroggen ist Clausewitz' historische Tat im Bereich der praktischen Politik. Sie hat ihm freilich wenig in seiner Laufbahn genützt; auch erfüllte sich sein Wunsch zunächst nicht, an den Freiheitskämpfen in Deutschland gegen Napoleon als Angehöriger des preußischen Heeres teilnehmen zu dürfen.*[15] Auch in den Diensten der russischen Armee zeigte sich jenes mit dem Charakter und der Persönlichkeitsstruktur Clausewitz' in Zusammenhang stehende Gefühl der Unerfülltheit, des ‚Am falschen Platze Seins', das sich durch sein ganzes Leben ziehen und – obwohl es teilweise auf objektive Situationen, an denen er keinen Anteil hatte, zurückzuführen ist – möglicherweise auch auf eine mit narzisstischen Problemen laborierende Persönlichkeit schließen lässt: Als Truppenoffizier waren ihm seine hohe Intellektualität und geistige Abgehobenheit anzusehen, sodass er kaum als Feldherr reüssiert hätte, als schöpferischer Intellektueller – den man allerdings auf ein Abstellgleis als Verwaltungsdirektor der Berliner Kriegsschule von 1818 bis 1830 abgeschoben hatte – litt er unter der Isolierung von der Praxis. *Seit dem Austritt aus dem preußischen Heer hatte ihn der Groll des Königs verfolgt und ihn daran gehindert, einen Wirkungskreis zu erlangen, der ihm die volle Entfaltung seiner Anlagen ermöglicht hätte.*[16] Aus vorhersehbaren Gründen

---

15 Werner Hahlweg (1957), Carl von Clausewitz. Berlin. S. 39.
16 Ulrich Marwedel (1978), Carl von Clausewitz. Persönlichkeit und Wirkungsgeschichte seines Werkes bis 1918. Boppart/Rhein. S. 45

kamen Clausewitz' Ansuchen um Wiederaufnahme in den preußischen Heeresdienst nach 1813 einem Spießrutenlauf gleich. Obwohl man ihn nicht gänzlich fallen ließ und auch die Konfiskation seines Vermögens im letzten Moment verhindert werden konnte, blieb er jahrelang persona non grata in den konservativen Kreisen, die sich auch politisch durchsetzen konnten und seine Ambitionen, in die Diplomatie zu wechseln, blockierten. Geschützt von seinem alten Freundeskreis – Scharnhorst war 1813 verstorben –, verbrachte Clausewitz zwölf Jahre in der Kriegsschule zu Berlin auf einem wenig herausfordernden Posten, der ihm allerdings auch die Möglichkeit bot, seine Tage schreibend zu gestalten. 1818 zwar zum Generalmajor befördert, sollte er erst wieder 1831, als Preußen eine Armee zur Beobachtung des polnischen Aufstandes gegen Russland aufstellte, militärisch eingesetzt werden. Als Chef des Generalstabes des Feldheeres nach Schlesien entsandt, nahm er nach dem Tod seines Freundes August von Gneisenau, der an Cholera verstorben war, dessen Stelle als Befehlshaber der Beobachtungsarmee ein, ein kurzes militärisches Intermezzo, das bald durch einen General aus Berlin beendet wurde. Wohl in Vorausahnung seines nahenden Todes schrieb er seiner Frau 1831, er könne gar nicht ausdrücken, mit welcher Geringschätzung des menschlichen Urteils er aus der Welt ginge. Marie von Brühl äußerte nach seinem Tod, das Leben ihres Gatten hätte aus einer fast ununterbrochenen Reihe von Mühseligkeiten, von Leiden und Kränkungen bestanden. Seinem Wunsch entsprechend sollte sein schriftlicher Nachlass, den Clausewitz noch während seiner Versetzung nach Schlesien versiegeln ließ, von seiner Frau bearbeitet und herausgegeben werden. So stellt die gekürzte Ausgabe ‚Vom Kriege' nur ein Teilstück des Gesamtwerkes dar, da die Vorlesungen über den ‚Kleinen Krieg' nicht enthalten sind; seine ‚Betrachtungen' – und Clausewitz wollte sein Werk nicht als Lehre, sondern als Betrachtung verstanden wissen

– werden in ihrer vollen kriegstheoretischen Bedeutung erst in der von ihm hergestellten Verbindung von Großem und Kleinem Krieg verständlich. Zentral steht die These von der politischen Natur des Krieges, eines Krieges, der nie Selbstzweck, sondern immer nur Instrument sein kann, aber dennoch nicht mit der Politik identisch ist, und wird daher mit der These über die eigentliche Natur des Krieges und dem Spiel der Wahrscheinlichkeiten verknüpft. Wenngleich die Natur des Krieges im Einsatz militärischer Gewalt mit ihrer Tendenz zum Äußersten liegt, *rücksichtslos, ohne Schonung des Blutes* den *Gegner zur Erfüllung unseres Willens zu zwingen*, ihn wehrlos zu machen und zu entwaffnen, erschöpft sich damit das Wesen des Krieges nicht, da ihm noch die feindselige Absicht, die bis zum Hass gesteigert sein kann, aber auch im Bereich des rationalen Kalküls liegen kann, weiters die freie Seelentätigkeit des Feldherrn und der Politik als Sachwalter aller Interessen angehört.[17] Zu einem politisch missbrauchten ‚Missverständnis' führte Clausewitz' Unterscheidung zwischen dem ‚absoluten' und dem ‚wirklichen' Krieg; ersterer lässt sich aus einer gedanklichen Abstraktion des von allen ‚Friktionen' freien wirklichen Krieges verstehen, entspricht in etwa einem Idealtypus des Krieges und wird im Allgemeinen auf den Einfluss der idealistischen Philosophie auf Clausewitz zurückgeführt. Friktionen sind jene inneren und äußeren, militärischen wie gesellschaftlichen ‚Reibungen', die eine Entfaltung des wirklichen Krieges zu einem ‚absoluten' verhindern. In der von Clausewitz empirisch überschaubaren Welt näherten sich die Napoleonischen Kriege dem ‚absoluten Krieg', er ging also weit eher induktiv vor als rein deduktiv, eigentlich wollte er das Verhältnis der beiden Kriegsformen als dialektisches verstanden wissen. Der ‚wirkliche' in der Realität zu findende Krieg ergäbe sich aus den realen Verhältnissen der Staaten,

---

17   Carl von Clausewitz (1832/34, 2005), Vom Kriege. Frankfurt/Main. S.15.

ihren Vergesellschaftungsformen, könne daher weder reine Gewalt noch reines Geplänkel sein, sondern immer ein ernstes Mittel zur Verfolgung eines ernsten Zweckes, eben eine Fortsetzung der Politik mit anderen Mitteln, und das mache, trotz seiner prinzipiellen Wandelbarkeit, sein wirkliches, in jedem Kriege zu findendes Wesen aus. Aus diesen Grundgedanken leiten sich alle strategischen und taktischen Fragen ab. Da Krieg und Frieden sich nicht absolut gegensätzlich gegenüberstehen, liegt es folglich in der Hand der Politik, sowohl den Krieg zu erzeugen wie auch zu deeskalieren, zu beenden oder überhaupt zu verhindern.[18]

In der Forschung zu Clausewitz lassen sich heute zwei große Rezeptionslinien ausmachen: jene, die seine Betrachtungen als zeit- und kulturunabhängige polit-philosophische und theoretische Erkenntnisse wertet (etwa Hahlweg, Münkler), und jene, die in ihm einen Vertreter einer kriegerischen Epoche Preußens sehen, der grenzenloses Massenschlachten zum ehrenwerten Krieg idealisiert habe, in einem irregeleiteten philosophischen Dilettantismus – ‚*eine preußische Marseillaise, die den Körper entflammte und den Verstand vergiftete'*[19] (etwa die britische Rezeption mit dem Militärschriftsteller Liddell Hart und seinem Schüler Keegan, bedingt auch Creveld). Es ist wohl nicht zufällig und nicht ganz kulturunabhängig, dass die Ablehnung von Clausewitz aus Traditionen stammt, die unter der Instrumentalisierung seiner Thesen unter dem aggressiven preußischen Militarismus gelitten haben und diese Konnotation nicht verloren hat, während die Generation der ‚Nachgeborenen' in der deutschsprachigen Rezeption – vielleicht auch aus einem tieferen Verständnis der idealistischen Denkschu-

---

18   Zhang Yuan-Lin (1995), Mao Zedong und Carl von Clausewitz. Theorien des Krieges. Beziehung, Darstellung und Vergleich. Mannheim. S. 141.

19   Zitiert nach Martin van Creveld (1998), Die Zukunft des Krieges. München. S.105.

len – einen politisch unbelasteten, aber wissenschaftlich besseren Zugang zum Kern seiner Aussagen gewonnen hat. *In diesem Sinne ist Clausewitz' Kriegstheorie sehr viel breiter angelegt, als dies seine Kritiker wahrhaben wollen. Die Trias von Volk, Heer und Regierung, die vor allem von Martin van Creveld als Grund für das Veralten der Clausewitz'schen Theorie genannt wird, ist so flexibel gefasst, dass die sowohl eine auf Entscheidungsschlachten zentrierte Kriegführung, wie sie zuletzt im zweiten Golfkrieg praktiziert worden ist, als auch eine Form des Krieges, in der dieser eigentlich gar nicht geführt wird, sondern eher vor sich hinschwelt, also sogenannte low intensity wars, gut zu erfassen vermag.*[20]

---

20 Herfried Münkler (2002), Über den Krieg. Stationen der Kriegsgeschichte im Spiegel ihrer theoretischen Reflexion. Weilerswist. S. 89/90.

Ernesto ‚Che‘ Guevara

Ernesto Guevara Lynch wurde am 14. Mai 1928 in Rosario am Río Paraná in einer entlegenen Provinz Argentiniens geboren. Célia de la Serna und ihr Mann, obwohl aus gebildeten und einst wohlhabenden Familien der Hauptstadt stammend, versuchten ihr Glück in der Mateproduktion und standen im Aufbau einer Mateplantage, als ihr früh an Asthma erkrankter Erstgeborener diesen Berufszielen ein jähes Ende bereitete. Es zwang die Eltern, in den Luftkurort Alta Gracia umzuziehen, wo sie und die nachgeborenen Geschwister elf Jahre lang zu einem Bohème- und Kurleben verurteilt waren. Über den Zuzug von Emigranten aus dem Spanischen Bürgerkrieg, der Bekanntschaft mit anderen südamerikanischen Intellektuellen, Schriftstellern und ausländischen Kulturschaffenden wuchs Ernesto Guevara in Alta Gracia in ein frei denkendes, politisch links orientiertes Milieu hinein – die Familie pflegte eine Art offenes Haus –, ohne jedoch selbst politisch-ideologische Vorlieben zu entwickeln. Zwar äußerte sich bei Ernesto Guevara ein immenser Wissensdurst, der sich in einem Hang zu Literatur und Philosophie sowie einer Art schwärmerischer Sozialromantik ausdrückte, doch ohne jegliches Bedürfnis nach einer systematischen Ausbildung in einem dieser Gebiete, schon gar nicht für den Kanon marxistischer Autoren. Im Gegenteil, pflegte Ernesto Guevara anderen gegenüber seine Langeweile über abstrakte politische Werke zu äußern. Mit Vorliebe gab er den exzentrischen Außenseiter, Sozialrebell aus besserem Milieu, gleichzeitig war sein Leben vom permanenten Versuch der Selbstüberwindung geprägt, indem er sich trotz schwerer Erkrankung schonungslos ‚Normalität‘ abforderte, ja sogar einen für alle sichtbaren Hang zum Draufgängertum entwickelte. Entgegen dem Familienwunsch, er möge die Ingenieurslaufbahn ergreifen, wählte er das Studium der Medizin in Buenos Aires, eine Entscheidung, die wohl auch mit dem Fluch der eigenen allergischen Krankheit in Zusammenhang stand, denn er spezialisierte sich bald für den Zweig der Allergieforschung, wo er Entdeckungen zum Wohle der Menschheit zu machen beabsichtigte, aber nicht zuletzt auch in der Hoffnung auf Selbstheilung.[1] Auch an der Universität von Buenos Aires hielt man Ernesto für einen rebellischen Anarchisten ohne feste politische Ansichten. Seit seiner Kindheit hatte er immer wieder bewundernswerte Ärzte als Vorbilder getroffen, wie etwa schon Dr. Juan Gonzalés Aguilar, republikanischer Armeearzt aus dem Spanischen Bürgerkrieg und Freund der Familie.[2] Jahre später fand er im Lepraforscher Dr. Hugo Pesce, einem sozial engagierten peruanischen Kommunisten, der sich im Urwald um den Aufbau von Leprosarien kümmerte, das Idol, dem er nachleben wollte. *Ernestos sich abzeichnendes Weltbild äußerte sich also weniger in politischen Aktionen als in persönlichen Gesprächen. Doch keiner der Freunde oder Verwandten hätte ihn in jenen Tagen als Marxisten bezeichnet – er selbst im Übrigen auch nicht. Sein unverhülltes Eintreten für unpopuläre Standpunkte schrieb man seiner Erziehung durch ,Bohemiens' und seinem rebellischen Charakter zu, der sich auch in seiner Missachtung der Kleiderordnung und seiner Vorliebe für das Vagabundieren und Reisen zeigte.* [3] Für das weitere Leben prägend gestalteten sich drei längere Tramperfahrten durch Süd- und Mittelamerika während seiner Studienjahre. Mit der Erfahrung dieser Reisen verstärkte sich Guevaras Sensibilität für die katastrophale Lage der indigenen Bevölkerung, Opfer des verantwortungslosen Umgangs der kreolischen Minderheiten mit einer

---

1   Siehe dazu Jon Lee Anderson (1997), Che. Die Biographie. München. S. 47ff.
2   Elmar May (1973), Che Guevara. Reinbek bei Hamburg. S. 14.
3   Jon Lee Anderson (1997), Che. Die Biographie. München. S. 43.

verachteten Kultur, die rücksichtslos ausgebeutet und vor allem in den ländlichen Gebieten ihrem Schicksal überlassen wurde. Über persönliche Bekanntschaften und Vermittlungen im Ärztemilieu hielt sich Ernesto Guevara in seinen frühen Zwanzigerjahren in Leprastationen auf, wo er auch selbst tätig wurde und Erfahrungen für seine eigene künftige Tätigkeit als Arzt sammelte. Auf diesen Wanderreisen der frühen 1950er-Jahre gewann er – parallel zu den immer stärker werdenden Einmischungen des CIA in den mittel- und lateinamerikanischen Ländern – schließlich den in der gegebenen Situation wohl unvermeidbaren Kontakt zur organisierten kommunistischen Linken, die in den schwachen und krisengeschüttelten Staaten im Klima des Kalten Krieges ihre Revolutionen vorbereitete. In Bolivien, Peru, Kolumbien und schließlich bei einem längeren Aufenthalt in Guatemala, als er sein Studium bereits abgeschlossen hatte, tauchte Guevara erstmals näher in die politische Welt der revolutionären Aktivisten ein, um schließlich in Guatemala City über seine Freundschaft zu Exilkubanern – hier vor allem mit Raúl Castro – Berufsrevolutionär zu werden, anfangs noch mit dem Plan, im Urwald von Péten eine Stelle als Arzt zu erhalten. In diesem Milieu der lateinamerikanischen politischen Emigranten lernte er auch seine erste Frau Hilda Gadea Acosta kennen, eine peruanische Kommunistin chinesischer Abstammung, die mit Ernesto die gemeinsame Tochter ‚Hildita' aufzog und wohl die typische politische Weggefährtin verkörperte: klug, politisch gebildet und lebenstüchtig, eine Frau, die für seine materielle Lebensbasis sorgte, aber ohne große erotische Anziehungskraft für Ernesto war. Mit dem CIA-gestützten Putsch gegen die sozialreformerischen Regierungen des Oberst Jacobo Arbenz Guzman, der eine Landreform in Guatemala einleitete und das Reformprogramm des früheren Präsidenten José Arévalo weiterführte, erfolgte auch die Verhaftung der guatemaltekischen und ausländischen ExilpolitikerInnen, die in Guatemala Zuflucht gefunden hatten. Als Guatemala City im Juni 1954 von den Söldnertruppen des aus Honduras einmarschierenden Oberst Carlos Castillo Armas bombardiert wurde, war Ernesto Guevara erstmals zum Kampf bereit und beteiligte sich am Versuch, einen Guerilla-krieg zu entfachen. Er scheiterte schon in den Anfängen, nicht zu-letzt, weil das Militär nicht solidarisch zu Guzman stand – eine Ent-wicklung, die sich in Kuba nicht wiederholen sollte. Mit anderen Exilanten floh Ernesto nach Mexiko, wo er mit den *moncadistas* zu-sammentraf, kubanische Reformer in der Tradition des Freiheits-kämpfers José Martí, zumeist bürgerliche Intelligenz, darunter Fidel Castro mit einer kleinen kommunistischen Minderheit. Mit dem Sturm auf die Moncada-Kaserne im Südosten Kubas war Fidel Castro zum Führer der ‚Bewegung des 26. Juni' (1953) – benannt nach dem Tag des Ansturmes – aufgestiegen. Auf der Farm ‚Santa Rosa' bei Mexiko City schließlich verabschiedete sich auch Ernesto Guevara von den Resten seiner bürgerlichen Existenz, verwandelte sich in den Guerillero ‚Che', setzte mit den kubanischen Rebellen auf der alten ‚Granma' nach Kuba über und schloss sich der kuba-nischen Guerilla zunächst als Truppenarzt an. Nun erst begann seine politisch-militärische Mission, wobei in den Anfängen der Guerilla-bewegung in der Sierra Maestre die politische Ideologie der Re-bellen noch nicht mehrheitlich kommunistisch war und viele Kämp-fer sich als bürgerliche Nationalisten verstanden. Die Brüder Castro aus einer galicischen Einwandererfamilie waren mit beiden Gesin-nungen vertreten: Raúl als Marxist und Fidel, der Jesuitenschüler, als Nationalist mit hohem Machtanspruch. An der Seite der Castristen kämpften etwa 20 unabhängige Gruppen gegen das korrupte ame-rikanische Marionettenregime des Fulgencio Batista. Noch lange kein Kommunist, agierte Fidel Castro als Guerillakommandant noch vorsichtig diplomatisch, da sowohl kommunistische Länder als auch das kubanische Exil in Miami und über Umwege auch der CIA den kubanischen Kampf mit Ausbildnern, Waffen und Logistik unterstützten. Castro sprach sich konsequent gegen die Einmischung ‚Amerikas' aus, bezeichnete sich bald als ‚revolutionär-nationalistisch' und versuchte, einen national-kubanischen Kurs zu steuern, um sich schließlich nach dem Bruch mit dem Nationaldirektorium des ‚26. Juli' auf die Seite des zum *Commandante* der Guerillatruppen aus der Sierra Maestra aufgestiegenen *Ches* zu schlagen.[4] Paradoxerweise soll es Che Guevara gewesen sein, der Fidel zum Kommunismus bekehrte. Im Unterschied zu Che Guevaras späteren Schriften über den Guerillakrieg, wo er in typischem sozialrevolutionärem Stil die Unterstützung der Bauernschaft in der Sierra Maestra verklärte und sie zum Maßstab für einen in ganz Lateinamerika, wenn nicht den gesamten Entwicklungsländern gangbaren Weg idealisierte, wussten die Revolutionäre des Jahres 1958 genau, dass sie keinen militärisch grandiosen Sieg in Kuba errungen hatten, dass in den Kämpfen nicht selten mehr Guerilleros gegen wenige Soldaten der regulären Armee gekämpft hatten und dass sie nicht zuletzt den Sieg auch den vielen Überläufern aus der Armee verdankten. Vielmehr war ihnen bewusst, dass sie einen moralischen und politischen Sieg über ein durch und durch verkommenes System errungen hatten, der Jubel daher nicht vordergründig dem Kommunismus galt, sondern die Wünsche von breiten Bevölkerungsteilen zum Sturz der US-amerikanischen Marionette Batista ausdrückte – dass es sich also letztlich um eine historische Besonderheit beim Erfolg der kubanischen Revolution handelte. Doch genau jene besonderen Aspekte Kubas theoretisierte Che Guevara in seiner Guerilla-Theorie hinweg, indem er sich der unter Marxisten-Leninisten verbreiteten Täuschung hingab, diese Situation ließe sich auch in anderen Ländern wiederholen. Hinzu kommt die Realitätsver-

---

4   Andrew Sinclair (1971), Che Guevara. München. S. 63.

zerrte Idealisierung der bäuerlichen Welt, die – für die Verbreitung des populären Marxismus nicht unüblich, der religiösen Symbolik nicht entbehrt. *Guevaras Beschreibung der allmählichen Anerkennung der Revolution durch die Bauern greift Che zu religiöser Symbolik. Die Mühsal der Bauern wird zu einer Art Opfergang; das Individuum findet im Opfer Erlösung und erfährt Erleuchtung, indem es für das Wohl der Gemeinschaft zu leben lernt.*[5] In den ersten Monaten seines Guerrillerolebens, das an die körperlichen und psychischen Grenzen des Asthmatikers ging, schien sich das Wesen Che Guevaras zu verändern. Augenzeugen berichten von der unerwarteten Entäußerung eines geradezu fanatischen Hasses gegen ‚Feiglinge' und ‚Verräter', einer drakonischen Strenge im Umgang mit anderen, die Che Guevara zum Vollstrecker einer später auch willkürlich angewandten ‚gestrafften Revolutionsjustiz' werden ließen. Seinem Biografen J. L. Anderson zufolge war er derjenige, der mit Erschießungen in den eigenen Reihen begann, die andere, wie anfangs auch Fidel Castro, sich durchzuführen weigerten. Nach dem Sturz des Batista-Regimes, dem Einzug in Havanna im Winter 1958, wurde von Castro die sogenannte summarische Justiz angeordnet, die jedoch Che Guevara unterstellt wurde. Als Kommandant der Exekutionen in der La-Cabana-Festung, wo die Gewehrsalven tagelang nicht verstummten, ließ der Commandante Che einige tausend Personen aus der alten Batista-Armee und Polizei sowie frühere Batista-Anhänger nach einem kurzen politischen Prozess hinrichten. Die Garnison selbst hatte sich ergeben, was jedoch nichts am Schicksal vieler Armeeangehöriger änderte. In Kuba sollte sich nicht wiederholen, was nach Meinung Che Guavaras in Guatemala zur Niederlage beigetragen hatte.

Im Unterschied zu anderen Revolutionären, die aufgrund histo-

---

5   Jon Lee Anderson (1997), Che. Die Biographie. München. S. 252.

rischer Nachweise ihrer Verbrechen längst die Aura der säkularen Savonarolas eingebüßt haben, rankt sich um Che noch immer der Mythos eines humanen Sozialrevolutionärs, der, frei von Opportunismus, Korruption und doktrinärer Ideologie einen karibischen Sozialismus mit menschlichem Antlitz vertrat – und auch lebte. Tatsächlich hat sich Che Guevara immer zu seinem riskanten Partisanenleben bekannt und ist dafür eingestanden, aber Teil dieses riskanten Partisanenlebens war das Verhältnis einer absoluten Feindschaft gegenüber denjenigen, die der Revolution im Wege standen und deren Liquidation er anordnete. Das mag ihn als konsequent ausweisen, doch es bleibt die Haltung eines Mörders. Wenn ihn Anhänger nah und fern (vor allem fern) dennoch zum Vertreter eines Sozialismus mit menschlichem Antlitz stilisieren, sind die Gründe für diese Realitätsverzerrung in den Psychen der Anhänger zu finden. Rationales Kalkül für die Anordnung der Erschießungen lässt sich im exilkubanischen Trauma über die ‚Fehler' von Guatemala finden, als sich Teile des eigenen Militärs gegen die Reform-Regierung Arbenz wandten und letztlich mithalfen, ihn zu stürzen – eine alte lateinamerikanische Tradition, die sich in Kuba nicht wiederholen sollte.[6] Doch gemäß des alten Mottos, dass die Revolution ihre eigenen Kinder frisst, erstreckten sich die Säuberungen bald auch auf die Bewegung des ‚26. Juli', da bald nach dem Sieg der Revolution im Januar 1959 alles auf den marxistisch-leninistischen Kommunismus eingeschworen werden sollte. *Viele Wochen hindurch vernahm die Bevölkerung jenseits der dicken Mauer des Bollwerks Gewehrsalven. Ein gnadenloses Gericht über wirkliche oder auch nur vermeintliche Feinde der Revolution und über die einstigen Schergen Batistas hatte seit Ches Einzug in die Festung eingesetzt. Die Erschießungen wurden – so hieß es – von*

---

6   Siehe auch Michael Löwy (1987), Che Guevara. Frankfurt/Main.

dem verrufenen nordamerikanischen Ex-Sträfling Hermann Marks geleitet, der mit Che in Las Villas gekämpft hatte. Es existiert formal zwar ein Revolutions-Tribunal, doch waren es Che, Raúl Castro und andere Radikale, die die Befehle für die ,Säuberung' gaben. [7] Diese Monate sind auch als Zeitpunkt der endgültigen Entscheidung Fidel Castros für den Kommunismus relevant, wobei es zu den Paradoxien der Geschichte zählt, dass Fidel ausgerechnet auf Betreiben des theoretisch unorthodoxen Che Guevara schließlich konvertierte. 1959 löste der zum kubanischen Staatsbürger gewordene Ernesto Che Guevara den fähigen Nationalökonomen Felipe Pazos als Nationalbankpräsidenten ab und beschloss unverzüglich die Umsetzung der revolutionären Versprechen. Im Eilzugstempo setzte er eine Agrarreform durch, zugleich leitete er die Verstaatlichung ein, wie überhaupt die Umwandlung des Agrarlandes Kuba zu einem Industrieland ab 1961, als er auch das Industrieministerium übernahm, überstürzt und mit wenig Sachkenntnis in Angriff genommen wurde. Mit 33 Jahren war *Ché Guevara* Herr über die gesamte kubanische Wirtschaft, ohne jedoch die entsprechenden ökonomischen Kenntnisse mitzubringen. *Gesunde Wirtschaftsgrundsätze*, so sein Biograf Elmar May, verbanden sich *mit unrealistischen Zielvorstellungen.* [8] Erst in den folgenden Jahren verfestigte sich der kommunistische Einfluss in Kuba und nach der Invasion in der Schweinebucht im April 1961 stand die ,sozialistische' Ausrichtung der Revolution endgültig fest; die Kommunistische Partei Kubas mit ihrem bisher ersten und einzigen Generalsekretär Fidel Castro wurde erst 1965 gegründet. Doch schon in diesem Jahr legte Che alle Ämter sowie die kubanische Staatbürgerschaft zurück und verließ Kuba in Richtung Kongo, wo er zur Stärkung der Kräfte des

---

7   Elmar May (1973), Che Guevara. Reinbek bei Hamburg. S. 48.
8   Elmar May (1973), Che Guevara. Reinbek bei Hamburg. S. 58.

Guerillaführers Kabila mit etwa 125 Kubanern kämpfte. Er zeigte sich jedoch bald enttäuscht über den mangelnden afrikanischen Kampfgeist, die korrupten politischen und militärischen Führer und beschloss bereits 1966, seiner Theorie von der Entfachung revolutionärer Herde – ,schaffen wir zwei, drei, viele Vietnams' – folgend, einen neuen ,Fokus' in Bolivien zu entfachen. In der Frage, was ihn dort so rasch scheitern ließ, scheiden sich bis heute die Meinungen. Sicher ist, dass er sich in seiner Einschätzung des revolutionären bäuerlichen Potenzials gründlich verschätzte. Wie einst schon Lenin in Russland in Bezug auf das revolutionäre Industrieproletariat, dürften seine eigenen revolutionären Sehnsüchte den Blick auf die Realität und die Interessen der bolivianischen Bauernschaft gründlich verstellt haben. Che erwartete eine hohe Empfänglichkeit der Campesinos für die revolutionäre Stimulierung und übersah dabei, dass die bäuerlichen Besitzverhältnisse in Bolivien andere Strukturen aufwiesen, als die Theorie es vorgab. Da es in Bolivien schon in den 1950er-Jahren eine Landreform gegeben hatte, die zur Bildung bäuerlicher Syndikate geführt hatte, war auch der amtierende Präsident Barrientos weit weniger verhasst, als die kubanischen Guerilleros es wünschten. El Che und seine Guerilleros blieben isoliert, die zugesagte kubanische Unterstützung versiegte nach einigen Monaten – wie man heute annimmt, nicht ganz zufällig –, und es scheint die Annahme berechtigt, Che Guevara auch für das Opfer eines politischen Betrugs zu halten, denn die von Moskau gesteuerten kommunistischen Parteien Kubas und Boliviens trugen den Kampf in Bolivien nur zum Schein mit. Politisch allein gelassen und militärisch völlig aufgerieben, geriet Guevara mit wenigen verbliebenen Guerilleros im Oktober 1967 in einen Hinterhalt der vom CIA beratenen bolivianischen Armee und wurde am 9. Oktober in La Higuera, einer kleinen Ortschaft in den Anden im Department Santa Cruz von einem Angehörigen der bolivianischen Armee erschossen und zur Vermeidung unerwünschter Legendenbildung in der Nähe des Flugfeldes von Santa Cruz verscharrt.

Mao Tse-tung

Bis heute hält das ferne China an seinem romantischen Helden Mao Zedong als großen Landesvater fest. Auch Teile der westlichen politischen Linken zimmerten am Image des großen roten Steuermannes mit. Nicht nur begeisterten sie sich für den autonomen Kurs des großen Vorsitzenden, sondern bewunderten auch dessen philosophische Qualitäten. Maos verschriftlichte ‚Heldentaten' sind maßgeblich dem amerikanischen Journalisten Edgar Snow zu verdanken, der bereits in den 1930er-Jahren die Blutspuren des chinesischen Despoten verwischte und zur Rehabilitierung der chinesischen Kommunisten beitrug. Sonst verfügte nur Mao selbst über die Umdeutungsmacht an seiner Lebensgeschichte. Fast 30 Jahre nach seinem Tod erschien 2006 die Aufsehen erregende Biografie der chinesischen Schriftstellerin Jung Chang und ihres britischen Ehemannes, des Historikers Jon Halliday. Zwölf Jahre hat das hoch motivierte Ehepaar an diesem Stück Realitätsgewinn gearbeitet. Sie gehen davon aus, dass Mao den Tod von 70 Millionen Chinesen zu verantworten hat, mehr als Hitler und Stalin zusammen.

Mao Tse-tung wurde 1893 als dritter Sohn, jedoch erstes überlebendes Kind eines Bauernehepaares in Shaoshan in der Provinz Hunan geboren. Bekannt sind seine enge Bindung zur buddhistischen Mutter, die früh verstarb und sein abgrundtiefer Hass gegen den Vater, von dem er sich verachtet fühlte. Wahrscheinlich wünschte er unbewusst ihm die Folter, die er später gegen andere befahl. Bereits im Alter von 14 Jahren wurde Mao mit der 18-jährigen Luo verheiratet, zu der er kaum eine Bindung entwickelte. Schon mit 16 wieder Witwer, zog Mao in die Provinzhauptstadt, wo er erstmals eine moderne Schule besuchte. Als Jugendlicher bekundete er keine sonderlichen Sympathien für das Schicksal der chinesischen Bauern, im Gegenteil, er fand, dass sie, wie das Beispiel seines Vaters zeigte, leicht zu Wohlstand gelangen könnten. In der Stadt Changsha ließ er sich zum Lehrer ausbilden. 1912, nachdem in China die Republik ausgerufen wurde, trat Mao als Freiwilliger in die republikanische Armee ein, blieb jedoch nur wenige Monate, da ihm Drill und Aufgaben nicht gefielen. Das Land zerfiel in Provinzen, die von Militärkommandanten geführt wurden, unabhängige Kriegsfürsten mit wenig Furcht vor der schwachen Zentralregierung. Als Autodidakt schaffte es Mao in die Provinzbibliothek, hier verschlang er einige Monate lang Übersetzungen westlicher Werke und träumte von der Zerstörung der als rettungslos rückständig erlebten chinesischen Gesellschaft. Sein ungestillter Wissensdurst führte ihn zunächst in die Reihen der nationalistischen städtischen Intellektuellen, doch sein Machthunger ließ ihn früh erkennen, dass er als Berufsrevolutionär bessere Chancen hatte. Mit 20 Jahren geriet er in den kommunistischen Orbit. Ideologisch galt Mao lange als unzuverlässig, seine persönliche Anziehungskraft war ebenso gering wie seine rhetorischen Fähigkeiten, Mao beschränkte sich auf mittelmäßige Parteipublizistik. Im Stil von Halbgebildeten verfasste er Pamphlete, die einen verwässerten Kulturpessimismus und Marxismus, falsch verstandenen Hegelianismus, vor allem aber Bellizismus zum Ausdruck brachten. Mit den Marxisten war er fest davon überzeugt, dass man den Kriegszustand herbeiführen müsse. Brutalität versetzte ihn, wie er selbst zugab, in Ekstase; Mao zeigte Freude an Aufruhr und Zerstörung. *Ungeheure Kriege*, schrieb er selbst, werde es geben. *Die ideale konfuzianische Gesellschaft der großen Gleichheit und Harmonie ist ein törichtes Konzept. Ein lang anhaltender Frieden*, behauptete er, *ist für die Menschen unerträglich und langweilig.*[1] 1920, im Alter von 27 Jahren, wurde er Kommunist, dies weniger

---

1   Jung Chang/Jon Halliday (2006), Mao. Das Leben eines Mannes. Das Schicksal eines Volkes. München. S. 31.

aus tiefer Überzeugung, sondern wohl eher, weil er zur richtigen Zeit am richtigen Ort war. Seinen Genossen galt er als halbherziger Anhänger.[2] 1922 auf dem 2. Parteikongress wurde er von der Partei fallengelassen, weil er zu wenig Einsatz zeigte. Die Kommunistische Partei Chinas schloss sich der Komintern an und anerkannte die Führung Russlands. Mao hingegen schloss sich der Nationalistischen Armee an, bis diese auf Befehl ihres Kommandanten Chiang Kai-shek von den Kommunisten gesäubert werden sollte. 1927 erfolgte der Bruch, die KPC stellte eine eigene Armee auf, und Mao plante ebenso die Aufstellung einer eigenen Truppe, um sein Territorium zu kontrollieren. Der als Herbsternte-Aufstand in die Geschichte eingegangene Bauernaufstand sollte die erste Erhebung unter Maos Führung sein und den internationalen Mythos von Mao als Bauernführer begründen, tatsächlich aber entpuppte er sich als *eines der großen Täuschungsmanöver in Maos Karriere.*[3] Es war wieder Edgar Snow[4], Maos willfähriger Biograf, der Mao zum großartigen Bauernführer stilisierte, tatsächlich wurde der Aufstand auf Wunsch Maos, der ihn sabotierte, abgebrochen. Vielmehr ging es Mao darum, eine Truppe von 1500 Mann unter seine Kontrolle zu bekommen. Zu diesem Zweck zog er sich zu den ,Bergfürsten', den Warlords und Banditen, in die Berge zurück und begann, eine besondere Vorliebe für öffentliche Hinrichtungen zu entwickeln, die zum Bestandteil des öffentlichen Lebens in dieser Region wurden.[5] Klassische Raubüberfälle erfuhren eine ideologische Verbrämung, tatsächlich eilte Mao der Ruf als Banditenchef voraus. Seine Partisa-

---

2   Jung Chang/Jon Halliday (2005), Mao. Das Leben eines Mannes. Das Schicksal eines Volkes. München. S. 39/40.

3   Jung Chang/Jon Halliday (2005), Mao. Das Leben eines Mannes. Das Schicksal eines Volkes. München. S. 77.

4   Edgar Snow (1937), Red Star Over China. London.

5   Jung Chang/Jon Halliday (2005), Mao. Das Leben eines Mannes. Das Schicksal eines Volkes. München. S. 79.

nentheorie ging im eigenen Fall nicht auf. Von den Einheimischen gefürchtet und gehasst, konnte von Solidarisierung der Bauern keine Rede sein. Von der Parteizentrale in Hunan entlassen, verschwieg er diesen Umstand seinen Truppen und kämpfte ohne politischen Auftrag weiter. *Obwohl Mao ideologische Beweggründe anführte – den Kampf gegen die Ausbeuterklasse –, unterschieden sich seine Raubzüge kaum vom üblichen Vorgehen traditioneller Banden.*[6] Doch Mao konnte sich Moskaus Unterstützung sichern und kehrte 1929 in die Armeeführung zurück. Er plante, die zweitgrößte Einheit der Roten Armee außerhalb Chinas zu übernehmen, und musste dazu unter größter Brutalität und Lügen seine Rivalen ausbooten. Als Kommandant der Roten Armee führte er in den Bergen das Leben eines Partisanen. Wo immer Mao auftauchte, langten Beschwerden über seine Grausamkeit ein, die auch den kommunistischen Zentralen in Peking und Moskau nicht verborgen blieben. *Seit Maos Ankunft waren öffentliche Hinrichtungen ein Bestandteil des lokalen Lebens geworden, und er hatte dabei eine Schwäche für einen langsamen, qualvollen Tod der Opfer gezeigt.*[7] Als er aus Moskau den Befehl zum Angriff auf jene Stadt erhielt, in der seine zweite Frau mit den drei gemeinsamen Kindern lebte, ließ er sie von Chiang Kai-sheks Soldaten exekutieren, statt ihr zu Hilfe zu kommen. Emotionale Kälte und Zynismus prägten auch das Verhältnis zu den nachfolgenden Ehefrauen, vor allem aber zu den Kindern. Mao selbst rechtfertigte seine Grausamkeit sowohl mit den indigenen despotischen Traditionen Chinas sowie auch als Teil des revolutionären Zweckes und hat sich den Vorwürfen mit dem für Revolutionäre üblichen Verweis auf die vermeintlich höheren Ziele, er

---

6   Jung Chang/Jon Halliday (2005), Mao. Das Leben eines Mannes. Das Schicksal eines Volkes. München. S. 82.
7   Jung Chang/Jon Halliday (2005), Mao. Das Leben eines Mannes. Das Schicksal eines Volkes. München. S. 78/79.

handle im Kampf gegen die Feinde der Revolution und repräsentiere den einzigen Vertreter der korrekten revolutionären Linien, widersetzt.[8] Als Oberhaupt der 1931 in den südchinesischen Bergregionen ausgerufenen ‚Sowjetrepublik' ordnete er gnadenlos breite Säuberungen seiner innerparteilichen Gegner und vermeintlichen Feinde an, die selbstverständlich aus der offiziellen Parteigeschichte verschwanden, obwohl sie allgemein bekannt waren. Als sich in den 1930er-Jahren der außenpolitische Konflikt mit Japan erneut verschärfte, fielen japanische Truppen in der rohstoffreichen Mandschurei ein und errichteten dort einen Vasallenstaat. Für die beiden chinesischen Parteien ergab sich durch diese Entwicklung erneut ein Zweckbündnis gegen die Agitationen Japans. Der noch nicht in seiner Macht gefestigte Kommunist – er wurde erst 1935 Mitglied im Parteisekretariat – plante, sich während des Langen Marsches einen Namen dank seiner militärischen Erfolge zu machen. Wenig bekannt, weil in der Parteigeschichte natürlich umgedichtet, war bisher, dass *der berühmte Lange Marsch in großen Teilen von Chiang Kai-shek gesteuert wurde.*[9] Chiang, dessen Kuomintang-Truppen den kommunistische Kleinstaat umzingelt und ein System von Holzbefestigungen errichtet hatten, ließ die Rote Armee absichtlich entkommen, nicht zuletzt, um aufgrund der japanischen Bedrohung eine Geste des guten Willens zu setzen. Zum Mythos des Langen Marsches, den Mao persönlich seinem Biografen Edgar Snow einpflanzte, zählt bis heute die heroische Überquerung des reißenden Dadu-Flusses, dessen Ufer über weite Strecken nur über eine einzige 100 Meter lange Hängebrücke aus dem 18. Jahrhundert verbunden waren. *Das alles ist frei erfunden. Es gab keine Schlacht an*

---

8   Michael Lynch (2004), Mao. New York. p. 74/75.
9   Jung Chang/Jon Halliday (2005), Mao. Das Leben eines Mannes. Das Schicksal eines Volkes. München. S. 178.

der Dadu-Brücke.[10] Tatsächlich war Mao für eine der größten Niederlagen der Roten Armee auf diesem Marsch verantwortlich. Um die Zusammenführung seiner Truppen mit einem anderen Teil der Roten Armee unter Führung eines mächtigeren kommunistischen Veteranen zu verhindern, rieb Mao seine eigenen Truppen auf, kommandierte sie im Kreis, quälte sie mit sinnlosen Gewaltmärschen, zwang sie, bei Eis und Kälte im Freien zu übernachten und ließ die Verwundeten im Stich. Mao hingegen ließ sich streckenweise auf einer Sänfte tragen – und las angeblich viel. Von 90.000 Soldaten überlebten etwa 20.000. Tucheng war die größte Niederlage auf dem Langen Marsch; an einem einzigen Tag wurden 4000 Soldaten der Roten Armee getötet, weil Mao ihnen befahl, einen Hinterhalt an einem reißenden Fluss zu legen, obwohl er wusste, dass sich der Feind hinter ihm befand. Die katastrophale Niederlage war einkalkuliert, um ein eigenes Ziel zu verfolgen. Seines Gegners Truppen vervierfachten sich auf dem Langen Marsch, während Mao seine Truppen verschlissen hatte. Politisch blieb allerdings Mao siegreich. Auf dem 7. Parteikongress wurde er 1945 zum obersten Führer der Kommunistischen Partei Chinas ausgerufen, er war nun Vorsitzender aller drei Führungsgremien, leitete das Zentralkomitee, Politbüro und Sekretariat. 1949 wurde die Volksrepublik China ausgerufen. Zahlreiche frühere Mitstreiter waren auf der Strecke geblieben. Maos politische Ränkünen hatten nichts dem Zufall überlassen. Die von Mao und seinen Getreuen erzwungene sogenannte Kulturrevolution führte zu einem der größten Menschheitsverbrechen, dem bis zu vierzig Millionen Menschen zum Opfer fielen. Auch der ‚Große Sprung nach vorne', der angekündigte Wirtschaftsaufschwung, fand nie statt. Nach Ansicht der Autoren Jung

---

10   Jung Chang/Jon Halliday (2005), Mao. Das Leben eines Mannes. Das Schicksal eines Volkes. München. S. 204.

Chang und Jon Halliday hat Mao Zedong den am Anfang des Jahrhunderts begonnenen Weg der Modernisierung Chinas für ein halbes Jahrhundert verhindert, wovon nicht zuletzt die rapide wirtschaftliche Entwicklung nach seinem Tode zeugt.

Literatur

Alford Fred C. (1994), Group Psychology and Political Theory. New Haven.

Allam Fouad (2004), Der Islam in einer globalen Welt. Berlin.

Alleman Fritz René (1974), Macht und Ohnmacht der Guerilla. München.

Anderson Benedict (2003), Imagined Communities. Reflections on the Origin and Spread of Nationalism. London.

Anderson Benedict (2003), Imagined Communities. Reflections On the Origin and Spread of Nationalism. London.

Anderson Jon Lee (1997), Ché. Die Biographie. München.

Arendt Hannah (1951, 2001), Elemente und Ursprung der totalitären Herrschaft. München.

Arendt Hannah (1965), Über die Revolution. München.

Aron Raymond (1980), Clausewitz. Den Krieg denken. Frankfurt.

Asprey Robert B. (1994), War in the Shadows: The Guerilla in History. New York.

Avineri Shlomo (1972), Hegel's Theory of the Modern State. Cambridge.

Baberowski Jörg (2006) (Hg.), Moderne Zeiten? Krieg, Revolution und Gewalt im 20. Jahrhundert. Göttingen.

Baumann Zygmunt (2000), Flüchtige Moderne. Frankfurt/Main.

Beck Ulrich (2004), Der kosmopolitische Blick oder: Krieg ist Frieden. Frankfurt/Main.

Berlin Isaiah (1987), Wider das Geläufige. Aufsätze zur Ideengeschichte. Frankfurt/Main.

Berns Laurence (1963, 1987), Thomas Hobbes. In: Leo Strauss (1963, 1987), History of Political Philosophy. Chicago.

Brubaker Rogers (2006), Ethnicity without Groups. Cambridge.

Castoriadis Cornelius (1990), Gesellschaft als imaginäre Institution. Frankfurt/Main.

Chang Jung/Halliday Jon (2006), Mao. Das Leben eines Mannes. Das Schicksal eines Volkes. München.

Che Guevara Ernesto (1966), Partisanenkrieg – eine Methode. Mensch und Sozialismus auf Cuba. 2 Studien. Frankfurt.

Clausewitz Carl von (1810), Vorlesungen über den kleinen Krieg. In: Werner Hahlweg (1966) (Hg.), Carl von Clausewitz. Schriften-Aufsätze – Studien – Briefe. Band 1. Göttingen.

Clausewitz Carl von (1832/33, 2005), Vom Kriege. Frankfurt/Main.

Compagnon Daniel (1998), Somali Armed Movements. In: Clapham C. (1998) (Hg.), African Guerillas. Oxford.

Coser Lewis A. (1965), Theorie Sozialer Konflikte. Berlin.

Creveld Martin van (1999), Aufstieg und Untergang des Staates. München.

Daase Christopher (2006), Die Theorie des Kleinen Krieges revisited. Baden-Baden.

Daase Christopher (2006), In: Anna Geis (2006) (Hg.), Den Krieg überdenken. Kriegsbegriffe und Kriegstheorien in der Kontroverse. Baden-Baden.

Delbrück Hans (1962, 2000), Geschichte der Kriegskunst im Rahmen der politischen Geschichte. Band 4. Berlin.

Deppe Frank (1987), Niccolò Machiavelli. Zur Kritik der reinen Politik. Köln.

Döring Sabine A./Mayer Verena (2002), Die Moralität der Gefühle. Deutsche Zeitschrift für Philosophie. Sonderband 4. Berlin.

Engels Friedrich (1849, 1958), Ausgewählte militärische Schriften, Band 1. Berlin.

Eppler Erhard (2002), Vom Gewaltmonopol zum Gewaltmarkt. Die Privatisierung und Kommerzialisierung von Gewalt. Frankfurt/Main.

Etzersdorfer Irene/Ley Michael (1999), Menschenangst. Die Angst vor dem Fremden. Berlin.

Euchner Walter (1973), Egoismus und Gemeinwohl. Studien zur Geschichte der bürgerlichen Philosophie. Frankfurt/Main.

Firestone Reuven (1999), Jihad. The Origin of Holy War in Islam. New York.

Fornari Franco (1974), The Psychoanalysis of War. London, Frankfurt/Main.

Freud Sigmund (1915, 1974), Zeitgemäßes über Krieg und Tod. In: Studienausgabe. Band IX. Frankfurt/Main.

Freud Sigmund (1921), Massenpsychologie und Ich-Analyse. In: Freud S. (1974), Studienausgabe. Band IX. Frankfurt/Main.

Freud Sigmund (1927), Das Unbehagen in der Kultur. In: Freud S. (1974), Studienausgabe. Band IX. Frankfurt/Main.

Freud Sigmund (1932, 1999), Warum Krieg? Gesammelte Werke. Band XVI. Frankfurt/Main.

Friedrich Werner (1978), Die völkerrechtliche Stellung von Söldnertruppen im Kriege. Bad Honnef.

Geis Anna (Hg.) (2006), Den Krieg überdenken. Kriegsbegriffe und Kriegstheorien in der Kontroverse. Baden-Baden.

Geismann Georg (1992), Politische Philosophie – hinter Kant zurück? Zur Kritik der „klassischen" Politischen Philosophie. In: Jahrbuch für Politik, 2.

Gellner Ernest (1999), Nationalismus. Kultur und Macht. Berlin.

Gerber Edith Marfurt (1998), Konfliktlösungsstrategien in Bürgerkriegen. Zürich.

Giddens Anthony (1995), Konsequenzen der Moderne. Frankfurt/Main.

Giddens Anthony, (1985) The Nation-State and Violence, Cambridge.

Grivas-Dighenis Giorgio (1964), Partisanenkrieg heute. Lehren aus dem Freiheitskampf Zyperns. München.

Grotius Hugo (1625), De Iure ac Pacis. Paris. (Ausgabe Tübingen 1950)

Grotius Hugo (1625, 1950), Vom Recht des Krieges und des Friedens. Tübingen.

Guevara Ernesto Che (1960), La Guerra der Guerillas. Havanna.

Guevara Ernesto Che (1968), Guerilla – Theorie und Methode. Hg. von Horst Kurnitzky. München

Guevara Ernesto Che (1968), Partisanenkrieg-eine Methode. Mensch und Sozialismus auf Kuba. München.

Gurr Ted R./Pitsch Anne (2002), Ethnopolitische Konflikte und separatistische Gewalt. In: Heitmeyer Wilhelm/Hagan John (2002) (Hg.), Internationales Handbuch der Gewaltforschung. Wiesbaden.

Gurr Ted R. (1993), Minorities at Risk. A Global View of Ethnopolitical Conflicts. Washington. In einer Folgestudie schreiben Ted Robert Gurr/Barbara Harff (2004), Ethnic Conflict in World Politics. Second Edition. Boulder.

Haas Jonathan (1990), The Anthropology of War. New York.

Hahlweg Werner (1957), Carl von Clausewitz. Berlin.

Hahlweg Werner (1966) (Hg.), Carl von Clausewitz. Schriften – Aufsätze – Studien – Briefe. Göttingen.

Hahlweg Werner (1967), Typologie des modernen Kleinkrieges. Wiesbaden.

Hahlweg Werner (1968), Lehrmeister des Kleinen Krieges. Von Clausewitz bis Mao Tse-Tung und Che Guevara. Darmstadt.

Hart B. H. Liddel (1961) (ed.), Guerilla Warfare. Mao Tse-Tung and Che Guevara. London

Hegel G. F. W., Grundrisse der Philosophie des Rechts. Hamburg.

Hegel G. W. F. (1997), Vorlesungen über die Philosophie der Geschichte. Stuttgart.

Heinz Marco (1993), Ethnizität und ethnische Identität. Eine Begriffsgeschichte. Univ. Diss. Holos Reihe. Band 72. Bonn.

Heitmeyer Wilhelm/Hagan John (2002) (Hg.), Internationales Handbuch der Gewaltforschung. Wiesbaden.

Herfried Münkler (1984), Machiavelli. Die Begründung des politischen Denkens der Neuzeit aus der Krise der Republik Florenz. Frankfurt/Main.

Hess Martin (1985), Die Anwendbarkeit des humanitären Völkerrechts, insbesondere in gemischten Konflikten. Zürich.

Hobbes Thomas (1651, 1970), Leviathan. Stuttgart.

Höffe Otfried (2003), Humanitäre Intervention? Rechtstheoretische Überlegungen. Paderborn.

Höhne Markus Virgil (2002), Somalia zwischen Krieg und Frieden. Strategien der friedlichen Konfliktaustragung auf internationaler und lokaler Ebene, Hamburg.

Holsti Kalevi Jaakko (1996), The State, War, and the State of War. Cambridge.

Horowitz Donald (1985), Ethnic Groups in Conflict. Berkeley.

Howard Michael/Antreopolous George J. et al. (1994), The Laws of War. Constraints on Warfare in the Western World. New York.

Ignatieff Michael (2000), Die Zivilisierung des Krieges. Ethnische Konflikte, Menschenrechte, Medien. Hamburg.

Ignatieff Michael (2005), Das kleinere Übel. Politische Moral in einem Zeitalter des Terrors. Berlin.

Jeismann Michael (1992), Das Vaterland der Feinde. Studien zum nationalen Feindbegriff und Selbstverständnis in Deutschland und Frankreich 1792–1918. Stuttgart.

Juergensmeyer Mark (1993), The New Cold War? Religious Nationalism Confronts the Secular State. Berkeley.

Juergensmeyer Mark (2000), Terror in the Mind of God: The Global Rise of Religious Violence. Berkeley.

Kaldor Mary (1990) The Imaginary War, Oxford.

Kaldor Mary (1982), The Baroque Arsenal, London.

Kaldor Mary (2000), Neue und alte Kriege. Frankfurt/Main.

Kant Immanuel (1795, 1984), Zum ewigen Frieden. Stuttgart.

Kant Immanuel (1996), Schriften zur Anthropologie, Geschichtsphilosophie, Politik und Pädagogik 1. Werkausgabe Band XI. Hg. von Wilhelm Weischedel. Frankfurt/Main.

Keegan John (2003), Kultur des Krieges. Berlin.

Kepel Gilles (2002), Das Schwarzbuch des Dschihad. Aufstieg und Niedergang des Islamismus. München.

Kleemeier Ulrike (2003), Krieg, Recht, Gerechtigkeit. In: Dieter Janssen/Michael Quante (2003) (Hg.), Gerechter Krieg. Ideengeschichte, rechtsphilosophische und ethische Beiträge. Paderborn.

Kondyllis Panajotis (1988), Theorie des Krieges. Clausewitz – Marx-Engels – Lenin. Stuttgart.

König Helmut (1992), Zivilisation und Leidenschaften. Die Masse im bürgerlichen Zeitalter. Hamburg.

König René (1941), Niccolò Machiavelli. Zur Krisenanalyse einer Zeitwende. Zürich.

Krovoza Alfred (1996) (Hg.), Politische Psychologie. Ein Arbeitsfeld der Psychoanalyse. Stuttgart.

Kunisch Johannes/Münkler Herfried (1999) (Hg.), Die Wiedergeburt des Krieges aus dem Geist der Revolution. Studien zum bellizistischen Diskus des ausgehenden 18. und 19. Jahrhunderts. Berlin.

Labrousse Alain (1999): Kolumbien und Peru. Politische Gewalt und Kriminalität. In: Jean, Rufin François/Cristoph Jean (1999) (Hg.): Ökonomie der Bürgerkriege, Hamburg.

Laqueur Walter (2004), Krieg dem Westen. Terrorismus im 21. Jahrhundert. Berlin.

Lawrence T. E. (1950), Die sieben Säulen der Weisheit. München.

Lenin W. I. (1955), Der Partisanenkrieg. Über Krieg, Armee und Militärwissenschaft. In: Gesammelte Werke in 2 Bänden. Bd.I. Berlin.

Lenin W. I. (1955), Über Krieg, Armee und Militärwissenschaft. In: Gesammelte Werke in 2 Bänden. Bd. I. Berlin.

Leser Norbert (1985), Zwischen Reformismus und Bolschewismus. Der Austromarxismus als Theorie und Praxis. Wien.

Lewis Bernard (1993), Die Araber. Aufstieg und Niedergang eines Weltreichs. Wien.

Lider Julian (1983), Der Krieg. Deutungen und Doktrinen in Ost und West. Frankfurt/Main.

Löwy Michael (1987), Ché Guevara. Frankfurt/Main.

Lübbe Hermann (1963), Politische Philosophie in Deutschland. Studien zu ihrer Geschichte. Stuttgart.

Ludendorff Erich (1935), Der Totale Krieg. München.

Lynch Michael (2004), Mao. New York.

Machiavelli Niccolò, (1978), Der Fürst. Übersetzt und herausgegeben von Ulrich Zorn. Stuttgart.

Mao Tse-Tung and Che Guevara (1961), Guerrila Warfare. London.

Marwedel Ulrich (1978), Carl von Clausewitz. Persönlichkeit und Wirkungsgeschichte seines Werkes bis 1918. Boppart/Rhein.

Matthies Volker (1997) (Hg.), Der gelungene Frieden. Beispiele und Bedingungen erfolgreicher Konfliktbearbeitung. Bonn.

Matthies Volker (1997), Äthiopien, Eritrea, Somalia, Djibouti. Das Horn von Afrika, München.

May Elmar (1973), Che Guevara. Reinbek bei Hamburg.

Mayer-Tasch Peter Cornelius (1972), Guerillakrieg und Völkerrecht. Baden-Baden.

Mead Margaret (1964), Warfare is only an Invention – Not a Biological Necessity. In: Bramson L./ Goethals G. W. (1964) (eds.), War: Studies from Psychology, Sociology, Anthropology. New York.

Mentzos Stavros (2002), Die Psychosoziodynamik des Krieges. Eine Alternativantwort auf die Einstein'sche Frage „Warum Krieg?". In: Anne-Marie Schlösser/Alf Gerlach (2002) (Hg.), Gewalt und Zivilisation. Erklärungsversuche und Deutungen. Gießen.

Merker Barbara (2003), Die Theorie des gerechten Krieges und das Problem der Rechtfertigung von Gewalt. In: Dieter Janssen/Michael Quante (2003) (Hg.), Gerechter Krieg. Ideengeschichte, rechtsphilosophische und ethische Beiträge. Paderborn.

Merker Barbara (2003), Die Theorie des gerechten Krieges. In: Dieter Janssen/Michael Quante (2003) (Hg.), Gerechter Krieg. Ideengeschichte, rechtsphilosophische und ethische Beiträge. Paderborn.

Meyers Reinhard (2005), Entstaatlichung des Krieges, Reprivatisierung der Gewalt: Der Wandel des Kriegsbildes im Zeitalter postnationalstaatlicher Konflikte. In: Studia Universitatis Babes-Bolyai Studia Europaea 2–3/2005. Cluj-Napoca.

Mitscherlich Alexander (1969), Die Idee des Friedens und die menschliche Aggressivität. Vier Versuche. Frankfurt/Main.

Münkler Herfried (1984), Machiavelli. Die Begründung des politischen Denkens der Neuzeit aus der Krise der Republik Florenz. Frankfurt/Main.

Münkler Herfried (2002), Über den Krieg. Stationen der Kriegsgeschichte im Spiegel ihrer theoretischen Reflexion. Weilerswist.

Münkler Herfried (2002, 2004), Die neuen Kriege. Hamburg.

Münkler Herfried (2006), Der Wandel des Krieges. Von der Symmetrie zur Asymmetrie. Weilerswist.

Münkler Herfried (2006), Was ist neu an den neuen Kriegen? – Eine Erwiderung auf die Kritiker. In: Anna Geis (2006), Den Krieg überdenken. Kriegsbegriffe und Kriegstheorien in der Kontroverse. Baden-Baden.

Natorp Paul (1899, 1922), Sozialpädagogik. Theorie der Willenserziehung auf der Grundlage der Gemeinschaft. Stuttgart.

Nussbaum Martha C. (2001), Upheavals of Thought. The Intelligence of Emotions. Cambridge.

Paes Wolf-Christian (2003), Die neue Ökonomie des Krieges. In: Partner Peter (1997), God of Battles. Holy Wars of Christianity and Islam. Princeton.

Perthes Volker (2005), Geheime Gärten. Die neue arabische Welt. Bonn.

Platon (1998), Der Staat. In: Platon. Sämtliche Dialoge. Band V. Leipzig.

Preuß Ulrich K. (2002), Krieg, Verbrechen, Blasphemie. Zum Wandel bewaffneter Gewalt. Berlin.

Quante Michael (2003), Gerechte Kriege, humanitäre Interventionen. Einleitung. In: Dieter Janssen/Michael Quante (2003) (Hg.), Gerechter Krieg. Ideengeschichte, rechtsphilosophische und ethische Beiträge. Paderborn.

Ramonet Ignacio (2004), Wars of the 21st Century: New Threats, New Fears. Melbourne.

Renan Èrnest (1896, 1995), Was ist eine Nation? Rede am 11. März an der Sorbonne. Hg. von Heiss Hans/Johler Reinhard. Transfer. Kulturgeschichte. Band 2. Wien.

Richter Horst-Eberhard (1997), Der Gottes-Komplex. Die Geburt und die Krise des Glaubens an die Allmacht des Menschen. Düsseldorf.

Roesel Jakob (1997), Der Bürgerkrieg auf Sri Lanka. Der Tamilen-konflikt. Aufstieg und Niedergang eines singhalesischen Staates, Baden-Baden.

Ruf Werner (2003) (Hg.), Politische Ökonomie der Gewalt. Staats-zerfall und die Ökonomisierung von Gewalt und Krieg. Opla-den.

Russell Frederick H. (1975), The Just War in the Middle Ages. Cam-bridge.

Schlichte Klaus (2006), Neue Kriege oder alte Thesen? Wirklichkeit und Repräsentation kriegerischer Gewalt in der Politikwissen-schaft. In: Anna Geis (2006), Den Krieg überdenken. Kriegsbe-griffe und Kriegstheorien in der Kontroverse. Baden-Baden.

Schmitt Carl (1932), Der Begriff des Politischen. Berlin.

Schmitt Carl (1963), Theorie des Partisanen. Zwischenbemerkung zum Begriff des Politischen. Berlin.

Schreyvogl F./Matz U. (1975), Thomas von Aquin. Über die Herr-schaft des Fürsten. Stuttgart.

Schwerdtfeger Johannnes (2001), Begriffsbildung und Theoriesta-tus in der Friedensforschung. Opladen.

Sinclair Andrew (1971), Ché Guevara. München.

Singer P. W. (2006), Die Kriegs-AGs. Über den Aufstieg der privaten Militärfirmen.

Snow Edgar (1937), Red Star Over China. London.

Stadler Christian (2001), Völkerrecht und humanitäre Intervention. In: Edwin R. Micewski/Brigitte Sob/Wolfgang Schober (Hg.), Ethik und Internationale Politik. Wien.

Stein Tine (2006), Islamistischer Terror und die Theorie des Kleinen Krieges. In: Anna Geis (2006) (Hg.), Den Krieg überdenken. Kriegsbegriffe und Kriegstheorien in der Kontroverse. Baden-Baden.

Strässle Paul Meinrad (1993), Krieg, Kriegführung und Gesellschaft in Byzanz (9.–12. Jh.) – ein ptolemologischer Erklärungsansatz. In: Byzantinische Forschungen 19.

Strauss Leo (1965), Hobbes' politische Wissenschaft. Neuwied/ Rhein.

Sun-Tzu (2004), Sun-Tzu über die Kunst des Krieges. Die älteste militärische Abhandlung der Welt. Interpretiert von Gitta Peyn. Neuenkirchen.

Thompson Leroy (1994), Ragged War. New York.

Thukydides (2000), Der Peloponnesische Krieg. Reclam. Stuttgart.

Tibi Bassam (1997), Pulverfass Nahost. Eine arabische Perspektive. Stuttgart.

Tibi Bassam (1999), Kreuzzug und Djihad. Der Islam und die christliche Welt. München.

Toynbee Arnold J. (1958), Krieg und Kultur. Der Militarismus im Leben der Völker. London.

Victoria Franciscus de (1539), De Indis Recenter Inventis et de Jure Belli Hispanorium in Barbados. Relectiones. Vorlesungen über die kürzlich entdeckten Inder und das Recht der Spanier zum Kriege gegen die Barbaren. Tübingen.

Volkan Vamik (1999), Blutsgrenzen. Die historischen Wurzeln und die psychologischen Mechanismen ethnischer Konflikte und ihre Bedeutung bei Friedensverhandlungen. Bern.

Waldmann Peter (2002), Bürgerkriege. In: Wilhelm Heitmeyer/John Hagan (2002) (Hg.), Internationales Handbuch der Gewaltforschung. Wiesbaden.

Wallach Jehuda (1972), Kriegstheorien. Ihre Entwicklung im 19. und 20.Jahrhundert. Frankfurt/Main.

Wallach Jehuda L. (1972), Kriegstheorien. Ihre Entwicklung im 19. und 20. Jahrhundert. Frankfurt/Main.

Walzer Michael (2003), Erklärte Kriege – Kriegserklärungen. Hamburg.

Weber Mathias (1997) Der UNO-Einsatz in Somalia. Die Problematik einer ‚humanitären Intervention'. Schriftreihe Politikwissenschaft, Band 1, Denzlingen.

Wirth Hans-Jürgen (2002), Narzissmus und Macht. Zur Psychoanalyse seelischer Störungen in der Politik. Gießen.

Wolfrum Edgar (2003), Krieg und Frieden in der Neuzeit. Vom Westfälischen Frieden bis zum Zweiten Weltkrieg. Darmstadt.

Zartman William I. (1995) (ed.), Collapsed States. The Disintegration and Restoration of Legitimate Authority. London.

Zhang Yuan-Lin (1995), Mao Zedong und Carl von Clausewitz. Theorien des Krieges. Beziehung, Darstellung und Vergleich. Mannheim.

Zimmermann Bernhard (2005), Zur Pathologie des Krieges in der griechischen Literatur des 5. Jahrhunderts vor Christus. In: Hans Hecker (2005) (Hg.), Krieg in Mittelalter und Renaissance. Brühl.

Zinecker Heidrun (2002), Kolumbien – Wie viel Demokratisierung braucht der Frieden? Hessische Stiftung Friedens- und Konfliktforschung, Report 2/2002, Frankfurt am Main.

Namenregister

Sachregister